ROMY WINTER

WURZELN, FLÜGEL, WLAN?

ROMY WINTER

WURZELN FLÜGEL WLAN?

Was Teenager wirklich brauchen –
bedürfnisorientiert durch die Pubertät

KÖSEL

MIX
Papier | Fördert gute Waldnutzung
FSC® C083411

Penguin Random House Verlagsgruppe FSC® N001967

Redaktion: Dr. Katharina Theml
Umschlaggestaltung: zero-media.net, München
Umschlagmotiv: lemono/iStock.com
Satz: Satzwerk Huber, Germering
Druck und Bindung: CPI books GmbH, Leck
Printed in the EU
ISBN 978-3-466-31219-1

www.koesel.de

INHALT

EINLEITUNG
KAFFEEKLATSCH UND WUTANFALL

»Du kannst mich mal!« ist das Letzte, was ich höre, bevor ein paar wütende Füße die Treppe hoch stampfen und eine Tür unmissverständlich zugeknallt wird.

Es könnte schlimmer sein, denke ich und gehe in Gedanken alle Schimpfwörter durch, die meines Wissens gerade angesagt sind. »Schlimmer geht's nicht!«, denkt vermutlich das Publikum unseres improvisierten heimischen Theaterstücks. Heute für Sie im Programm: »Kaffeeklatsch und Wutanfall«. In der oscarverdächtigen Hauptrolle: die Pubertät.

Es ist Sonntagnachmittag, die Familie ist zu Besuch. Vor ungefähr zwanzig Sekunden erinnerte ich unseren Sohn beiläufig, und (ich meine) freundlich, an die bevorstehende Französischklassenarbeit. Vor fünfzehn Sekunden wurde ihm bewusst, dass Mama damit seiner Verdrängungstaktik ein Ende gesetzt und die Buddy-Sonntagspläne zerstört hat, was dazu führte, dass er wütend in sein Zimmer stapfte. Seit etwa zehn Sekunden sind alle Blicke am Tisch erwartungsvoll auf mich gerichtet. Nur das Schmatzen meiner vierjährigen Tochter, die unbeeindruckt ihre Zimtschnecke weiter isst, stört die peinlich betretene Stille.

Ich weiß noch genau, was ich in diesem Moment dachte. Erstens: Warum schaut niemand den Vater so schockiert/erwartungsvoll an? Zweitens: Was ist hier gerade passiert? Und was mache ich jetzt?

Die erste Frage war gedanklich schnell beantwortet: Im Gegensatz zu meinem Mann saß ich nicht nur als Elternteil an diesem Tisch. Ich saß auch nicht nur als Tochter und Schwester von Lehrer*innen hier. Nein, ich saß dort ebenso als Familientherapeutin. Kein Wunder also, dass jeder im Raum darauf brannte zu erfahren, was wohl im zweiten Akt des Theaterstückes passieren wird.

Und hey, ich wäre auch verdammt neugierig, was eine Anwältin tut, wenn sie verklagt wird. Und vielleicht würde ich mich auch fragen, ob man es als Anwältin nicht eventuell hätte kommen sehen und verhindern können. Natürlich habe ich die Pubertät kommen sehen. Sie hat sich schließlich zwölf Jahre langsam, aber entschlossen im Rückspiegel genähert. Und ich habe mich sogar auf ihr Eintreffen und diese besondere Zeit gefreut. Aber an dem Tag, als mir bewusst wurde, dass sie mir gerade mit Karacho hinten reingefahren und nun ganz sicher da ist, traf es mich trotzdem ähnlich unvorbereitet wie die meisten Eltern – was mich direkt zur zweiten Frage führt: »Was mache ich jetzt?«

Jedem dürfte klar sein, dass die Pubertät nichts ist, was von einem Tag auf den anderen »geschieht«. Weder kommt sie noch geht sie über Nacht. Aber es kann vorkommen, dass es das ein oder andere Schlüsselerlebnis gibt, das auch die letzten Zweifel endgültig beiseiteschiebt, dir freundlich die Hand schüttelt und mit einem schelmischen Lächeln sagt: »Hallo, mein Name ist Puber. (Ach süß, wie Pu der Bär, ja?) Nein, mein Name ist Puber, Puber Tät. Und ich wohne jetzt auch hier.«

Es ist nicht so, dass wir vorher nie Streit hatten oder bis dahin keine Türen geknallt wurden. Das kam vor. Natürlich! Aber nach der Autonomiephase im Kleinkindalter und der Wackelzahnpubertät (irgendwas ist ja immer), als die Anwesenheit eines Publikums beim Ausleben von Emotionen ebenfalls völlig egal war, folgte eine Phase der Diskretion beziehungsweise Unterscheidung: Frustschübe und Wutausbrüche waren in Anwesenheit anderer Menschen, wie der Familie am Geburtstagskaffeetisch, deutlich gedämpft.

Mit zehn schmeißen sich die wenigsten Kinder in der Kassen- aka Quengelzone des Supermarktes noch auf den Boden, weil sie das Überraschungsei, die Hubba Bubba oder den Doppelkorn nicht haben dürfen. Was natürlich damit zu begründen ist, dass Kinder sich im Laufe ihrer Entwicklung die Fähigkeit der Impulskontrolle aneignen, aber auch daran liegt, dass Kinder kraft ihrer Impulskontrolle und Reflexionsfähigkeit lernen, ihr Verhalten umgebungs-, situations- und personenbedingt anzupassen.

Kinder wollen geliebt und angenommen werden, sie wollen kooperieren – weshalb sie Meister der Anpassung sind. Am Ende eines Kita- oder Schultages ist der Kooperationsrucksack dann oft leer, und zu Hause kommt der große Showdown. Die Familie wird zum Schrottplatz für alle unangenehmen Gefühle und Emotionen. Und auch wenn das für Eltern (und auch die Kinder) oft sehr anstrengend ist, so ist es doch ein gutes Zeichen. Denn dort, wo Kinder aufhören, sich »zusammenzureißen«, fühlen sie sich sicher gebunden und angenommen. Zu Hause ist im Optimalfall der Ort, an dem ein Kind einfach sein kann, wie es ist. Weil es weiß, dass Mama und Papa da sind, um es in den Arm zu nehmen, wenn es traurig ist. Und weil es weiß, dass Mama und Papa nicht wirklich böse sind, wenn es mal lauter oder wilder wird. Insofern war es für uns nicht ungewöhnlich, dass unser Sohn in unserer Anwesenheit seinen Emotionen freien Lauf lässt – im Gegenteil, uns war immer wichtig, dass er genau das bei uns kann, obgleich wir immer über persönliche Grenzen und Respekt im Austausch waren und darauf geachtet haben, dass die Integrität aller gewahrt wurde.

Aber dass mir unser Sohn vor der versammelten Familie ein »Du kannst mich mal!« um die Ohren haut, traf mich unvorbereitet – und ja, es war mir unangenehm. Was hauptsächlich an der Empörung aller Anwesenden lag. Die Botschaften der Blicke waren durchmischt: von Entsetzen darüber, wie wenig wir diesen Jungen im Griff zu haben scheinen, über Mitgefühl für die Bürde, ein pubertierendes Kind begleiten zu müssen, bis hin zu Ratlosigkeit und Sorge, über die heftige (womöglich unnormale) Emotionalität des Kindes. Ich meine außerdem so etwas wie Schadenfreude oder Genugtuung bei denen erkannt zu haben, die mich 25 Jahre zuvor an meine schulischen Verpflichtungen erinnern mussten und vermutlich ähnlich positives Feedback bekommen haben.

Schon klar, dass man von mir allein aufgrund meines Berufes eine adäquate und professionelle Reaktion erwartete, das Ding ist nur: Ich bin keine professionelle Mutter. Auch für mich war die Begegnung mit der Pubertät in dieser Rolle neu. Was ich mir damals in dieser Situation gewünscht hätte, war jemand, der uns allen sagt: »Macht euch keinen Kopf, es ist alles wunderbar. Keiner hier hat etwas falsch gemacht, im Gegenteil: Jeder der Beteiligten tut, wozu er/sie entwicklungsbedingt gerade berufen ist. (Und das ist eben nicht unbedingt Französisch.) Bleibt offen, neugierig und im Vertrauen. Und bitte vergesst all die Vorurteile und Schreckensgeschichten über die Pubertät. Diese Zeit wird herausfordernd, aber auch faszinierend.« Ach, wie gerne wäre ich schon damals einfach selbst dieser Jemand gewesen. Stattdessen sagte ich nur: »Möchte noch jemand Kaffee? Oder Popcorn?«

DIE PUBERTÄT – BESSER ALS IHR RUF

Was ich damals am eigenen Leibe erfahren habe, kannte ich bereits aus meiner Arbeit mit vielen Familien: Eltern haben Respekt, wenn nicht sogar Angst vor der Pubertät oder – und das ist noch viel schlimmer – belächeln diese Zeit und alles, was ihre Kinder währenddessen erleben. Respekt vor dieser besonderen Zeit darf natürlich sein und ist völlig nachvollziehbar. Aber ihr Image als Schreckgespenst und Endgegner der Elternschaft muss die Pubertät dringend loswerden. Es wird ihr einfach nicht gerecht und verkompliziert die ganze Sache nur. Nicht die Pubertät selbst ist das Problem, vielmehr ist es das, was wir über sie denken und wissen – oder eben nicht wissen.

Ich erinnere mich noch ganz genau an den allerersten Elternratgeber, den ich mir auf Empfehlung meiner Hebamme 2009 kaufte: *Oje, ich wachse* geschrieben von den drei niederländischen Autoren Hetty van de Rijt, Xaviera Plooij und Frans X. Plooij. Untertitel: *Von den acht »Sprüngen« in der mentalen Entwicklung Ihres Kindes während der ersten vierzehn Monate und wie Sie damit umgehen können*.

Der Titel mag etwas sperrig klingen, aber man weiß genau, worum es geht und was man bekommt – obgleich ich als dreifache Mutter und Therapeutin der Meinung bin, dass dieser Ratgeber mit einer gewissen Skepsis gelesen werden sollte.

Was ich ihm zugutehalte ist, dass er die wohlmeinende Intention hat, Eltern Wissen über die Entwicklung ihrer Kinder zu vermitteln, und dass viele Eltern in eben diesem »Wissen« Trost und Orientierung finden. Denn er erklärt ihnen, warum ihre Babys manchmal besonders anhänglich, weinerlich oder unzufrieden sind – und das wiederum nimmt Eltern einen Teil ihrer Unsicherheit und gibt ihnen das Gefühl: *Alles in Ordnung, du hast nichts falsch gemacht! Dein Baby hat gerade einfach eine schwierige Phase.*

Was mich an dem Buch allerdings stört, sind vier Dinge: Die unzulängliche wissenschaftliche Basis der im Buch postulierten Sprünge, die fehlende Berücksichtigung der Individualität eines jeden Kindes, die teils fragwürdigen Tipps zum Umgang mit schwierigen Phasen und die Botschaft des Titels.

Oje, ich wachse ist ein Buch, das Kinder in Schubladen steckt und nicht ausreichend berücksichtigt, dass (auch kleine) Menschen sich völlig unterschiedlich entwickeln. Lernen alle Kinder am selben Tag laufen? Bekommen alle Kinder zur selben Zeit ihren ersten Zahn? Fangen sie zeitgleich an zu sprechen? Nein, natürlich nicht. Ebenso wenig fangen sie in derselben Woche an, karierte Muster zu erkennen oder kommen punktgenau an ihrem zwölften Geburtstag in die Pubertät.

Ich möchte nicht behaupten, dass Kinder nicht in Schüben wachsen und ähnliche Entwicklungsverläufe haben, nur sind all die Entwicklungsphasen eben höchst individuell. Sie lassen sich nicht per Glaskugel oder Kalender vorhersagen, so wie es dieser Ratgeber tut. Selbst wenn es in unseren Kindern solche universellen, evolutionsbiologisch veranlagten Phasen gäbe, würden die individuellen kindlichen Einflüsse und Prägungen sie so stark überlagern, dass eine tage- oder wochengenaue Vorhersage einfach nicht möglich oder sinnvoll ist. Um eine solche biologische Variabilität der Entwicklung zu untersuchen, müsste man außerdem Tausende von Familien mit objektiven Methoden und in unterschiedlichen Lebenskontexten begleiten. Die Studien, auf die sich die Autor*innen des Buches beziehen, waren jedoch von so geringer Stichprobengröße, dass das Buch diesbezüglich immer wieder in die Kritik geraten ist.

Wer nur nach dem *Oje, ich wachse*-Kalender lebt, verpasst womöglich die wahre Persönlichkeit und die tatsächliche Entwicklung seines Kindes und bringt sich damit um die Möglichkeit, auf die Bedürfnisse einzugehen, die das Kind tatsächlich zu äußern versucht. Nicht jede Auffälligkeit eines Kindes lässt sich mit einem Entwicklungssprung, den Nachwehen eines Entwicklungssprungs oder den Vorläufern eines Entwicklungssprungs begründen. Und das gilt ebenso für die Pubertät. Es ist schlichtweg ignorant und arrogant, Jugendliche auf ihre Hormone zu reduzieren und alle Wallungen als pubertäre Allüren zu klassifizieren.

Was mich aber am meisten stört ist die Botschaft des Titels, die sich durchaus auch in unserer Gesellschaft widerspiegelt, wenn es um das Heranwachsen unserer Kinder geht: *Oje, ich wachse*. Laut Duden handelt es sich bei »Oje« um einen »Ausruf der Bestürzung oder des Erschreckens«.

Oje! Kaum sind unsere Babys auf dieser Welt, wird uns suggeriert, dass wir uns von nun an auf eine mittelschwere Katastrophe gefasst machen können: Unsere Kinder wachsen. Ist das Wortklauberei? Vielleicht. Aber eins ist Fakt: »oje« kündigt für gewöhnlich nichts Gutes an: Oje, du bist krank? Oje, der Hamster ist tot. Oje, wir haben einen Rohrbruch. Oje, alle sauberen Schlüpfer sind in der Wäsche. Einverstanden, das scheint angemessen. Aber: Oje, das Kind wächst?

Ja, manchmal benutzen wir »Oje« auch als Ausdruck von Mitgefühl und Empathie. Und keine Frage: Wachsen ist anstrengend. Es ist nicht einfach, ein wachsendes Kind zu sein oder zu begleiten. Aber müsste es nicht dennoch heißen »Hurra, ich wachse«? Müssten wir nicht trotz all der Herausforderungen und Wachstumsschmerzen Freude an der Entwicklung unserer Kinder haben? Wachsen ist schließlich die Bestimmung unserer Kinder und keine unliebsame Begleiterscheinung der Elternschaft. Es ist unausweichlich und faszinierend.

Ich kann aus Erfahrung sagen, dass das Leben mit großen Kindern eine wundervolle Sache ist. Zu sehen, wie diese einst so kleinen Menschen heranwachsen, welche Interessen und Meinungen sie entwickeln, empfinde ich als großes Privileg. Zwar punkten unsere älteren Kinder nicht mehr mit Niedlichkeit, aber dafür gewinnt die Beziehung zu ihnen an Gegenseitigkeit. Plötzlich bringen sie dir Tee an dein Krankenbett, kochen sich selbst Nudeln oder erklären dir voller Überzeugung, warum die Alternative für Deutschland eben doch keine politische Alternative ist. Und dann ist es wieder da: das Gefühl von Stolz, so wie damals, wenn das mit dem Pipi auf dem Töpfchen geklappt hat. Nur größer. Bedeutsamer.

Es ist nicht so, dass ich die Angst vor dem Heranwachsen der eigenen Kinder nicht verstehen kann. Ich selbst ertappe mich oft genug dabei, wie ich im melancholischen Meer baden gehe und mir danach noch eine Algenpackung Erinnerungen gönne. Denn es stimmt: Sie werden so schnell groß. Auch wenn die Tage manchmal unerträglich lang sind, so sind die Jahre kurz.

Umso wichtiger ist es doch, dass wir die intensiven Jahre, die wir mit unseren Kindern haben, nutzen. Und auch, wenn unsere Kinder mit vierzehn Jahren nicht mehr so anhänglich und abhängig (und auch nicht mehr so süß) sind, wie sie es mal waren, so brauchen sie uns, unsere Liebe und unsere elterliche Führung noch immer – auch wenn sie uns das manchmal auf sehr paradoxe Weise zeigen. Jede Entwicklungsphase hat ihre eigenen Vulnerabilitäten und Hürden, aber eben auch einen ganz eigenen Charme und eigene Chancen – besonders die Pubertät. Wir müssen diese Entwicklungsphase allerdings besser verstehen lernen.

Die meisten Schwangeren verfolgen die Entwicklung ihrer Babys sehr genau. Sie wissen, welchem Obst der Fötus gerade entspricht (Blaubeere, Zitrone, Avocado oder Melone), sie wissen, welche Gliedmaßen gerade wachsen, welche Sinne sich wann entwickeln und wie sie die Melone möglichst schmerzarm zur Welt bringen können. Diese Zeit hat einen ganz besonderen Zauber, wie ich finde. Denn auch wenn sie meist von einer gewissen Unsicherheit und Ehrfurcht geprägt ist, so steckt sie doch voller Vorfreude und Möglichkeiten. Zu diesem Zeitpunkt der Elternschaft löst die Vorstellung eines wachsenden Kindes nichts als Dankbarkeit und Freude aus: Hurra, es wächst!

Ist das Baby geboren, informieren sich die meisten Eltern vollumfänglich weiter. Insbesondere in meiner Generation und/oder Blase, wo Wert auf eine bedürfnisorientierte Begleitung von Kindern gelegt wird. Denn eine intensive Auseinandersetzung mit der Entwicklung eines Kindes ist quasi das Fundament einer kindgerechten, bedürfnisorientierten Erziehung und Pädagogik.

EXKURS:
Was bedeutet bedürfnisorientierte Erziehung?

Bedürfnisorientierte Erziehung (BO) ist ein Ansatz, der sich darauf konzentriert, die Bedürfnisse und Gefühle in den Mittelpunkt der Erziehung zu stellen, statt verallgemeinerte Vorstellungen von Moral und Verhalten durchzusetzen. Bedürfnisorientierte Erziehung, auch Bindungs- oder Beziehungsorientierung genannt, baut auf eine positive und unterstützende Beziehung zwischen Eltern und Kindern. Dieser Ansatz basiert auf dem humanistischen Verständnis, dass Kinder von Natur aus neugierig, einfallsreich und lernbegierig sind und dass ihre Bedürfnisse nach Liebe, Sicherheit, Respekt und Autonomie respektiert und erfüllt werden sollten. BO schaut also auf das Bedürfnis hinter dem Verhalten, statt nur das Verhalten zu korrigieren. Es geht darum, eine einfühlsame und verständnisvolle Beziehung zu seinen Kindern aufzubauen, die auf Vertrauen, Respekt und gegenseitiger Wertschätzung beruht. Eltern nehmen die Perspektive ihrer Kinder ein und bemühen sich, ihre Bedürfnisse zu verstehen und angemessen darauf zu reagieren. Entgegen einigen Vorurteilen geht es dabei aber nicht nur um die Bedürfnisse der Kinder, sondern alle Familienmitglieder. BO stellt die Frage: »Wer braucht was?« ins Zentrum des Miteinanders.

Ein wichtiger Grundsatz der bedürfnisorientierten Erziehung ist es, Kindern eine sichere und unterstützende Umgebung zu bieten, in der sie sich frei entfalten und entwickeln können. Dies bedeutet, dass Eltern ihren Kindern genügend Freiraum und Autonomie geben, um ihre eigenen Entscheidungen zu treffen und ihre Interessen zu verfolgen, während sie gleichzeitig eine angemessene Anleitung und Unterstützung bieten. Das macht BO zu einem super Ansatz für die Begleitung von Jugendlichen! Anstatt auf Bestrafung oder Autorität zurückzugreifen, suchen Eltern gemeinsam mit ihren Kindern nach konstruktiven Lösungen, die die Bedürfnisse aller Beteiligten berücksichtigen.

Es geht bei BO nicht um ein klassisches Erziehungsziel, sondern um den gemeinsamen Prozess. Wir BO-Eltern streben eine liebevolle, unterstützende und respektvolle Beziehung zu den Kindern an, die es ihnen ermöglicht, sich zu selbstbewussten, einfühlsamen und eigenverantwortlichen Menschen zu entwickeln. Es ist ein Prozess, der Geduld, Verständnis und Empathie erfordert, aber langfristig zu einer starken und vertrauensvollen Bindung zwischen Eltern und Kindern führen kann. Auch – wenn nicht sogar gerade – während der Pubertät.

In den Anfängen der Elternschaft ist es vergleichsweise einfach, eine bedürfnisorientierte Haltung in konkrete Handlungen zu übersetzen, denn das Konzept des Attachment Parenting war ursprünglich für Babys und Kleinkinder bis circa zwei Jahre gedacht. Darum wird eine bedürfnisorientierte Erziehung auch oft mit »Praktiken« wie Tragen, Stillen, Familienbett, Windelfreiheit und reizarmem Holzspielzeug assoziiert – kein Wunder also, dass die Vorstellung, einen Teenager bedürfnisorientiert zu begleiten, erst einmal seltsame Vorstellungen und Bilder hervorruft beziehungsweise Fragen aufwirft.

Aber Kinder wachsen, hurra! Und ihre Bedürfnisse wachsen mit. Gerade noch saßen sie mit ihrem süßen kleinen Windelpopos (oder windelfreien Popos) auf unserem Schoß, verschmierten Kartoffelbrei auf dem Esstisch oder in ihren Haaren, planschten in dem kleinen Keramikwaschbecken vorm Küchenfenster, malten die Wände mit Kugelschreiber an, aßen mit der Katze aus einem Napf und schliefen mit diesem Ausdruck von perfektionierter, engelsgleicher Unschuld auf unserem Arm ein, sodass man den gesamten Mittagsschlaf mit eingeschlafenen kribbelnden Gliedmaßen auf der Couch sitzen blieb, weil der Anblick so schön und die Gefahr des Aufwachens beim Ablegen so groß war. Nur einen gefühlten Wimpernschlag später knallen sie mit Türen oder Worten und malen nicht mehr die heimische Wand, sondern die Schultoilette an. Und plötzlich kommt einem die kleinkindliche Trotzphase in der Retrospektive nahezu einfach und harmlos vor ...

Und so wirkt es fast schon paradox, dass wir nach den rechercheintensiven Anfängen der Elternschaft irgendwann aufhören, uns so gewissenhaft über die aktuelle Entwicklungsphase und den nächsten Sprung unseres Kindes zu informieren.

Wie können wir unsere Kinder optimal begleiten, wenn wir nicht wissen, welche Entwicklung sie in der Pubertät durchlaufen? Wie sollen wir erkennen, welche Bedürfnisse sie uns mit ihrem Verhalten anzeigen, wenn wir die Hintergründe nicht verstehen? Wie sollen wir unterscheiden, ob etwas besorgniserregend oder einfach »nur« pubertär ist, wenn wir uns nie damit beschäftigt haben?

Natürlich haben wir einen Erfahrungsvorsprung, weil wir die Pubertät bereits hinter uns haben. Doch vermutlich erinnern wir uns auch alle noch sehr gut daran, dass wir uns ja selbst manchmal nicht verstanden haben. Und in der Elternrolle ist sowieso noch einmal alles anders.

Für die Begleitung von Jugendlichen fehlt uns also oft nicht nur die Erfahrung, sondern auch das Hintergrundwissen. Die Kinder, die einst ins Küchenwaschbecken passten und mit deren Bedürfnissen wir uns im Laufe der Zeit vertraut machen konnten, werden größer. Wir brauchen neues Wissen, neue Ansätze, neue Gedanken und neue Ideen. Der Ansatz der Bedürfnisorientierung muss mitwachsen, sonst wachsen unsere Kinder aus ihm heraus.

Natürlich braucht es auch weiterhin vor allem eins: Liebe. Nur dürfen wir Liebe nicht mit Freundschaft verwechseln. Ich meine damit nicht, dass wir uns nicht um eine freundschaftliche Beziehung zu unseren (erwachsenen) Kindern bemühen dürfen, nur ist eine freundschaftliche Beziehung zu unseren Kindern einfach nicht dasselbe wie eine völlig gleichgestellte Freundschaft. Wir schulden unseren Kindern mehr als unsere Freundschaft. Denn zwischen Eltern und Kindern existieren auch in der Pubertät weiterhin andere Abhängigkeiten und Verantwortlichkeiten als unter Freunden.

Es wird Situationen geben, in denen wir uns entscheiden müssen, ob wir unsere Kinder lieben wollen – mit allen Pflichten und unbequemen Entscheidungen, die diese Liebe erfordern kann – oder ob wir beliebt sein wollen. Jugendliche sind suchende und sehr verletzliche Wesen. Sie brauchen einerseits unser Vertrauen und ausreichend Freiraum, andererseits Halt und Orientierung. Liebe allein ist manchmal nicht genug.

HINTERGRUNDWISSEN FÜR FORTGESCHRITTENE

Hast du schon einmal etwas von Jugendegozentrismus, Schlafmusterveränderungen, Peer-Konformität, Menarche, Spermarche, adoleszenter Delinquenz, neurologischer Reifung oder PDRS (Post-Digitale Regulations-Störung) gehört? Dahinter verstecken sich Phänomene und Veränderungsprozesse, die typischerweise während der Pubertät auftreten, aber vielen Eltern unbekannt sind. Dabei können sie einige skurrile Verhaltensweisen unserer Teenies ganz wunderbar erklären und normalisieren.

Deshalb widmet sich das erste Kapitel dieses Buches der aufschlussreichen Beschreibung der physiologischen und psychologischen Veränderungsprozesse während der Pubertät. Denn wenn wir erst einmal verstanden haben, was aktuell in unseren

Kindern vorgeht, wird es gleich viel leichter zu erahnen, was sie brauchen. Und darum soll es in diesem Buch schließlich gehen: *Was Jugendliche wirklich brauchen*.

»Zwei Dinge sollen Kinder von ihren Eltern bekommen: Wurzeln und Flügel.« Dieser Satz stammt nicht etwa von einer Millennial-Kuschelpädagogik-Aktivistin, wie Kritiker des bedürfnisorientierten Ansatzes eventuell vermuten könnten, sondern von Johann Wolfgang von Goethe – was bedeutet, dass dieses Zitat bereits zweihundert Jahre alt und immer noch höchst aktuell ist.

Kinder kommen mit einem angeborenen Bedürfnis nach Bindung zur Welt, ohne das sie schlichtweg nicht in der Lage wären, zu überleben. Selbstverständlich verändert sich das Bedürfnis nach Nähe und Verbindung mit den Jahren – Hoppereiter mit einem Fünfzehnjährigen auf dem Schoß? Undenkbar. Aber daran, dass es bei der Eltern-Kind-Interaktion im Grunde nur auf eine Sache ankommt, ändert sich nichts: Es geht immer um Beziehung. Obgleich sich das Verhältnis natürlich verändert, weil die Pubertät vor allem ein Ablösungsprozess vom Elternhaus ist und eine zunehmende Orientierung an der Gleichaltrigengruppe mit sich zieht, bleibt die Beziehung zu den Eltern essenziell. Und das wirft Fragen auf, denen wir uns vor allem im zweiten Kapitel des Buches widmen werden: *Wie können wir Beziehungsorientierung mit Jugendlichen leben? Wie können wir Bindung auch im Teenie-Alter fördern? Wie können wir gut in Verbindung und Kontakt bleiben? Wie können wir die Kommunikation altersgerecht und bindungsorientiert gestalten? Wie viel Nähe braucht ein Kind in der Pubertät? Wie viel Autonomie ist angemessen? Wie viel Mitbestimmung, wie viel Freiheit und wie viel elterliche Führung brauchen unsere Kinder in diesem Alter? Und welche Entwicklungsaufgaben und Bedürfnisse haben sie darüber hinaus?*

Viele Eltern sind verunsichert von den Bedürfnissen ihrer jugendlichen Kinder. Zumindest wissen sie ihr Verhalten nicht immer richtig zu deuten. Sie bekommen während der Pubertät ihrer Kinder plötzlich das Gefühl, dass sie in den ersten Erziehungsjahren vieles falsch gemacht haben. Die vermeintliche Rebellion des »Pubertieres« scheint der Beweis dafür zu sein, dass die bisherige Erziehung ins Leere gelaufen ist. Also schalten sie den Turbogang ein und versuchen sich an einer Art »Last-Minute-Erziehung«. In der Regel ohne Erfolg – denn unsere jugendlichen Kinder streben mehr denn je nach Eigenständigkeit.

Im dritten Kapitel des Buches wird es daher darum gehen, wie wir unsere Kinder dabei unterstützen können, ihre Flügel auszubreiten. Es wird darum gehen, sie fliegen zu lassen. Dabei stolpern fast alle Eltern über typische Themen, weshalb wir uns im vierten Kapitel nicht nur den Umgang mit Medien anschauen werden, sondern auch über Sexualität und Schule sprechen.

Nicht nur unsere Kinder müssen sich während der Pubertät neu finden, auch wir Eltern müssen das. Wir müssen hineinwachsen in unsere neue Rolle im Familiensystem und die damit verbundenen Aufgaben. Mein Wunsch ist es, dass dieses Buch Eltern dabei eine Hilfe ist. Eine Art Kompass, der eine Richtung zeigt, aber keinen Weg vorgibt.

Deshalb wirst du in diesem Buch auch keine Anleitung zur Lösung klassischer Konflikte oder rezeptähnliche Erziehungsmethoden finden. Denn es gibt nicht die eine Art und Weise, wie ihr Familie ab jetzt leben müsst, damit ihr alle gut durch die Pubertät kommt – es gibt so viele Wege wie Familien. Der Prozess, den ihr miteinander und gemeinsam gestaltet, ist viel wichtiger als das Ergebnis.

Die Verantwortung für diesen Prozess tragen aber nicht unsere Kinder, sondern wir Eltern. Und wir können uns diese

Position sehr erleichtern, indem wir uns ein kleines bisschen auf das Abenteuer namens Pubertät vorbereiten. So wie wir es ja auch tun, wenn wir einen neuen Job beginnen, ein exotisches Hobby starten oder ein fremdes Land bereisen. Und tatsächlich ist die Pubertät einem fremden Land gar nicht so unähnlich: Andere Sitten, andere Bräuche und Traditionen, eine andere Sprache und Kultur, andere Kleidung, anderes Essen, andere Gerüche, anderes Klima und manchmal sogar eine andere Zeitzone.

Viele Eltern haben Angst vor diesem unbekannten Terrain. Was unter anderem daran liegen könnte, dass sie noch genau wissen, wie sie selbst als Teenager waren. Das Image der Pubertät ist schlecht, und tatsächlich ist es ein Alter voller Vulnerabilität. Jugendliche sind anfällig für so ziemlich alles, was Eltern Schnappatmung kriegen lässt: Kriminalität, Drogen- oder Alkoholmissbrauch, Mediensucht, ungewollte Schwangerschaft, Schulabbruch, psychische Erkrankungen etc. Was wir dabei oft vergessen: Die Mehrheit der Jugendlichen entwickelt sich ohne diese Extreme, wohingegen kleine Fehltritte und Experimente einfach zum Erwachsenwerden dazugehören.

Was Eltern außerdem fürchten, ist der Verlust von Kontrolle und Bedeutsamkeit. So viele Jahre standen sie im Zentrum des Lebens ihrer Kinder, und nun sollen sie loslassen. Aber wer lässt schon gern los, was er weiterhin lieben und schützen will? Punkt drei auf der Pubertäts-Angst-Hitlist: die gegenseitige Angleichung und Unabhängigkeit unserer Kinder.

All diese Ängste sind nachvollziehbar. Die Sache ist nur die: Selbst wenn wir es nicht wollen, werden wir eines schönen Morgens (oder Sonntagnachmittags am Kaffeetisch inmitten der lieben Familie) in Teenesien aufwachen. Es ist unausweichlich. Also sollten wir uns vorbereiten, indem wir verstehen …

- ... was in der Pubertät geschieht,
- ... welche Bedürfnisse Jugendliche haben,
- ... wie diese erfüllt werden können,
- ... worin unsere Rolle dabei besteht
- ... und was unsere Kinder dazu sagen.

Letzteres hat für mich besonderen Wert, denn eins ist doch paradox: Zwar betonen viele Blogs und Bücher die Wichtigkeit der Mitbestimmung unserer Kinder, aber zu Wort kommen sie dort selten bis nie.

In den letzten Jahren hatte ich viele inspirierende Gespräche, die ich in dieses Buch einfließen lasse: Die meisten davon im Alltag mit Eltern und anderen Therapeut*innen und Expert*innen. Darüber hinaus habe ich mit mehreren tollen Persönlichkeiten, die fast alle selbst jugendliche Kinder haben, Interviews geführt und freue mich sehr darauf, sie in diesem Buch nun zu veröffentlichen: Familiencoachin und Musikerin Mira, Musiker Gabriel Kelly, Handball-Cheftrainer Florian Kehrmann, Sexpertin Birte Fulde und Bildungsaktivist Bob Blume. Mindestens genauso beeindruckend waren für mich die vielen Gespräche mit Jugendlichen, wie meinem Sohn (fünfzehn), meiner Tochter (zwölf), deren Freund*innen und meinen jugendlichen Klient*innen sowie Menschen, die bereits am Ende ihrer Adoleszenz angekommen waren – und einen ganz besonders »freshen« Blick auf die Zeit der Pubertät hatten, so wie Gabriel Kelly. Deshalb war für mich von Anfang an klar: Wenn ich ein Buch über die Pubertät schreibe, dann spreche ich nicht nur über Jugendliche, ich spreche auch mit ihnen und lasse diese Erkenntnisse hier ebenso einfließen wie die Wissenschaft.

Als erwachsene Leser dieses Buches haben wir alle eine Sache gemeinsam: Wir waren selbst einmal jugendlich und pubertierend. Viele Erfahrungen aus dieser Zeit haben wir vergessen oder weggeschoben, dabei sind unsere eigenen Erinnerungen die perfekte Brücke zwischen uns und unseren jugendlichen Kindern. Deswegen möchte ich dich im Folgenden zu einer Reise in deine Vergangenheit einladen.

ÜBUNG: Reise zurück

Schließe deine Augen und atme tief ein, während du dich auf die ruhige und entspannte Atmosphäre um dich herum konzentrierst. Nimm ein paar tiefe Atemzüge und blende für ein paar Minuten alles andere aus. Lass alle Anspannungen und Sorgen des Alltags los und öffne dich für deine Vergangenheit.

Stell dir nun vor, wie du dich frei durch die Zeit und dein Leben bewegst. Stell dir vor, du drehst die Zeit zurück, Jahr für Jahr, bis du in der Zeit deiner eigenen Pubertät ankommst. Erinnere dich zurück. Fühl dich ein. Spüre die Aufregung und die Unsicherheit, die dich begleiten, aber auch die unendlichen Möglichkeiten und das Gefühl von Abenteuer tief in dir.

Erinnere dich an all die kleinen Details deines Lebens in dieser Zeit. Die Geräusche, die Gerüche, die Gefühle. Erinnere dich an die Herausforderungen, die du erlebt hast, die Freuden, die Erfolge, die Träume und die Ängste. Was hast du damals über dich und die Welt gedacht? Mit wem warst du zusammen? Wer hat dich geprägt? Bei wem fühltest du dich geborgen?

Nun richte deine Aufmerksamkeit auf dein jüngeres Selbst. Sieh dich selbst in deinem Geist vor dir, wie du damals warst – mit all deinen Ecken und Kanten, deinen Stärken und Schwächen, deinen Hoffnungen und Träumen. Und wenn du magst,

dann schicke deinem jüngeren Selbst Liebe, Mitgefühl und Verständnis. Frag dein jüngeres Selbst aber auch, was es sonst noch von dir braucht.
Nimm dir ein paar Minuten Zeit, um in dieser Begegnung zu verweilen und dich mit deinem jüngeren Selbst zu verbinden. Fühle die Verbundenheit, den Trost und die Weisheit, die du hieraus schöpfen kannst. Lass alle Erinnerungen noch einmal lebendig werden.
Atme tief ein und spüre, wie sich dein Herz mit Dankbarkeit und Zufriedenheit füllt für die Reise, die du bisher gemacht hast, und für die unendlichen Möglichkeiten, die noch vor dir liegen. Kehre nun langsam in deine Gegenwart zurück – aber nimm das Gefühl gern mit. Es wird dir helfen, dein jugendliches Kind besser zu verstehen und zu begleiten.

KAPITEL 1
WENN ALLES PLÖTZLICH ANDERS IST

»Pubertät: Warum Jugendliche durchdrehen« lautet die Überschrift eines Artikels, der in meiner Ergebnisliste auftaucht, nachdem ich das Wort Pubertät gegoogelt habe. Ich verstehe, dass die Schlagzeile brisant ist und neugierig macht. Mir ist auch klar, dass viele Eltern (verständlicherweise) genau darauf eine Antwort suchen, weil sie das Verhalten ihrer Kinder tatsächlich so erleben. Die Sache ist nur die: Jugendliche drehen nicht durch. Sie werden nicht verrückt im pathologischen Sinne. Sondern: Sie verabschieden sich von ihrer Kindheit.

Mit diesem Abschied sind unzählige physische und psychische Veränderungen verbunden, mit denen unsere Kinder nicht selten selbst völlig überfordert sind. Diese Veränderungen kommen, ohne zu fragen, sind aber weitestgehend für jeden sichtbar. Das Ausmaß an Unwohlsein und Scham, was damit einhergehen kann, scheinen ehemalige Pubertierende mit der Zeit leider zu vergessen. Anders kann ich mir zumindest nicht erklären, dass der Umgang mit diesen Veränderungen in Familien und Schulen oft so unsensibel ist. Manchmal sind diese Veränderungen furchtbar lästig, manchmal sehnlichst herbeigewünscht, um endlich auch dazuzugehören. Und so habe ich es leider schon oft erlebt, dass Jugendliche für ihren einsetzenden Stimmbruch, ihre unreine Haut oder ihr einsetzendes (oder ausbleibendes) Brustwachstum belächelt oder verspottet wurden. Ich habe nichts gegen Humor – im Gegenteil, er kann auch in Zeiten der Pubertät herrlich entwaffnend und verbindend sein –, aber Spott und Humor sind zwei Paar Schuhe.

Im Durchschnitt beginnt die Pubertät bei Mädchen im Alter von etwa elf Jahren und bei Jungen im Alter von dreizehn Jahren – und ja, damit sind die Jugendlichen heute früher dran als ihre Vorfahren. Anfang des neunzehnten Jahrhunderts bekamen Mädchen ihre erste Regelblutung (Menarche) noch mit ungefähr siebzehn Jahren. Und dieser sogenannte säkulare Trend scheint sich weiter fortzusetzen. Eine dänische Studie von 2018 zeigt, dass das Eintrittsalter in die Pubertät bei beiden Geschlechtern immer weiter sinkt. Verglichen haben die Forscher unter anderem das Einsetzen der Regelblutung bei Müttern und ihren Töchtern. Sie stellten fest, dass Mütter zu ihrer Zeit ungefähr vier Monate älter waren als ihre Töchter – und das nur innerhalb einer Generation. Auch bei den Jungen konnte ein früheres Einsetzen der Pubertät beobachtet werden.

Vergleicht man die Ergebnisse zweier Studien der Bundeszentrale für gesundheitliche Aufklärung zur Jugendsexualität aus den Jahren 1980 und 2022, so wird deutlich, dass der Anteil der Jungen, die vor ihrem dreizehnten Geburtstag ihren ersten Samenerguss haben, innerhalb dieses Zeitraumes von 7 auf 36 Prozent gestiegen ist.[1] Zudem kommen Jungen heute bereits mit zwölf oder dreizehn Jahren in den Stimmbruch.

Dass die Pubertät bei Kindern immer früher einsetzt, erklären Experten vor allem mit der Ernährung, mit Hygiene und einem besseren Gesundheitsstatus im Allgemeinen. Aber auch die Rolle von psychischem Stress, Chemikalien und Hormonen wird diskutiert und erforscht.

Eine britische Langzeitstudie belegte beispielsweise einen direkten Zusammenhang zwischen der vorzeitigen Geschlechtsreife und einem hohen Fleischkonsum – insbesondere bei Mädchen. Dies liegt zum einem an dem erhöhten Proteinverzehr und zum anderen an Nährstoffen wie Eisen und Zink, die dem Körper die Bereitschaft für eine Schwangerschaft signalisieren. Was allerdings nicht bedeutet, dass deswegen auch mehr Mädchen ungewollt schwanger werden. Das Risiko ist in Deutschland im internationalen Vergleich nicht nur gering, sondern seit der letzten Jahrtausendwende auch rückläufig.[2] Das gesundheitliche Risiko einer solch verfrüht einsetzenden Geschlechtsreife liegt daher vielmehr in der erhöhten Anfälligkeit für Herzerkrankungen, Fettleibigkeit und Typ-2-Diabetes sowie Brust- und Eierstockkrebs bei Mädchen und Hodenkrebs bei Jungen.[3]

Außerdem haben früh pubertierende Jungen und Mädchen häufiger Kontakt zu älteren Peers, weshalb einige von ihnen früher Alkohol und/oder Drogen konsumieren und eher straffällig werden. Vor allem Mädchen zeigen darüber hinaus auch noch andere, weniger deutliche Symptome, die sich in negativer Stimmung, Selbstwertproblemen und einem negativen Körperbild äußern können. Bei Jungen hingegen sind genau diese Symptome oft das Ergebnis einer verspätet einsetzenden Pubertät.

Nun können wir uns natürlich nicht aussuchen, wann unsere Kinder in die Pubertät kommen – aber sobald wir uns dieser Risiken bewusst sind, haben wir die Möglichkeit, unsere Kinder bei der Bewältigung ihrer Sorgen zu unterstützen. Ein erster wichtiger Schritt ist die Anerkennung und Würdigung der Verwirrung und Verletzlichkeit, die ein Jugendlicher angesichts seiner einsetzenden Pubertät verspüren kann.

Mal abgesehen davon, dass sich der Zeitpunkt des Einsetzens der Pubertät in den letzten Jahrzehnten verfrüht hat und weiterhin verfrüht, hat sich aber nicht viel verändert. Auch damals hagelte es schon Beschwerden über die unvernünftige und aufmüpfige »Jugend von heute«, und auch damals waren dieselben physischen und psychischen Veränderungen für diese Einschätzung verantwortlich. Ein zeitloser Klassiker also.

KÖRPERLICHE VERÄNDERUNGEN

Den Startschuss für die Pubertät gibt ein Botenstoff namens Neurokinin B. Er löst eine ganze Kaskade von Veränderungen aus, die man treffend als Hormon-Domino bezeichnen könnte. Er wird vor allem in den Nervenzellen des Hypothalamus gebildet und regt dort in Folge die Bildung von GnRH an. Dieses Hormon sorgt wiederum für die Freisetzung von Hormonen in der Hypophyse, was schlussendlich dazu führt, dass in den Hoden beziehungsweise Eierstöcken unserer jugendlichen Kinder die Sexualhormone Testosteron und Östrogen gebildet werden. Durch die hormonellen Umstellungen beginnen sich die primären Geschlechtsmerkmale (Vulva, Vagina, Ovarien, Uterus, Hoden, Nebenhoden, Samenwege und Penis) und die sekundären Geschlechtsmerkmale (Brüste, Bart, Körperbehaarung, Muskeln, Stimme) zu verändern. Zudem verändern sich Proportionen und Körperformen, weg vom kindlichen Körper, hin zu Kurven und Polstern. Es gibt Teenies, die diese Veränderung herbeisehnen und sich darauf freuen, rein körperlich zur Frau oder zum Mann heranzureifen. Es kommt aber auch vor, dass Jugendliche sich für diese unkontrollierbaren Veränderungen schämen oder sich in ihren »neuen« Körpern unwohl fühlen. Die Veränderungen während der Pubertät können sich zum

Leidwesen vieler Teenager auch durch fettiger werdende Haut und Pickel zeigen – in manchen Fällen bis hin zur Akne.

Darüber hinaus werden während der Pubertät auch Drüsen aktiv, die dafür sorgen, dass man stärker schwitzt und anders riecht – anders bedeutet in diesem Fall aber nicht unbedingt besser. Plötzlich sind also auch die Anforderungen an die eigene Körperhygiene neu, und hierbei dürfen wir unsere Kinder durchaus unterstützen. Natürlich ist Körperhygiene gewissermaßen Privatsache, und wir können und sollten niemanden zum Duschen zwingen. Allerdings sollten wir bedenken, dass sich unsere Kinder vielleicht gar nicht darüber bewusst sind, dass man sie im Dunkeln auch mit einem Stinktier verwechseln könnte und dass das eigene Zimmer an eine Mischung aus Gehege im Zoo, Sporthallenumkleidekabine, Kompost und Parfümerie erinnert. Wenn wir unsere Kinder nicht liebevoll darauf aufmerksam machen, dann werden es andere tun – und das wird ihnen wesentlich unangenehmer sein. Ich habe mir von meinen Kindern zunächst die Erlaubnis abgeholt, indem ich sie fragte: Möchtet ihr, dass ich es euch sage, wenn ich den Eindruck habe, dass die Dusche euch gern wiedersehen würde? (Ja, ist okay!)

Zusätzlich zu all diesen Entwicklungen kommt es während der Pubertät zur Ausschüttung von Wachstumshormonen, die dafür sorgen, dass Kinder ihren Müttern nun auf den Kopf gucken können. Außer im Mutterleib und im ersten Lebensjahr wird in keiner anderen Entwicklungszeit so viel »Strecke« gemacht wie in der Pubertät. Typischerweise wachsen Mädchen in dieser Zeit neun Zentimeter pro Jahr, Jungen zehn.

Ich selbst habe die Erfahrung, meinen Eltern über den Kopf zu wachsen, nie machen dürfen – zumindest nicht in puncto Körpergröße. Aber ich stelle es mir tatsächlich verwirrend vor, wenn eine jahrelange unhinterfragte Wahrheit – nämlich, die, dass die Eltern die Großen sind, die uns beschützen – auf diese Weise erschüttert wird. Spätestens mit der körperlichen Unterlegenheit wird auch den meisten Eltern klar, dass ihre elterliche Macht Grenzen hat. Diese zunächst körperliche Angleichung und Ebenbürtigkeit kann zu einer gewissen Unsicherheit auf allen Seiten führen. Gleichzeitig kann ich aus Erfahrung sagen, dass dieser Prozess glücklicherweise schleichend passiert und vor allem für all jene keine größere Herausforderung darstellt, die bis dahin schon auf ein beziehungsorientiertes Miteinander und Augenhöhe gesetzt haben. Denn Augenhöhe ist ja keine Frage der Körpergröße.

NEUROBIOLOGISCHE VERÄNDERUNGEN

Seit jeher beschweren sich Eltern darüber, dass ihre jugendlichen Kinder unvernünftig, verantwortungslos oder schlichtweg rebellisch seien. Es ist also kein neuer Trend: Die Jugend von heute war schon immer unmöglich. Da gab es einst junge Mädchen, die sich tatsächlich anmaßten, Hosen zu tragen, und Jungs, die heimlich tranken und auf fremden Pferden ausritten. Später trugen die vermeintlichen Revoluzzer Jeanshosen, ließen sich die Haare lang wachsen und hörten Rockmusik über das Transistorradio. Irgendwann im Laufe der Geschichte knatterten Pubertierende mit Vokuhila auf ihren Mopeds ohne Helm durch die Gegend, sprangen nachts im Freibad vom Zehner, knutschten in der Öffentlichkeit und tanzten dirty. Heute trägt die Rebellion Tattoos, Piercings und auch im Winter bauchfreie Tops. Sie wirft Böller in fremde Briefkästen und fährt noch immer ohne Helm – manchmal sogar auf den Dächern von Zügen. Kein Wunder also, dass Eltern seit jeher in Sorge um das Wohl ihrer Kinder sind. Denn auf ihr Urteilsvermögen ist in dieser Entwicklungsphase oft wenig Verlass. Nur machen sie all das in der Regel nicht, um uns zu ärgern, sondern weil sie die Konsequenzen wirklich nicht realistisch einschätzen können.

Der aktuelle Stand der Hirnforschung lässt vermuten, dass es sich bei all diesen »verantwortungslosen« Verhaltensweisen gar nicht um Rebellion handelt, sondern um »Baustellenstaub« – obgleich einige Entscheidungen sicher auch der bewussten Abgrenzung und Auflehnung zuzuschreiben sind. Aber dazu später mehr.

Die Pubertät beeinflusst nicht nur die Körperentwicklung unserer Kinder, sondern auch ihre Gehirnentwicklung – und das in einem epischen Ausmaß. Das menschliche Gehirn durchläuft in dieser Zeit tiefgreifende strukturelle und funktionelle Veränderungen. Diese Veränderungen machen sich auf vielfältige Weise bemerkbar, sind aber alle ganz wunderbar neurobiologisch zu erklären.

Insbesondere der präfrontale Kortex durchläuft einen umfangreichen Reifungsprozess. Er ist für die Aufmerksamkeitssteuerung, Handlungsplanung und Handlungskontrolle zuständig – kann seinen Aufgaben aber während der Umbauphase nur eingeschränkt gerecht werden. So kann es passieren, dass ein pubertierendes Kind schon an den einfachsten, einst völlig selbstverständlichen Handlungen scheitert – wie zum Beispiel dem Bedienen der Klospülung oder dem Zubinden von Schuhen. Es sollte uns angesichts dieser neurowissenschaftlichen Tatsache auch nicht verwundern oder ärgern, dass unsere Kinder versunken in ihr Buch oder Smartphone einfach auf dem Sofa sitzen bleiben, während wir nach dem Wochenendeinkauf beladen wie ein peruanischer Bergesel das Haus betreten und vergeblich auf helfende Hände hoffen.

Ebenso betroffen von diesem neuronalen Makeover ist das limbische System, das maßgeblich an der Verarbeitung von Emotionen und emotionalen Reizen beteiligt ist. Der Umbau dieser Hirnstrukturen kann daher mit vorübergehenden Schwierigkeiten bei der Emotionsverarbeitung und Impulskontrolle, sozialen Interaktion und Handlungssteuerung einhergehen und bis ins frühe Erwachsenenalter hineinreichen. Dieser Prozess der Hirnentwicklung trägt schlussendlich zur Verbesserung der kognitiven Fähigkeiten, der emotionalen Regulation und des sozialen Verhaltens bei. Aber wer zu Hause schon einmal renoviert hat, weiß, dass es während der Umbauarbeiten meist erst einmal schlimmer aussieht als vorher. Das Ergebnis spricht aber meist für sich und macht alle Entbehrungen wett. Heißt: Wir dürfen Geduld und Verständnis haben. Vor allem aber dürfen wir uns bewusst machen, dass es sich bei dem schrägen Verhalten unseres Teens nicht um einen persönlichen Rachefeldzug handelt, weil wir das Kind 2011 auf seinem Töpfchen fotografiert haben oder ihm im Schwedenurlaub verwehrt haben, sich ausschließlich von Eis und Strandsand zu ernähren, sondern um einen wichtigen Entwicklungsschritt.

Wenn ich mit Eltern über ihre jugendlichen Kinder spreche, dann äußern viele von ihnen Sorge über die plötzliche Lustlosigkeit, Gereiztheit und Wortarmut ihrer Kinder. Die »lieben Kleinen« scheinen sich zunehmend wie Zombies zu verhalten. Morgens schlürfen sie mit hängenden Schultern und Mundwinkeln in die Küche, um dort ein animalisches Ketchuptoastblutbad anzurichten und auf jegliche Ansprache mit einem gequälten Stöhnen zu antworten. Abends machen sie ihrem Dasein als Untote alle Ehre, weigern sich zu schlafen und ergötzen sich daran, die kleine Schwester im Zimmer nebenan heimzusuchen, um dort – begleitet von einem freudvollen Grunzen – ihre Darmwinde und damit den Duft nach Verwesung zu verbreiten.

Aber auch hierfür hat die Neurobiologie eine entlastende Erklärung parat. Sie sagt uns vielleicht nicht, warum insbesondere männliche Pubertiere so gern um die Wette furzen, aber sie liefert zumindest eine Antwort auf die Frage nach der Notwendigkeit dieser und anderer, extremerer Verhaltensweisen.

Mit den Veränderungen der Hirnstrukturen gehen auch Veränderungen des Neurotransmitterhaushalts einher. Während der Pubertät kommt es zu einer geringeren Stimulation des Belohnungszentrums im Gehirn, da während des Makeovers einige Dopaminrezeptoren verschwinden. Dopamin ist ein Botenstoff, der Vorfreude auf etwas auslöst, uns motiviert und uns, in freudiger Erwartung auf das gute Gefühl, zur Tat schreiten lässt. Was uns am Ende einen Dopaminkick gibt, kann sehr individuell sein, aber es gibt ein paar Klassiker: Lieblingshobbys, Sport, Musik, Sonnenlicht, Meditation, Yoga, sexuelle Interaktionen, soziale Kontakte, leckeres Essen und natürlich Süßigkeiten. Eisbaden übrigens auch. Dopamin spielt auch bei vielen Suchterkrankungen eine Hauptrolle, denn auch Alkohol, Drogen, Gaming, Surfen im Netz, Interaktion in sozialen Medien, Glücksspiel und Rauchen sind zuverlässige Dopamindealer.

Zusätzlich zur Dopaminflaute kommt es während der Pubertät zur Abnahme der Serotoninausschüttung – ebenfalls ein Glückshormon. Jugendliche haben im Vergleich zu uns Erwachsenen also weniger Rezeptoren, die sie mit positiven Gefühlen belohnen, was bedeutet, dass sie extremere Reize brauchen, um ein ähnliches Level an Glück oder Freude zu empfinden. Die Aufforderung: »Lach doch mal« ist daher wenig hilfreich.

Infolge eines Gehirns, das nicht mehr so leicht zu begeistern ist, neigen unsere Kinder dazu, die häufig negativen Gefühlszustände und die Lustlosigkeit auszugleichen. Es bedarf nun allerdings erhöhter Anstrengung, Risikobereitschaft oder Hilfsmitteln, um sich gut zu fühlen. Das ist auch einer der Gründe, warum einige Jugendliche versuchen, dieses Defizit mit risikoreichem Verhalten auszugleichen, wie Alkohol- oder Drogenkonsum. Weniger riskante, aber dennoch nicht unbedenkliche Glücksbotschafter: zocken und soziale Medien.

Auch an dieser Stelle möchte ich noch einmal betonen, dass das Freudenloch unsere Kinder zwar anfälliger für experimentelle bis kriminelle Erfahrungen macht – weil sie die Konsequenzen unterschätzen oder in Kauf nehmen –, es bedeutet aber keinesfalls, dass sie zwangsläufig süchtig werden oder auf die schiefe Bahn geraten müssen. Die Pubertät allein reicht dafür als Ursache nicht aus, sonst gäbe es die Menschheit vermutlich nicht mehr.

Die Ursache für die nächtlichen Aktivitäten wiederum finden wir sehr wohl in der Pubertät – oder besser gesagt, dem mit ihr einhergehenden Melatoninstoffwechsel. Melatonin ist ein Hormon, das maßgeblich an der Steuerung zirkadianer Rhythmen beteiligt ist und insbesondere den Schlaf-Wach-Rhythmus steuert. Kommen Kinder in die Pubertät, verändert sich die Verteilung der Melatoninausschüttung: Es kommt zu einer Abnahme der Menge und zu einer späteren Ausschüttung des Hormons, ergo setzt auch die Müdigkeit später ein. Und so kann es passieren, dass man nach ein paar Jahren abendlicher Ungestörtheit wieder ein Kind hat, dass abends zehnmal mit dreizehn Gründen aus dem Zimmer kommt, weil es nicht schlafen kann. Der veränderte Biorhythmus der Jugendlichen clasht natürlich gewaltig mit dem vom Schulalltag vorgegebenen Rhythmus. Abends sind unsere Kinder einfach nicht müde, morgens dafür sehr. Aufstehen müssen sie an fünf von sieben Tagen dann meist trotzdem. Daran können wir wenig ändern, aber wir können unsere Kinder mit Verständnis begleiten und einige Tricks anwenden, um ihnen zu ausreichend Schlaf zu verhelfen. Denn diese jungen Körper vollbringen in der Pubertät Höchstleistungen, sie brauchen viel Schlaf und Erholung, um die körperlichen Veränderungen zu bewältigen. Ausschlafen genießt in unseren Kulturkreisen nicht den besten Ruf, zumindest werden Jugendliche für ihr Eulendasein und die Morgenmuffelei oft gegängelt. Daher mag es hilfreich sein zu wissen, dass unsere Kinder keine Vagabunden sind, wenn sie am Wochenende nicht so früh aufstehen wollen, sie sind einfach müde. Auf den Einsatz des Staubsaugers, der an einem Samstagmorgen immer wieder ganz versehentlich an die Zimmertür knallt, sollten wir also vielleicht verzichten.

Tipps, um Jugendlichen zu genügend Schlaf zu verhelfen:

- Einschlafrituale sind nicht nur etwas für Kleinkinder. Unsere Teenie-Kinder müssen nicht mehr zugedeckt werden, wollen vielleicht auch keine Gutenachtgeschichte mehr vorgelesen bekommen oder in den Schlaf gekrault werden, das heißt aber nicht, dass sie uns abends nicht brauchen. Sie verarbeiten abends den Tag und haben dann oft noch Gesprächsbedarf. Fünf Minuten Exklusivzeit am Rand des Bettes, um sich ein paar Gedanken von der Seele zu reden oder einfach nur das Gefühl der Geborgenheit zu genießen, macht die Nacht oft besser. Und manchmal werden sie eben doch noch gern zugedeckt und bekuschelt - selbst, wenn sie schon sechzehn sind.

- Berührungen helfen, zur Ruhe zu kommen. Unser kleines Familienritual ist, jedem Kind vor dem Einschlafen eine zehnminütige Fuß- oder Handmassage zu schenken. Wir nutzen bei diesen Massagen unterstützend reine ätherische Öle wie Lavendel, Neroli oder Bergamotte.
- Auch Meditationen und Musik können dabei helfen einzuschlafen. Die Gedanken unserer Kinder kreisen abends oft ziemlich wild um sie herum und halten sie vom Einschlafen ab. Einige Kinder hören deshalb am Abend gerne Hörgeschichten – ich würde allerdings immer Meditationen empfehlen, damit der Geist zur Ruhe findet, statt noch mehr Input zu bekommen.
- Es schläft sich nachweislich besser, wenn das Smartphone nicht im selben Raum ist und am Abend bereits eine Stunde vor dem Schlafengehen zur Seite gelegt wird. Denn das blaue Display-Licht suggeriert unserem Gehirn, es wäre Tag. Und das stört die Melatonin-Produktion.
- Wer vor dem Schlafengehen noch Bewegung hatte oder an der frischen Luft war, schläft nachweislich besser. Ich würde jetzt gern sagen, dass ein Hund hier die perfekte Lösung sein kann, aber wir alle wissen, wer am Ende des Tages dann die frische Luft einatmen wird. Ich hab's ausprobiert. Aber einige Teenager haben tatsächlich Freude an einer abendlichen Sporteinheit, entweder zu Hause oder im Verein.

Bisher klang es möglicherweise so, als würde es die Pubertät nicht sonderlich gut mit unseren Kindern meinen. Das stimmt so natürlich nicht. Der gesamte Umbau des Gehirns fördert schlussendlich Fähigkeiten zutage, die bis dahin nicht vorhanden oder weniger entwickelt waren. Am Ende des Makeovers aber wird die Verarbeitungsgeschwindigkeit des Gehirns zugenommen haben, die Intelligenz- und Gedächtnisleistung wird verbessert worden sein, und die Selbstregulationskompetenz wird sich so weit entwickelt haben, dass unsere Kinder sich und ihre Impulsivität gut im Griff haben. Meistens jedenfalls.

Sie werden eigene Ziele noch besser definieren können und auch über Fähigkeiten verfügen, die ihnen bei der Umsetzung dieser Ziele helfen. Sie werden in der Lage sein, Bedürfnisse aufzuschieben und ihrem jugendlichen Hang zum Hedonismus zunehmend widerstehen können. Das Oberstübchen unserer Kinder wird am Ende dieses Prozesses geräumiger sein und mehr Kapazität haben. Doch bis es so weit ist, wirbelt die Renovierung ihrer Gehirne eine Menge Staub auf. Und einige Areale sind während der Umbauphase eben nur begrenzt begeh- und nutzbar.

Der evolutionsbiologische Sinn dieser Großbaustelle und der damit einhergehenden Neuorientierung mag darin zu sehen sein, dass so die Grundlage geschaffen wird, sich von dem bisherigen sozialen Kreis, der stark durch uns Eltern geprägt war, zu lösen und ein neues soziales Umfeld für sich zu entdecken. Auf dieser Grundlage entstehen neue soziale Beziehungen mit Peers, die zunächst ein Übungsfeld für unsere Kinder sind, auf deren Erfahrungsbasis jedoch schon kurze Zeit später Partnerschaften entstehen werden. Es geht also mal wieder um Artgerechtigkeit, Fortpflanzung und die damit verbundene Erhaltung unserer Art. Denn erst durch die gravierenden Veränderungen während der Pubertät werden die Voraussetzungen geschaffen, um selbstständig ein eigenes Leben zu meistern und sich in verantwortungsvoller Weise um den (potenziellen) eigenen Nachwuchs kümmern zu können. Die Pubertät ist sozusagen ein Nestschubser – mit dem Langzeitziel, irgendwann ein eigenes Nest zu bauen.

Warum unsere Kinder dennoch unsere Unterstützung brauchen, wird deutlich, wenn wir verstehen, mit welchen Veränderungen sie darüber hinaus konfrontiert sind. Denn die Evolution ist das eine, die Sozialisation das andere.

PSYCHISCHE VERÄNDERUNGEN

Ein großer Teil der Kinder und Jugendlichen gilt heute als unsozial und egoistisch. Das zumindest soll eine Studie[4] der Universität Bielefeld herausgefunden haben. Mal abgesehen davon, dass »die Jugend« sich diesen Vorwurf ganz bestimmt schon seit vielen Generationen anhören muss, sollten wir die Ergebnisse dieser Studie mit Vorsicht und dem notwendigen psychologischen Hintergrundwissen lesen.

Die Kernergebnisse der Studie waren folgende: Einem Drittel aller Jugendlichen fehlt das soziale Bewusstsein. Mädchen zeigen mehr Sozialkompetenz als Jungen. Jugendliche aus schwierigen wirtschaftlichen Verhältnissen neigen stärker zu Gleichgültigkeit und Abwertung als solche aus bessergestellten Haushalten. Und die soziale Ignoranz der befragten Jugendlichen war umso heftiger, je negativer deren Eltern gegenüber Empathie und Solidarität eingestellt waren.

Was ich an der Diskussion rund um solche Studien bedenklich finde ist nicht nur die fehlende Berücksichtigung der entwicklungspsychologischen Erklärungen für solch »alarmierendes« unsoziales Verhalten. Viel schlimmer ist, dass wir so kritisch auf das Verhalten von Kindern und Jugendlichen schauen, ohne in den Spiegel zu gucken und zu fragen, was unser Anteil als Gesellschaft daran ist. Kinder und Jugendliche sind Beobachtungslerner und Nachahmer. Somit sind sie nun wirklich die Letzten, die wir für die Welt, in der sie leben, und die Strategien, mit denen sie versuchen, sich darin zurechtzufinden, verantwortlich machen können. Gleichwohl halte ich Solidarität und Gemeinschaftsbewusstsein für wichtige Werte. Die Frage, wie wir diese Werte unseren Kindern besser vermitteln können, ist daher durchaus berechtigt.

Aber kommen wir – bevor es zu gesellschaftspolitisch wird – doch noch einmal zurück zu dem Vorwurf, Jugendliche wären egoistisch. Denn dazu möchte ich ganz klar sagen: Das ist absolut zutreffend. Es stimmt. Denn auch das ist eine Begleiterscheinung der Pubertät. Und ich gebe zu: Sie hat das Potenzial, Eltern in den Wahnsinn zu treiben. Und mit Eltern meine ich: mich. Gestern erst ging ich an den Kühlschrank und griff mit einem tropfenden Zahn nach dem leckeren, mit Marillenmarmelade gefüllten Berliner, den ich mir dank meiner Willenskraft aufgespart hatte, um damit das Wochenende einzuläuten. Ich nahm die Packung heraus und öffnete sie, während mir das Wasser im Mund zusammenlief. Doch was ich in der Packung fand war kein Berliner. Es war ein altes und sehr trockenes Brötchen vom Vortag. Das war also die Steigerung. Dass das Joghurtglas geleert und dann wieder in den Kühlschrank gestellt wurde, das kannte ich. Auch daran, dass die Hälfte des Gurkentellers ständig vernascht wurde, noch bevor alle am Tisch saßen, hatte ich mich gewöhnt. Es überraschte mich auch nicht mehr, wenn meine jüngste Tochter weinend vor mir stand, weil ihre Geschwister ihr Süßigkeitenversteck gefunden und geplündert hatten. Ich schüttelte auch nicht mehr mit dem Kopf, wenn die Waschmaschine wegen eines einzigen Pullis angeschmissen wird, obwohl davor noch ein ganzer Haufen Familiendreckwäsche liegt. Und dass immer die anderen dran sind, wenn der Müll voll ist, der Hund pinkeln oder das Katzenklo gesäubert werden muss, war auch schon zur Normalität geworden. Aber wie kann man so egoistisch und grausam sein, Kuchen auszutauschen? Ich meine: Kuuuchen! Und wieder dachte ich: Menno, der denkt echt nur an sich selbst! Aber warum? Haben wir da als Eltern was versäumt? Vielleicht. Die wahrscheinlichere Begründung ist aber die: Das muss so. Er ist in der Pubertät.

Denn trotz all der neurologischen und kognitiven Entwicklungsfortschritte und der damit einhergehenden neuen oder verbesserten Fähigkeiten ist der Aufmerksamkeitsfokus von Jugendlichen entwicklungsbedingt häufig sehr egozentrisch. Sie selbst stehen im absoluten Zentrum ihrer Aufmerksamkeit und Wahrnehmung. Der amerikanische Kinderpsychologe Dave Elkind prägte in diesem Zusammenhang den Begriff *Jugendegozentrismus*.

Darunter verstehen wir eine verzerrte Art des Denkens, die während der Jugendzeit auftreten kann. Diese Verzerrung führt dazu, dass die eigene Person sowie das eigene Erleben und Verhalten in den Mittelpunkt rücken – was genauso zu einem Gefühl von Einzigartigkeit und Überlegenheit wie zu Selbstzweifeln und einem Gefühl von Minderwertigkeit führen kann. Durch die Weiterentwicklung ihrer kognitiven Fähigkeiten sind Jugendliche in der Lage, mit immer komplexeren Konzepten umzugehen – das gilt auch für das Selbstkonzept.

Unsere Kinder setzen sich während ihrer Pubertät sehr intensiv mit sich und ihrem Selbst auseinander – was in dieser Intensität neu und grundsätzlich positiv ist, aber gewisse Nebenwirkungen hat. Die intensive Beschäftigung mit der eigenen Person, die übrigens der Identitätsfindung dient, bedeutet nämlich auch, dass andere Blickwinkel nur wenig Beachtung finden. Und das, obwohl Kinder die Fähigkeit zur Perspektivübernahme in der

Pubertät eigentlich längst schon besitzen. Sie entwickelt sich nämlich zwischen dem dritten und sechsten Lebensjahr.

Nach dem Kaffeeklatsch-Showdown kramte ich meine alten Uni-Ordner hervor und machte mich auf die Suche nach Erklärungen für den kleinen Ausraster und die anderen Verhaltensoriginalitäten meines Sohnes. Als ich dabei erneut über das Konzept des Jugendegozentrismus stolperte, machte plötzlich so vieles Sinn, dass ich Herrn Elkind, mittlerweile 93 Jahre alt, am liebsten eine kitschige Dankeskarte über den Großen Teich geschickt hätte.

Er beschrieb zwei Phänomene, die mir in meinem Alltag mit zwei Pubertieren nahezu täglich begegnen: *Das imaginäre Publikum* und *die persönliche Fabel*.

Der starke Fokus auf die eigene Person verleitet viele Jugendliche zu der Annahme, dass auch die anderen Menschen um sie herum genauso intensiv auf sie achten wie sie selbst. Sie gehen davon aus, dass all ihre Handlungen, Gedanken und Gefühle von anderen genau beobachtet werden. Deshalb sind sie auch überzeugt davon, dass alle, wirklich alle, in der Schule nur Augen für ihren neusten Pickel haben werden. Sie fühlen sich ständig beobachtet und bewertet, als stünden sie auf einer großen Bühne vor einem imaginären Publikum – über sich ein grelles Neonschild, das Reklame für die großartigsten und/oder peinlichsten Momente ihres Lebens macht. Als Folge werden eigene Fehler überbewertet, und auch die kleinsten Pannen scheinen ein episches Ausmaß zu haben. Unsere Kinder gehen zu dieser Zeit ihrer Entwicklung davon aus, dass ihre gesamte soziale Umgebung alles bemerkt und nichts vergisst. Es kommt zur Überdramatisierung. Wenn man sich das bewusst macht, ist es doch gleich viel weniger verwunderlich, dass ein Kind, das entwicklungsbedingt ohnehin schon leicht paranoiden Gedanken ausgeliefert ist, einen Schamschub bekommt, wenn die »Du-hast-doch-wohl-nicht-etwa-deine-Französischklassenarbeit-vergessen«-Debatte vor der gesamten Familie geführt wird. Eltern können zu dieser Zeit genauso peinlich sein wie Pickel.

Unsere Teens glauben übrigens nicht nur daran, dass andere sich genauso für sie interessieren wie sie selbst, sie glauben auch an ihre persönliche Einzigartigkeit und Exklusivität. Sie erzählen sich selbst das Narrativ der Einmaligkeit, weshalb die Psychologie von der persönlichen Fabel spricht. Allerdings müssen wir hier differenzieren: Nur weil Kinder glauben, dass sie ständig im Zentrum der Aufmerksamkeit aller stehen, bedeutet dies noch lange nicht, dass sie sich dadurch auch wirklich gesehen und verstanden fühlen. Das Gegenteil kann sogar der Fall sein. Genauso wenig ist hiermit das Bewusstsein gemeint, dass jeder Mensch auf seine Weise einzigartig und besonders ist. Vielmehr geht es bei diesem Phänomen um ein ausgeprägtes Gefühl der eigenen Andersartigkeit.

Jugendliche meinen häufig, dass sich ihr eigenes Denken und Handeln grundlegend von anderen Menschen unterscheidet und somit auch nur schwer nachvollzogen werden kann. Sie halten ihre Probleme, Erfahrungen, Emotionen und Überzeugungen für so einmalig, dass sie sich damit allein fühlen. Als Konsequenz glauben sie, von nahezu ihrem gesamten Umfeld unverstanden zu sein. Dies führt nicht selten zu einem großen Selbstbedauern und dem Gefühl, die ganze Welt sei gegen einen. Man fühlt sich wie ein Eremit, umgeben von lauter Misanthropen. Hier wird erneut deutlich, dass Liebe und Verständnis tatsächlich auch in der Pubertät oft die Antwort sind, egal wie die Frage lautet.

»Aber ich habe das Gefühl, mein Kind will diese Liebe gar nicht mehr«, höre ich dann oft von den besorgten Eltern. Ich bin fest davon überzeugt, dass das so nicht stimmt. Aber vielleicht müssen wir nun alle eine neue Sprache der Liebe lernen. Wenn sich unsere Kinder von uns zurückziehen, dann nicht, weil sie uns nicht mehr mögen oder brauchen. Sie versuchen einfach nur, mit ihrem Weltschmerz zurechtzukommen, und es passiert leider gar nicht so selten, dass wir ihn aus Unwissenheit oder Unachtsamkeit noch verstärken. Auch mir rutschen in meiner eigenen Not manchmal unreflektierte Sätze heraus, wie »Ich versteh dich einfach nicht!« und »Was ist nur los mit dir?«. Irgendwie hauen all diese verbalen Elternklassiker aber direkt in die »Keiner-versteht-mich«-Kerbe.

Die persönliche Fabel kann aber noch mehr als Selbstmitleid. Sie kann auch das genaue Gegenteil: Selbstüberschätzung. Jugendliche brauchen Phasen überschießender Energie, Euphorie und Größenfantasien für ihren Ablöseprozess. Das Gefühl, immer mehr Fähigkeiten, immer größere Möglichkeiten und einen größeren Handlungsspielraum zu besitzen, ist ja essenziell, wenn man selbstständig werden soll. Die häufig damit einhergehende Selbstüberschätzung ist Energiequelle und Mutmacher zugleich. Der Schweizer Ethnologe und Psychoanalytiker Mario Erdheim beschrieb es wie folgt: »Die Aufweichung der Realität zusammen mit den Größen- und Allmachtsfantasien machen die Kreativität des Adoleszenten aus.«[5]

Dieses Gefühl der Unbesiegbarkeit lässt unsere Kinder glauben, dass sie durch einzigartige Herausforderungen gehen könnten: Andere mögen sich beim Fahren ohne Helm vielleicht den Schädel gebrochen haben, aber mir wird das ganz sicher nicht passieren. Andere sind vielleicht beim Kaugummiklauen erwischt worden, aber ich stell das klüger an. Andere bekommen vielleicht eine schlechte Note, wenn sie nicht für Französisch lernen, aber der Opa der Yogalehrerin meiner Mutter ist Québec-Kanadier, und ich habe schon mal eine französische Bulldogge gestreichelt, deshalb muss ich die Vokabeln nur einmal flüchtig angucken, um sie zu können. Andere werden vielleicht erwischt, wenn sie ihrer Mutter ein altes trockenes Brötchen als saftigen Berliner verkaufen wollen, aber ich nicht.

Natürlich ist auch die andere Richtung denkbar: Andere finden vielleicht eines Tages eine feste Freundin, aber ich ganz sicher nicht. Alle anderen werden Brüste bekommen, aber ich werde für immer ein Brett bleiben. Alle anderen Eltern sind cool, nur meine wollen nicht, dass ich die Schule schwänze, um zu zocken.

Mir ist klar, dass ich hier ein wenig zuspitze (oder auch nicht) und diese Beispiele keinesfalls für alle Jugendlichen zutreffend sind. Aber ich möchte hier die ganze Bandbreite des möglichen Erlebens zeigen. Natürlich gleicht kein Kind dem anderen, auch nicht während der Pubertät – und dennoch gibt es einige Phänomene, die sich vermehrt, wenn nicht sogar fast flächendeckend zeigen, weil sie schlichtweg Teil einer gesunden Entwicklung sind. Und so neigen einige Jugendliche vielleicht zu Weltschmerz oder Selbstmitleid, während andere eher zu Verherrlichung und Selbstüberschätzung tendieren – und wieder anderen merkt man den Jugendegozentrismus möglicherweise kaum an. Und natürlich können sich diese Phänomene und Phasen auch gegenseitig ablösen oder nahezu gleichzeitig auftreten, um so die Entwicklung unserer Kinder voranzubringen. Auch wenn das paradox klingt.

EMOTIONALE VERÄNDERUNGEN

Wie schon kurz erwähnt, verändert sich während der Pubertät auch der Gemütszustand unserer Kinder. Viele Eltern beschreiben ihre Jugendlichen als impulsiv bis depressiv – und das, obwohl sie einst so fröhliche, lebhafte Kinder waren. Aus dem Sonnenschein von damals ist eine Mondfinsternis geworden. Und obgleich eine dauerhaft gedrückte Stimmung natürlich ein Alarmzeichen sein kann, so gibt es vier treue emotionale Begleiter, die mehr oder weniger verbindlich zu jeder Pubertät gehören, ohne pathologisch sein zu müssen: #machichspäter, #himmelhochjauchzendzutodebetrübt, #keinbock und #volldepri.

Im Jugendalter kommt es entwicklungsbedingt verstärkt zu negativen Emotionen und einer gewissen Instabilität der Stimmung. Die Pubertät ist wie eine Achterbahnfahrt: Es geht hoch und runter, hoch und runter, Looping, dunkler Tunnel, Doppellooping, Vollbremsung. Und wieder von vorn. Das ist zwar nervig und anstrengend für alle, aber nicht ungewöhnlich.

Mal können sie sich vor Kichern nicht mehr halten, mal werden sie von ihrer schlechten Laune regelrecht überrollt – oft scheinbar grundlos. Das Hormongewitter, dem unsere Kinder jetzt ausgesetzt sind, kann wirklich heftig und willkürlich sein. Auch meine Tochter fragte mich kürzlich, ob ich wisse, was mit ihr los sei, denn sie wäre neuerdings immer so down. Wir entwarfen gemeinsam das (stark vereinfachte) Bild, dass jeder Mensch eine kleine Glückfabrik im Gehirn hat, in der kleine fleißige Ooma Loompas Glückshormone produzieren. Ein Teil von ihnen wird während der Pubertät aber wegen all der Umbauarbeiten in anderen Bereichen gebraucht, sodass einige

Fließbänder der Glückfabrik vorübergehend stillstehen. Infolgedessen kommt es im Jugendalter tatsächlich zu einer höheren Auftretenswahrscheinlichkeit depressiver Störungen, vor allem bei Mädchen, die ohnehin anfälliger für Selbstzweifel sind. (Der Frage, wie wir Eltern das zumindest teilweise auffangen und ausgleichen können, widmen wir uns noch, wenn wir über das Thema Selbstwert sprechen.)

Verantwortlich für die Gefühlsachterbahn sind aber nicht nur die Hormone und der hirnorganische Umbauprozess, sondern auch die vielen Herausforderungen, die unsere Kinder in dieser Phase zu bewältigen haben. Oftmals können sie ihre Gefühle selbst nicht verstehen oder gar benennen, sie wissen selber nicht ganz genau, was mit ihnen los ist – und das kann sehr belastend sein, wo doch das eigene Erleben zu dieser Zeit so sehr im Zentrum der Aufmerksamkeit steht.

Unsere Kinder brauchen daher eine Extraportion Geduld und Verständnis von uns, obwohl wir auch weiterhin im Austausch darüber bleiben sollten, was okay ist und was nicht. Unsere persönlichen Grenzen dürfen und müssen wir weiterhin klar kommunizieren. Wir müssen nicht alles über uns ergehen lassen, aber wir müssen auch nicht alles persönlich nehmen, was unsere Kinder in einem düsteren oder impulsiven Moment sagen – denn eigentlich sind wir (oft) nicht gemeint.

VERÄNDERUNG DES SELBSTWERTGEFÜHLS

Die starke Beschäftigung mit der eigenen Person führt in der Pubertät dazu, dass sich das Selbstbild verändert. Unsere Kinder checken ihre eigenen Stärken und Schwächen, vergleichen sich mit Gleichaltrigen, Idolen oder auch Geschwistern und kommen schlussendlich zu einer Selbstbewertung, die sowohl positiv als auch negativ sein kann. Dementsprechend lässt sich bei der Entwicklung des Selbstwertgefühls ein kurvilinearer Verlauf beobachten, den wir uns in diesem Fall wie ein U vorstellen dürfen. In den Anfängen der Pubertät nimmt das Selbstwertgefühl typischerweise ab. Es erreicht seinen Tiefpunkt ungefähr im Alter von etwa zwölf bis dreizehn Jahren und steigt dann für gewöhnlich wieder an, da unsere Kinder sich mit der Zeit zunehmend kompetenter, selbstwirksamer, unabhängiger und weniger emotionsgesteuert erleben. Auch wenn die U-Kurve ein geschlechtsunabhängiger Trend zu sein scheint, ist das Selbstwertgefühl unserer Mädchen im Durchschnitt schlechter als das unserer Jungs. Auch gibt es Anhaltspunkte dafür, dass sich das Selbstwertgefühl von Mädchen nicht im selben Ausmaß wieder erholt wie das von Jungen.

Dies ist damit zu erklären, dass sie sich häufig angepasster und devoter verhalten, um den Ansprüchen an sich gerecht zu werden – aber vor allem sind sie unzufriedener mit ihrem Körper. Für Mädchen ist das Thema Körperbild tatsächlich sehr viel schwieriger und komplexer. Obwohl der Prozess des Frauwerdens so magisch und wunderschön ist und obwohl er so viel Ehrfurcht und Stolz auslösen müsste, wird er gesellschaftlich und teils auch innerfamiliär als Unreinheit und Problem angesehen.

Auch Schönheitsideale sind nach wie vor ein Hindernis auf dem Weg zu Gesundheit und Wohlbefinden. Das war schon immer ein Thema im Leben eines Mädchens, aber die sozialen Medien führen dazu, dass die heutigen Ideale noch extremer und allgegenwärtiger sind. Sie verbreiten unrealistische Bilder, und dank des normalisierten Gebrauchs von diversen Beautyfiltern ertragen zunehmend viele Mädchen den Blick in den Spiegel kaum noch, weil sie sich darin vergleichsweise unperfekt erleben. Solche Filter mögen zwar grundsätzlich moralisch neutral sein, die Konsequenzen des Gebrauchs sind es aber nicht. Studien zeigen, dass fast 50 Prozent der Mädchen zwischen elf und dreizehn Jahren bereits eine Diät gemacht haben.[6]

Der ständige Vergleich, die ständigen Bewertungen – das macht etwas mit jungen Menschen. Und wenn wir ganz ehrlich sind, macht es auch etwas mit uns Erwachsenen – aber unsere Gehirne sind wenigstens ausgereift, und unser Selbstbild ist gefestigter. Die kollektive Unzufriedenheit junger Mädchen mit ihrem Körper und ihrer Erscheinungsform sollte uns alarmieren. Wir dürfen sie damit keinesfalls alleinlassen.

Denn während die körperlichen Veränderungen der Jungen tendenziell erwünscht und stereotypisch sind, sollen Mädchen bloß nicht zu weiblich werden. Die natürliche Gewichtszunahme und die körperlichen Rundungen führen bei Mädchen daher leider oft dazu, dass der Körper dem absurden Schlankheitsideal von Mädchen und Frauen nicht mehr entspricht. Bei Jungen ist es umgekehrt, weil der pubertäre Muskelzuwachs sie »männlicher« aussehen lässt – und das wiederum entspricht dem Ideal.

Aber das ist noch längst nicht alles. Schauen wir uns doch mal genauer an, was unsere Kinder sonst noch über weibliche Körpermerkmale lernen: Körperbehaarung? Bäh. Körperflüssigkeiten? Bäh. Körpergeruch? Bäh. Brüste? Hui. Aber bitte nur in Pornos und auf Nackedei-Magazinen. Bei Jungs und Männern sind nackte Nippel selbstverständlich okay. Genau wie Haare. Für Männer gibt es auch keine Intim-Deos oder Slipeinlagen mit Duft. Sie brauchen keine Menstruationshandschuhe oder Vagina-Glitzerkapseln. Für sie gibt es keine Tipps im Internet, wie sie ihre peinliche Periode möglichst gut verbergen können. Blut und Scham gehören (leider) zusammen. Schon in der Antike wurde die Monatsblutung als etwas Negatives wahrgenommen – und auch heute sind wir gesellschaftlich noch ganz groß im Menstruationsshaming Business. Dieses nimmt abhängig von Land und Gesellschaft die krassesten Formen an: Vom Schweigetabu bis hin zum bewussten Ausschließen vom öffentlichen Leben. Wie kann das sein, wo doch die Hälfte der Menschheit menstruiert?

Mit Blick auf Markt und Medien ist es also wenig verwunderlich, dass junge Mädchen mit ihrem Körpergefühl kämpfen. Die Kritik an unseren Körpern wird uns Frauen von Anfang an gesellschaftlich anerzogen und ist zumindest kommerziell auch gewollt. Die Hersteller und Vermarkter von Menstruationsprodukten arbeiten ganz gezielt mit vorherrschenden Tabus, indem sie Menstruationsprodukte als etwas verkaufen, das Mädchen und Frauen dabei hilft, ihre Periode möglichst unsichtbar und reinlich zu halten. Der beschämende Unreinheitsgedanke wird bewusst gefördert, und das ist furchtbar, weil unsere Töchter dadurch lernen, ihre Menstruation und ihren eigenen Körper zu verachten.

Ich erzähle das mit einer gewissen Dramatik und Ausführlichkeit, damit uns bewusst wird, dass wir sowohl Mädchen als auch Jungen gegenüber eine große Verantwortung in puncto Aufklärung und Sensibilisierung haben, wenn wir ihr Selbstwertgefühl schützen wollen. Und ich möchte insbesondere die Väter ermutigen, sich dem Thema Menstruation mit Offenheit und einer gewissen Selbstverständlichkeit anzunähern. Ohne Scham und Tabuisierung. Eure Töchter werden es euch danken.

Wir wissen nun also, dass unsere Kinder im Laufe ihrer Pubertät zunächst einen Knick im Selbstwertgefühl erleiden, vor allem die Girls. Dieser Knick beinhaltet aber noch mehr: Allgemein lässt sich im Jugendalter eine Abnahme der positiven und eine Zunahme der negativen Befindlichkeiten beobachten.

Unsere Kinder empfinden nicht nur weniger Freude und Glück, es kommt außerdem zu einem Anstieg eher negativer Emotionen wie Verärgerung, Erschöpfung, Traurigkeit, Ängstlichkeit und Einsamkeit. Auch hier zeigten die Mädchen bei Befragungen eine höhere Auftretenswahrscheinlichkeit, wobei strittig ist, ob Jungen dies tatsächlich weniger empfanden oder nur nicht wahrnehmen oder kommunizieren konnten. Auch hier haben Geschlechterrollenvorstellungen ja einen großen Einfluss.

Inwieweit es durch die pubertätstypischen Gefühlsschwankungen und die erhöhte emotionale Reaktivität zu Problemen kommt, hängt davon ab, wie gut unsere Kinder bis dahin gelernt haben (oder nun lernen dürfen), ihre Emotionen zu regulieren. Es ist wichtig, dass wir sie dabei unterstützen, die geeignete Emotions- und Selbstregulationsstrategien für sich zu entdecken. Co-Regulation ist also nicht nur ein Thema für Kleinkindeltern, sondern auch für Teenagereltern. Denn die Verfügbarkeit von sozialer Unterstützung ist auch in der Pubertät eine wichtige Ressource für unsere Kinder. Mit dem Unterschied, dass der Austausch mit Gleichaltrigen nun mindestens ebenso wichtig ist wie der mit uns. Und hier kommen wir zum nächsten Thema: den sozialen Veränderungen.

IDENTITÄTSFINDUNG UND SOZIALE VERÄNDERUNGEN

Der pubertäre Umbruch im sozialen Bereich ist durch vier Merkmale gekennzeichnet: der Suche nach der eigenen Identität, dem Streben nach Selbstständigkeit, der damit verbundenen Ablösung von den Eltern und der wachsenden Zugehörigkeit zur Gleichaltrigengruppe, den sogenannten Peers.

Unsere Kinder befinden sich während der Pubertät also unweigerlich in einem sehr herausfordernden Spannungsfeld und müssen ein für sie stimmiges Maß an Individuation und Gemeinschaft finden. Und das ist noch komplexer, als es klingt, denn unsere Kinder sind gleichzeitig von mehreren sogenannten Sozialisationsinstanzen umgeben, und oftmals wollen diese separierten Instanzen völlig unterschiedliche Dinge von ihnen: Familie, Schule und Peers. Die Anforderungen nehmen in jedem Bereich der jugendlichen Lebenswelt zu, und gleichzeitig entwickeln sich diese Bereiche inhaltlich immer stärker auseinander.

Die Eltern wollen Selbstständigkeit, Verantwortungsübernahme und ihren Marillen-Berliner, die Schule möchte Anpassung, Disziplin und gute Leistungen, die Freunde wollen Loyalität, Bestätigung und Spaß. Und zwischen all diesen Rollen, die unsere Kinder von außen zugewiesen bekommen, versuchen sie auch noch, ihre eigene Identität zu finden: Wer bin ich für wen? Wer bin ich, wenn ich niemand sein muss? Und wer möchte ich überhaupt sein?

Auch wenn in dieser Phase verschiedene Instanzen Einfluss auf unsere Kinder und ihre Entwicklung haben, so kommt den Peers eine besondere Bedeutung für ihre Persönlichkeitsentwicklung zu. Unsere Kinder werden zunehmend versuchen, in ihrem Freundeskreis die Erfahrungen zu machen, für die zu Hause oder in der Schule wenig Raum ist. Manchmal geht das damit einher, dass sie auch solche Freunde haben, die sehr gegensätzlich und bei Eltern nicht immer beliebt sind. Auch ich blicke auf einige Freundschaften meiner Kinder mit mehr Sorge als auf andere. Dennoch sind uns alle Freunde unserer Kinder willkommen. Mit ihrer Ablehnung würden wir die Kluft nur vergrößern, zudem habe ich meinen Kindern schon früh versprochen, dass ich immer versuchen werde, das in ihren Freunden zu erkennen, was sie in ihnen sehen. Zu den Mahlzeiten am Wochenende stehen bei uns deshalb fast immer zwei bis drei Teller mehr auf dem Tisch. Da wir wissen, wie wichtig Freundschaften für unsere Kinder und ihre Entwicklung sind, versuchen wir, auf unsere Weise dazu beizutragen.

Im Unterschied zu den familiären und schulischen Beziehungen basieren Freundschaften auf absoluter Freiwilligkeit. Sie sind durch ähnliche Ziele, Werte, Interessen und Stilrichtungen gekennzeichnet und dienen der Abgrenzung gegenüber der Außenwelt beziehungsweise anderen Gruppen. Sie sind Wahlfamilie, manchmal ein wenig Rebellion, aber vor allem: Spiegelbild.

Es mag paradox klingen, aber für die Reifung des Ichs braucht es ein Du und ein Wir. Da sich unsere Kinder während der Pubertät aber von uns lösen sollen, brauchen sie ein anderes soziales Netz, um nicht in Isolation oder Einsamkeit zu enden. Freunde sind ihre neue Base.

> Ich möchte dich darum im Folgenden einladen, deine Augen zu schließen und die schönsten Erinnerungen an deine eigene Pubertät wieder lebendig werden zu lassen. Vielleicht reicht es auch, noch einmal bewusst an die »Reise zurück« von Seite 24 zu denken. Los geht's …

Mit ziemlich hoher Wahrscheinlichkeit liefen soeben Bilder von dir mit deinen Freunden in eurer gemeinsamen Freizeit wie auf einer Leinwand in deinem Kopf ab. Zumindest vermute ich, dass sich hier kaum jemand im Mathe-Unterricht sitzend oder Mensch-Ärgere-dich-nicht spielend mit seinen Eltern gesehen hat. Denn die schönsten und einprägsamsten Erinnerungen sammeln wir in unseren Teenie-Jahren vordergründig mit unseren Freunden.

Eltern und andere Familienmitglieder sind in unserer Kindheit meist die engsten und wichtigsten Bezugspersonen. Und natürlich verlieren diese Menschen ihre Bedeutung und ihren Einfluss in der Pubertät nicht völlig. Dennoch kommt es zu einer Art Verschiebung, bei der wir Eltern an gemeinsamer Zeit und Einfluss verlieren, während die Freunde unserer Kinder diesbezüglich dazugewinnen.

Sie sind in der Pubertät von ebenbürtiger Bedeutung für die Entwicklung, die Identitätsbildung und die emotionale Regulation unserer Kinder. Im Grunde ist das allen Eltern klar, doch wie basal Freundschaften für eine gesunde Entwicklung wirklich sind, vergessen oder verdrängen wir doch manchmal – insbesondere dann, wenn wir uns plötzlich fühlen wie ein aussortiertes Spielzeug.

Nicht selten kommen Eltern auf mich zu, die eine Veränderung der Persönlichkeit ihrer Teenie-Kinder bemerken und glauben, dass der Einfluss der Freunde dafür verantwortlich ist. Natürlich lässt sich an dieser Stelle kein allgemeingültiges Urteil für den Einzelfall treffen. Es ist gut, wenn Eltern die Entwicklung ihrer Kinder aufmerksam verfolgen und die eigenen Sorgen ernst nehmen – denn natürlich ist der Einfluss der Peers nicht immer positiv. Gleichzeitig ist es gut zu wissen, dass die Veränderung der Persönlichkeit während der Pubertät ein völlig normales Phänomen ist und nicht immer das Ergebnis falschen Umgangs.

So zeigt eine Studie[7] aus dem Jahre 2016, dass sich die Persönlichkeit unserer Kinder in der Pubertät tatsächlich verändert. Im Rahmen dieser Studie wurden knapp dreitausend Schüler*innen zwischen zehn und vierzehn Jahren mittels Fragebogen zu ihren Persönlichkeitseigenschaften und der Veränderung dieser befragt. Zum Vergleich befragte man auch ihre Eltern. Die Jugendlichen beurteilten beispielsweise, wie schnell sie jemanden kritisieren, inwiefern sie Aufgaben sofort erledigen, wie schnell sie in Stress geraten oder wie gern sie mit anderen zusammen sind. Untersucht wurden mittels dieser Fragen die in der Psychologie sehr populären, klassischen fünf Persönlichkeitsfaktoren, genannt die Big Five: Offenheit für Erfahrungen (Aufgeschlossenheit), Gewissenhaftigkeit (Perfektionismus), Extraversion (Geselligkeit), Verträglichkeit (Rücksichtnahme, Empathie) und Neurotizismus (Emotionale Labilität und Verletzlichkeit). Bisherige Studien zeigten eigentlich immer einen positiven Lebenstrend der Big Five, was bedeutet, dass wir mit den Jahren immer gewissenhafter, verträglicher, emotional stabiler, sozialer und weitgehend auch offener für neue Erfahrungen werden. Es zeigte sich jedoch, dass dieses »Reifungsprinzip« nicht für alle Lebensphasen zu gelten scheint und viele Eigenschaften, ähnlich wie der Selbstwert, während der Pubertät eher einen Knick haben. So beschrieben sich die befragten Jugendlichen als zunehmend weniger verträglich und weniger offen – was angesichts dessen, was wir über die Hirnentwicklung gelernt haben und noch lernen werden, nur logisch ist.

Wie schon erwähnt, wurden in der besagten Studie auch die Eltern befragt. Überraschenderweise (oder auch nicht?) zeigten die Elternberichte extremere Veränderungen: So sahen Eltern ihre Kinder weitaus weniger verträglich, weniger offen, emotional labiler, aber auch weniger ängstlich. Das deckt sich im Grunde gut mit den Zuschreibungen, die wir gegenüber Pubertierenden gern vornehmen: aufmüpfig, verschlossen, unberechenbar, draufgängerisch. Die Fremd- und Selbstwahrnehmung waren auch bei der Gewissenhaftigkeit und Extraversion sehr unterschiedlich. Tatsächlich waren es bei der Gewissenhaftigkeit die Jugendlichen, die sich kritischer einschätzten, als ihre Eltern es taten. Sie waren der Meinung, weniger leistungsbereit, diszipliniert und zuverlässig geworden zu sein, während die Eltern keine großen Veränderungen bemerkten. Ob das wirklich eine reife und ehrliche Selbsterkenntnis oder das Ergebnis jahrelanger Zuschreibungen durch Eltern und Lehrer ist, bleibt hier leider unbeantwortet. Bei der Extraversion war es hingegen so, dass die Eltern ihre Kinder als weniger kontaktfreudig beschrieben, als die Jugendlichen selbst es taten. Dies rührt möglicherweise daher, dass wir Eltern unsere Kinder fast nur zu Hause erleben und nur wenig Einblick in das Sozialverhalten außerhalb der Familie haben. Ein Kind, das zu Hause eher zurückgezogen und schüchtern ist, kann unter Gleichgesinnten durchaus zur Rampensau werden.

Die Studie kommt am Ende übrigens zu dem Schluss, dass den größten Stress mit der Pubertät angeblich wir Eltern haben – und nicht die Kinder. Denn obgleich die Zeit der Pubertät sehr herausfordernd für unsere Kinder sein kann, so sind es anscheinend eben doch vor allem wir Eltern (und allgemein Erwachsene), die der Pubertät ihr defizitäres und leidvolles Image verpassen. Genau das beweist ja im Grunde auch meine Kühlschrank-Geschichte: Mein Sohn hat kein Problem, sondern einen saftigen Berliner. *Ich* bin die mit dem alten, trockenen Brötchen.

Dennoch möchte ich die Schlussfolgerung der Studie ausdrücklich infrage stellen: Sie steht meines Erachtens gar nicht im Zusammenhang mit dem, was tatsächlich untersucht wurde. Denn nur weil unsere Kinder die Veränderung ihrer Persönlichkeit anders wahrnehmen als wir Eltern, bedeutet das noch lange nicht, dass ihnen diese und all die anderen Veränderungen keinen Stress bereiten. Das Gegenteil scheint der Fall zu sein: Nach der aktuellen Trendstudie »Jugend in Deutschland« geben 46 Prozent der Vierzehn- bis Neunundzwanzigjährigen an, unter Stress zu leiden. Damit sind sie Spitzenreiter aller Altersgruppen.

VERÄNDERUNGEN IM STRESSERLEBEN

Auch ich habe mich schon oft gefragt: Was ist bloß mit meinem Kind los? Insbesondere bei meiner Tochter beobachtete ich zwischen ihrem elften und zwölften Lebensjahr viele Stressreaktionen, die auf den ersten Blick unverhältnismäßig wirkten. Manchmal reichte schon die Unauffindbarkeit des Lieblingspullovers, die Unzähmbarkeit einer Haarsträhne, die Erinnerung an die Katzenkloreinigung, die Unaussprechlichkeit einer Englischvokabel oder ein Schmutzrest im Glasstrohalm, um einen Totalzusammenbruch auszulösen.

Auslöser und Reaktion stehen in der Pubertät augenscheinlich oft nicht im Verhältnis, was dazu führt, dass viele Eltern ihre Kinder nicht mehr verstehen. Viele dieser Kinder verstehen sich übrigens selbst nicht. Auch meine Tochter kommentiere ihr eigenes Leiden und meine Ratlosigkeit oft mit den Worten: »Ich weiß doch auch nicht, was mit mir los ist.« Der erlebte Stress ist dennoch real.

Die Ursachen hierfür finden wir sowohl in der Innen- als auch in der Außenwelt unserer Kinder. Wie die Forschung weiß, nimmt die Stressbelastung im Jugendalter im Vergleich zu den ersten Lebensjahren deutlich zu. Die Gründe dafür sind vielschichtig: wachsende Anforderungen in der Schule, körperliche und kognitive Veränderungen, diverse Anpassungsprozesse, Einsamkeitsgefühle, falsche Erwartungen an das eigene Körperbild, belastende Erfahrungen in der Familie oder im Freundeskreis, die erste (unerwiderte) Liebe oder andere kritische Lebensereignisse wie zum Beispiel die Trennung der Eltern, ein Todesfall oder ein Umzug. All diese Dinge sind klassische Auslöser für Stresssymptome bei Jugendlichen, obgleich die Schule als größte Stressquelle erlebt wird und weniger Familie, Freizeit oder Freundinnen und Freunde. Insbesondere bei den Mädchen ist zudem die Auseinandersetzung mit dem eigenen Körper eine enorme Stressbelastung.

Laut DAK-Präventionsradar aus dem Jahre 2019 empfinden 42 Prozent der Kinder und Jugendlichen in Deutschland oft oder sehr oft Stress, was sich mit den Ergebnissen der bereits erwähnten Trendstudie deckt. Mit dem Alter steigt der von 35 Prozent bei den Zehn- bis Dreizehnjährigen auf 52 Prozent bei den Vierzehn- bis Siebzehnjährigen. In der Hochphase der Pubertät empfindet also mindestens jeder zweite Jugendliche häufig Stress, wobei Mädchen stärker betroffen sind als Jungen. Die wahren Werte könnten sogar noch höher sein. Bei der Interpretation der Ergebnisse muss nämlich beachtet werden, dass es sich um Selbstangaben handelt. Es ist daher möglich, dass die Ergebnisse durch Erinnerungsfehler, positive Selbstdarstellung oder soziale Erwünschtheit verzerrt sind.

Die Reaktionen auf diese Stresserfahrungen können sich auf unterschiedlichen Ebenen zeigen. Als körperliche Stresssymptome werden bei Kindern und Jugendlichen häufig Bauchschmerzen, Kopfschmerzen und Müdigkeit beobachtet, auf emotionaler und verhaltensbezogener Ebene schlägt sich Stress oft in Form von Gereiztheit, Antriebslosigkeit und Konzentrationsschwierigkeiten nieder.

Dass Jugendliche ein so intensives Stresserleben haben liegt aber nicht allein an den Stressoren. Forscher vermuten, dass sich in der Pubertät und Adoleszenz auch die physiologische Reaktion auf Stress in der Umwelt verändert. Das liegt daran, dass Jugendliche vermehrt das Stresshormon Cortisol ausschütten – gleichzeitig verfügen sie aufgrund ihres Entwicklungsstandes über weniger Möglichkeiten, konstruktiv mit der Herausforderung umzugehen.

Dies ist auch einer der Gründe, warum Jugendliche ein erhöhtes Risiko haben, an stressbedingtem Übergewicht zu erkranken. Die erhöhte Produktion des Hormons Cortisol führt nämlich stressbedingt auch zu einer reduzierten Schlafdauer und einer gesteigerten Präferenz für besonders energiedichte Lebensmittel. Das Stresshormon Cortisol macht schlichtweg Heißhunger. Denn der Körper will die verbrauchten Energiereserven wieder auffüllen – womit Jugendliche dies besonders gern tun, wissen wir alle nur zu gut: Chips, Cola und Schokolade. Der Dauerstress führt in der Folge zu Fetteinlagerungen und zu schlechterem Schlaf. Und der Schlafmangel wiederum führt zu einer Störung des Energiegleichgewichts sowie zur Hemmung der Fettverbrennung und des Zuckerstoffwechsels. Das wäre natürlich kein Problem, wenn das daraus resultierende Übergewicht nicht das Risiko für einige Krankheiten und die Vulnerabilität für psychische Erkrankungen erhöhen würde.

Mir ist bewusst, dass wir uns hier einem sehr sensiblen Thema nähern: Einerseits müssen wir uns als Individuen und Gesellschaft endlich von toxischen Schönheitsidealen und Bodyshaming verabschieden und anfangen, Diversität und somit Körperformen aller Art zu feiern. Andererseits ist es meines Erachtens unsere elterliche Pflicht, die gesundheitlichen Gefahren von Gewichtsproblemen für Körper und Psyche unserer Kinder ernst zu nehmen. Denn sowohl Unter- als auch Übergewicht haben gesundheitliche Folgen, die oftmals bereits die Weichen für ernsthafte Erkrankungen im Erwachsenenalter stellen.

Laut der Studie KiGGS Welle 2[8] sind 15,4 Prozent der Kinder und Jugendlichen von Übergewicht betroffen, 5,9 Prozent haben Adipositas. Berücksichtigen wir die Zahlen aller Essstörungen, die das Robert-Koch-Institut im März 2024 veröffentlicht hat, weisen rund 33,6 Prozent der Mädchen im Alter zwischen vierzehn und siebzehn Jahren Symptome einer Essstörung auf. Bei den Jungen im gleichen Alter sind es rund 12 Prozent. (Und das sind nur die erfassten Fälle.) Diese Zahlen beinhalten drei verschiedene Arten von Essstörungen: Anorexie (Magersucht), Bulimie (Ess-Brech-Sucht) und die Binge-Eating-Störung (häufig einhergehend mit Adipositas). Studien zeigen für Jugendliche ab zwölf Jahren, dass insbesondere Mädchen überdurchschnittlich oft an Formen von Magersucht erkranken, während bei Jungen eher die Neigung zu Übergewicht bis hin zu Adipositas zu beobachten ist. Dennoch gilt: Über- oder untergewichtige Jugendliche müssen nicht direkt essgestört sein, ebenso wenig ist Normalgewicht ein Zeichen von ungestörtem Essverhalten.

Damit es tatsächlich zu einer psychischen Erkrankung kommen kann, müssen jedoch mehrere Faktoren zusammentreffen. Neben der genetischen Veranlagung können wachsender schulischer Leistungsdruck, schwierige oder traumatische Erlebnisse in der Kindheit, familiäre Belastungen, Früh- oder Spätentwicklung, Trennungen, Mobbingerfahrungen, Süchte oder andere Schicksalsschläge der Grund für pathologische Krisen sein. Zudem erhalten unsere Kinder durch die neuen Medien heute an einem Tag mehr beängstigende Schreckensmeldungen als frühere Generationen in einem ganzen Leben: Klimawandel, Krieg in Europa, Flüchtlingsdramen, Inflation etc. Kein Wunder also, dass bei einer so hohen Stressbelastung ein Viertel aller Teenager angibt, psychische Probleme zu haben.

Ich schreibe all das nicht, um Eltern zu ein paar weiteren Sorgenfalten zu verhelfen. Ich bin selbst Mutter und weiß daher genau, dass es auch ohne solche Fakten schon beängstigend genug sein kann, ein Kind großzuziehen. Eigentlich würden wir gern hören, dass nichts schiefgehen kann. Wir wollen Leichtigkeit, ein paar einfache Patentlösungen und manchmal vielleicht auch ein wenig Absolution. Aber die Wahrheit ist, wir dürfen uns weder in unserer Angst verlieren noch in unserer Sorglosigkeit.

Ich habe mir vorgenommen, im Rahmen dieses Buches ein ehrliches Bild zu zeichnen. Und zu diesem Bild gehören die Gefahren der Pubertät ebenso wie die Chancen. Denn nur wenn wir auch die Risiken und Herausforderungen unserer Kinder kennen, können wir adäquat darauf reagieren. Es gibt Eltern, die die Pubertät und damit die Entwicklung ihrer Kinder belächeln oder ihre Sorgen herunterspielen: »Werde du erst mal erwachsen, dann weißt du, was echte Sorgen sind.« »Hör halt einfach nicht hin, wenn dich jemand ärgert«, »Mach dir nicht so viele Gedanken«, »Niemand interessiert sich dafür, ob du schon einen Busen hast oder nicht«, »Sei froh, dass du zur Schule gehen darfst«, »Du musst dich eben mehr anstrengen«, »Dir geht es doch gut, andere Kinder haben nicht einmal …« und so weiter.

Ich weiß aus eigener Erfahrung, dass diese Sätze nicht unbedingt böse gemeint sind. Manchmal steckt dahinter einfach der Wunsch, dass es unseren Kindern gut gehen möge. Und vielleicht verschwinden die Sorgen unserer Kinder ja, wenn wir sie relativieren. (Tun sie nicht!) Wir wollen die Büchse der Pandora manchmal wohl einfach nicht öffnen, merken aber gar nicht, dass wir damit erheblich zum Inhalt beitragen.

Insofern kann ich an dieser Stelle vielleicht kein Universalrezept zur Problemprävention liefern, aber ich möchte abschließend drei Dinge hervorheben:

1. Eine psychische Erkrankung ist verdammt besorgniserregend, aber sie ist nicht zwangsläufig das Ende des Glücks. Dank der Plastizität des jugendlichen Gehirns ist es nicht nur offen für Störungen, sondern auch für die Bewältigung dieser.
2. Reminder: Der Großteil der Jugendlichen entwickelt trotz der pubertären Herausforderungen keine psychischen Störungen! Dennoch rät die aktuelle Forschungslage Eltern zu Wachsamkeit und Sensibilität. Solche Erkrankungen dürfen weder stigmatisiert noch standardisiert werden.
3. Eltern sind nicht (zwangsläufig oder kausal) für den Stress oder die Erkrankungen ihrer Kinder verantwortlich. Weder Ursache noch Lösung finden sich allein im Elternhaus. Ich stelle hier ganz klare Forderungen an Politik und Gesellschaft, angefangen bei der Verfügbarkeit von Therapieplätzen bis hin zu mehr präventiven Bildungsinhalten und einem gesteigerten Bewusstsein gegenüber den Themen von Jugendlichen. Dennoch haben auch wir Eltern einen großen Impact! Deshalb möchte ich an dieser Stelle des Buches auch noch einmal tiefer in das Thema Nervensystem einsteigen. Das ermöglicht es uns, unsere Kinder besser zu verstehen und sie besser zu begleiten.

VERÄNDERUNG DER BEDÜRFNISSE

Es gibt einen Song – die meisten Eltern werden ihn zwangsweise kennen, denn er wird gesungen von Bibi und Tina –, darin gibt es folgende Textstelle: »... bin fast erwachsen. Noch nicht ganz, aber auch kein Kind mehr. Irgendwas dazwischen, das macht es so schwer.« Und damit bringen sie die Identitätskrise der Pubertät ganz wunderbar auf den Punkt. Es ist schwer für unsere Kinder. Und auch für uns. Denn wir können unsere Kinder nicht mehr wie Kinder behandeln, aber wir können sie auch noch nicht genauso behandeln wie einen Erwachsenen. Sie stecken mitten in einer Reifephase, durch die perspektivisch alles einfacher werden kann, aber zunächst alles komplizierter wird. Dabei hatte sich doch gerade erst alles entspannt.

Spätestens nach den ersten acht bis zehn Jahren sind die meisten Menschen in ihrer Elternschaft angekommen. Wir haben die Schwangerschaft, die Babyzeit, die Kleinkindzeit, die Vorschulzeit, die Einschulungszeit, die Wackelzahnpubertät und noch so einiges anderes mehr oder weniger gerockt, haben unsere Kinder und ihre Bedürfnisse so richtig gut kennengelernt und sind nun eingespielt und miteinander vertraut. Die anstrengenden und extrem fremdbestimmten Phasen sind weitestgehend vorbei. Wir schlafen wieder durch. Unsere Kinder sind selbstständiger, kommunikativer und beständiger geworden. Natürlich gibt es Höhen und Tiefen, gute und schlechte Tage. Der Alltag mit Kindern wird nie langweilig, und sowieso ist Kind nicht gleich Kind. Aber dennoch: Es ist ruhiger geworden. Und genau dann, wenn wir uns eingerichtet haben in unserem Elternleben, steht die nächste Veränderung an.

In dieser Zeit fällt es Eltern, aber auch Kindern besonders schwer, das gezeigte Verhalten in konkrete Bedürfnisse zu übersetzen. War ein Wutanfall bisher vielleicht ein sicheres Zeichen dafür, dass das Bedürfnis nach Nähe unterversorgt ist, so steckt hinter einem jugendlichen Wutanfall jetzt womöglich etwas ganz anderes: Der Wunsch nach Abgrenzung? Das Bedürfnis nach Autonomie? Der Drang nach Privatsphäre? Oder vielleicht nichts von all dem, weil die Wut der mangelnden Impulskontrolle und hormonellen Flutwelle geschuldet sein könnte.

Die Kunst der Pubertätselternschaft besteht also darin, die Bedürfnisse der Kinder nach wie vor ernst zu nehmen, ohne die gezeigten Signale überzubewerten. Nicht jede Emotion weist auf unerfüllte Bedürfnisse hin. Und gleichzeitig sind gerade bei Jugendlichen so unglaublich viele Bedürfnisse untererfüllt, was – wie wir gesehen haben – dazu führt, dass sie so anfällig für psychische Erkrankungen sind. Denn diese sind laut dem psychologischen Psychotherapeuten Klaus Grawe oft das Ergebnis einer sogenannten Inkongruenz. Demnach ist das Auseinanderklaffen von Wünschen, Bedürfnissen und Zielen einerseits und dem wahrgenommenen Erfüllungsgrad dieser andererseits ein Risikofaktor für die psychische Gesundheit. Auch wenn den ersten sieben Lebensjahren eines Menschen eine besonders prägende Rolle zukommt, so macht die Vulnerabilität unserer Kinder in der Pubertät eine bedürfnisorientierte Begleitung nicht weniger wichtig. Vielleicht wichtiger denn je.

In meinem Elternratgeber *Krisenfest. Dein Familienkompass für stürmische Zeiten* gibt es eine Übersicht kindlicher Grundbedürfnisse. Neben den körperlichen Bedürfnissen wie Nahrung, Schlaf, Körperkontakt usw. nenne ich dort Schutzbedürfnisse, Bedürfnisse nach einfühlendem Verständnis und sozialer Bindung, Bedürfnisse nach Wertschätzung, Bedürfnisse nach Anregung und Spiel sowie Bedürfnisse nach Selbstverwirklichung als essenziell für eine gesunde kindliche Entwicklung.

Gewissermaßen bleiben diese Bedürfnisse ein Leben lang und gelten auch für Teenager. Doch um die jugendlichen Bedürfnisse besser begreifen und verstehen zu können, braucht es meiner Meinung nach andere Kategorien und Begriffe. Nun könnten wir natürlich sagen, die Jugendlichen sind nun fast erwachsen, also können wir ja auch die psychologischen Grundbedürfnisse zugrunde legen, die ich in meinem Paarratgeber *Das Herz der Familie* beschreibe. In diesem Buch geht es darum, auch als Liebespaar bedürfnisorientiert miteinander umzugehen und sich dazu der eigenen emotionalen Grundbedürfnisse bewusst zu werden: Bindung, Autonomie und Kontrolle, Selbstgefühl, Lustgewinn und Sicherheit. Diese Bedürfniskategorien orientieren sich an den Forschungen von Klaus Grawe, die belegen konnten, dass es auch bei Kindern und Jugendlichen einen hochsignifikanten Zusammenhang zwischen der Befriedigung dieser Grundbedürfnisse und ihrer psychischen Gesundheit gibt. Das Bedürfnis nach Sicherheit habe ich ergänzt, da es mir in Grawes Liste fehlte.

Obwohl ich diese fünf emotionalen Grundbedürfnisse für absolut zutreffend halte, möchte ich dir im Folgenden eine andere Übersicht der Grundbedürfnisse von Jugendlichen zur Verfügung stellen, da ich glaube, dass wir die Bedürfnisse von Teenagern stärker differenzieren müssen, um sie in Gänze verstehen und erfüllen zu können. Obgleich wir die Verantwortung für die Erfüllung dieser Bedürfnisse in der Pubertät natürlich sukzessive unseren Kindern übergeben.

Ich orientiere mich dabei an den Publikationen des französischen Soziologen und Autors Michel Fize, der in seinem Buch *Antimanuel d'adolescence* einige Grundbedürfnisse von Jugendlichen beschrieben hat – zu Deutsch: Das Anti-Handbuch für Jugendliche. In diesem Ratgeber sucht auch er die Ursache für das angespannte Verhältnis zur Pubertät weniger bei den Kindern als bei der Gesellschaft und uns Eltern – beziehungsweise unserer Haltung.

Die folgenden sieben Grundbedürfnisse werden dir im Laufe des Buches immer wieder begegnen, die Ausführungen sind an dieser Stelle daher eher kompakt und können als Aufbruch zum Umdenken betrachtet werden. Denn bisher kritisieren wir eher das Verhalten von Jugendlichen, statt uns zu fragen, welcher Entwicklung und welchem Bedürfnis dieses Verhalten zugrunde liegt. Doch wenn wir immer nur auf das Verhalten schauen, dieses Verhalten bewerten und kommentieren oder es sanktionieren, ohne nach dem zugrunde liegenden Bedürfnis zu fragen, behandeln wir nur Symptome. Die Bedürftigkeit bleibt. Und das Problem verschiebt sich allenfalls, aber es löst sich nicht.

Es mag uns gar nicht bewusst sein, aber die Welt, in der unsere Teenies groß werden und in der sie lernen, wachsen und reifen sollen, trägt ihren Bedürfnissen nur wenig Rechnung. Wie wir als Gesellschaft organisiert sind, ist schlichtweg nicht artgerecht. Insofern sollten wir nicht unsere Kinder infrage stellen, sondern die Umgebung, in der sie aufwachsen.

Einen Teil dieser Umgebung können wir gestalten, zum Beispiel das Elternhaus. Auf andere Sozialisationsquellen wie Schule, Verein und Freundeskreis mögen wir weniger Einfluss haben, aber wir sollten im Auge behalten, wie es unseren Kindern dort geht.

Du wirst feststellen, dass uns einige der im Folgenden beschriebenen Bedürfnisse von Jugendlichen bereits begegnet sind oder im Laufe des Buches noch begegnen werden.

Bedürfnis nach Bindung und Beziehung

Der Mensch ist ein soziales Wesen und hat ein starkes Bedürfnis nach Bindung und Beziehung. Dieses Bedürfnis wird in der Pubertät zunehmend auch durch die Beziehung zu Peers und Freunden erfüllt. Dennoch ist die bedingungslose Liebe der Eltern die unangefochtene Nummer eins, wenn es um eine gesunde Entwicklung geht. Hinter diesem Bedürfnis stecken weitere »Unterbedürfnisse«, wie die nach Nähe, Freundschaft, Zugehörigkeit, Verbindung und natürlich Sexualität.

Bedürfnis nach Autonomie

Das große Entwicklungsziel der Pubertät ist die Ablösung von den Eltern. Dementsprechend gibt es ein zweites essenzielles Entwicklungsbedürfnis: das nach Autonomie. Hier geht es um Unabhängigkeit, Selbstbestimmung, Kontrolle und die Fähigkeit zur Selbstregulation. Autonomie ist die Fähigkeit, die Richtung des eigenen Handelns und die Risiken, die man einzugehen bereit ist, selbst zu bestimmen. Ein Mensch in der Pubertät muss experimentieren dürfen, um zu reifen.

Bedürfnis nach positivem Selbstgefühl

Der Schutz des eigenen Selbstwertes gehört ebenfalls zu den wichtigsten emotionalen Bedürfnissen eines Menschen. Da Jugendliche, wie du weißt, einen sehr labilen Selbstwert haben, kommt diesem Bedürfnis ein hoher Stellenwert zu. Der Schutz des Selbstwertes unserer Kinder sollte unser Handeln als Eltern leiten. Darüber hinaus steckt hinter dem Selbstgefühl aber mehr als nur der Selbstwert. Jugendliche wollen nicht nur wissen, was sie wert sind. Sie wollen herausfinden, wer sie sind.

Und wozu sie fähig sind. Hier geht es also auch um das Bedürfnis nach Identität, Selbstwirksamkeit, Entwicklung, Wachstum und Anerkennung.

Bedürfnis nach Sicherheit und Schutz

Auch wenn unsere Kinder in der Pubertät immer selbstständiger werden, so sind sie keinesfalls für sich allein verantwortlich. Sie sind weiterhin auf unsere Fürsorge und unseren Schutz angewiesen. Gleichzeitig ist es unsere Aufgabe, ihnen dabei zu helfen, immer mehr Sicherheit in sich selbst zu finden. Das Gefühl der Sicherheit entsteht durch eigene Erfolge, Referenzen, Aufklärung und unser Vorbild, aber keinesfalls durch die Auferlegung von starren Grenzen und Verboten. Es braucht nach wie vor unsere elterliche Führung und Rahmung, gleichzeitig geht es darum, die Grenzen unserer Kinder zu respektieren. Jugendliche brauchen unsere Bestätigung und Bestärkung, aber sie brauchen ihren eigenen geschützten Raum. Privatsphäre wird somit ebenso zu einem Grundbedürfnis – und Grundrecht.

Bedürfnis nach Vertrauen

Unser Vertrauen sollte genauso bedingungslos und unverhandelbar sein wie unsere Liebe. Denn es sendet ein wichtiges Signal an unsere Kinder: »Du schaffst das!« Ich kann gar nicht oft genug betonen, wie wichtig es ist, dass wir genügend Energie in das Selbstvertrauen unserer Kinder investieren. Denn sie tun sich während der Pubertät schwer damit. Aber dazu müssen natürlich auch wir lernen, in unsere Kinder und ihr Potenzial zu vertrauen – auch wenn wir nicht all ihre Entscheidungen gutheißen werden. Andersrum wird es genauso sein, weshalb es von großer Wichtigkeit ist, dass wir uns das Vertrauen unserer Kinder verdienen, damit auch sie unsere Entscheidungen respektieren und als Wohlwollen deuten können. Manchmal zeigt sich der Sinn einer Entscheidung nämlich erst in der Retrospektive. Vertrauen braucht Authentizität und Ehrlichkeit. Wir dürfen unsere Superhelden-Elternkostüme ablegen und unseren Kindern als die fehlbaren und verletzlichen Wesen gegenübertreten, die wir nun mal sind.

Bedürfnis nach Verantwortung

Entgegen der Behauptung, dass Jugendliche oft verantwortungslos und hedonistisch veranlagt wären, ist die Übernahme von persönlicher und sozialer Verantwortung durchaus ein weiteres Grundbedürfnis. Für sich selbst sorgen zu können, schafft Selbstvertrauen, erhöht die Lebenskompetenz und stärkt die Resilienz. Raus aus der Opferrolle, hinein in die Gestalterposition. Kein Mensch kann sich der Verantwortung, etwas mit seiner Freiheit anzufangen, entziehen. Persönliche und soziale Verantwortung zu übernehmen, schenkt unseren Kindern ein Gefühl von Wert und Nützlichkeit – sowohl für sich selbst als auch für andere.

Das Bedürfnis nach Verantwortung meint aber auch, dass jeder nur die Verantwortung übernimmt, die auch zu ihm gehört. Unsere elterliche Verantwortung endet in der Pubertät noch lange nicht, auch wenn unsere Kinder manchmal schon so groß und selbstständig wirken – sie brauchen uns.

Bedürfnis nach Dialog und Austausch

Jugendliche wollen partizipieren, sie wollen teilhaben, sie wollen lernen, und sie wollen sich reiben. Das Bedürfnis nach Bindung wird zunehmend durch den Dialog mit uns Eltern erfüllt und nicht mehr unbedingt (nur) durch Kuscheln. Jugendliche fühlen sich oft unverstanden und nicht ernst genommen, dementsprechend repräsentiert das Bedürfnis nach »Dialog und Austausch« Hören und Gehörtwerden. Der Austausch von Ideen, Gedanken und Meinungen ist eine der wichtigsten Brücken zwischen unserer und ihrer Welt. Die Konflikte, die sich daraus ergeben können, sind sogar ein echter Booster für die Entwicklung unserer Kinder – wie wir später sehen werden. Denn sie brauchen uns als Reibungsfläche und Sparringpartner. Dieser Dialog setzt voraus, dass wir unsere Kinder als gleichwürdig betrachten. Viele Studien belegen, dass Jugendliche, die häufig in einem solch ebenbürtigen Dialog mit ihren Eltern sind, weniger anfällig für Drogen und Alkohol sind, weniger oft psychisch erkranken und seltener aggressives, gewaltbereites Verhalten zeigen.

Aber es geht hier nicht nur um uns Eltern. Auch die Schule nimmt hier eine wichtige Position ein, noch wichtiger ist aber der Austausch mit Freunden und Peers – zu großen Teilen über digitale Medien.

Wurzeln. Flügel. WLAN.

Wie du siehst: Kinder brauchen wenig. Aber davon viel.

KAPITEL 2
WURZELN

Im Zuge dieses Buches habe ich viel darüber nachgedacht, was es bedeutet, seinen Kindern Wurzeln zu geben. Und ich bin zu dem Schluss gekommen, dass das Ziel des »Verwurzelns« wohl vor allem ist, Kinder mit einer *sicheren Bindung, Selbstvertrauen und Ich-Stärke* auszustatten. Sie sollten sich ihres eigenen Wertes, ihrer Fähigkeiten, ihrer Bedürfnisse, ihrer Liebenswürdigkeit, ihrer persönlichen Werte, ihrer Herkunft und vor allem unserer Liebe bewusst und sicher sein – und Halt in dieser Gewissheit finden. Denn genau das tun Wurzeln. Sie sind stabil und flexibel gleichermaßen. Sie nähren, verankern und erden uns. Es geht darum, Kindern ein stabiles Fundament zu geben und zu sein, damit sie zu selbstsicheren, verantwortungsvollen und mitfühlenden Menschen heranwachsen können, die keine Angst vor ihren eigenen Flügeln haben.

Die Pubertät ist allerdings eine Zeit der Stürme, was bedeutet, dass die Wurzeln unserer Kinder auf eine harte Probe gestellt werden. Und das, obwohl sich ihre Wurzeln zu dieser Zeit noch lange nicht voll entwickelt und entfaltet haben. Was für eine Aufgabe!

Und auch wenn es manchmal den Anschein hat, als würden unsere Kinder uns wegstoßen und den Sturm allein bezwingen wollen, so kann ich mit großer Gewissheit und empirischer Evidenz sagen, dass dem nicht so ist: Der Bedeutung der Bindung zu uns Eltern kommt auch weiterhin eine tragende Rolle zu. Deshalb werden wir uns mit Blick auf möglichst starke Wurzeln in diesem Teil des Buches folgenden Fragen widmen:

Haben Jugendliche noch ein Bedürfnis nach Bindung? Wenn ja, wie sieht das dann aus? Wie verändert sich die Beziehung zwischen Eltern und Kindern in der Pubertät? Wie können wir die Kommunikation mit unseren Kindern gestalten, um sowohl unsere Verbindung zu ihnen als auch ihren Selbstwert zu stärken?

BINDUNG GOES TEENAGER

Der Begriff Bindung beschreibt die Disposition eines Kindes, bei Verunsicherung, Überforderung, Traurigkeit, Unwohlsein, Schmerz, Krankheit und anderen negativen Gefühlen sowie unerfüllten Bedürfnissen die Nähe einer ausgewählten, vertrauten Bezugsperson zu suchen. Laut dem Bindungsforscher John Bowlby werden Kinder mit dieser genetisch bedingten Bindungsbereitschaft bereits geboren, denn nur so können sie angesichts ihrer Unreife und Abhängigkeit überleben. Dem gegenüber steht die Bindungsbereitschaft der Eltern oder anderer Bezugspersonen, die dafür sorgt, dass diese sich um den Nachwuchs kümmern, statt ihn zu verstoßen oder zu fressen – so wie erschreckend viele andere Säugetiere es tun (Löwen, Braunbären, Ratten, Erdmännchen und sogar Delfine).

Unser menschliches Bindungsverhalten hat sich also evolutionär herausgebildet, weil es schlichtweg einen Überlebensvorteil darstellt. Im populären Sprachgebrauch wird Bindung manchmal gleichgesetzt mit dem Wunsch nach Nähe. Unsere Nähe suchen Kinder aber auch, wenn sie ein Brot geschmiert haben, ihr neustes Kunstwerk zeigen oder mit uns spielen wollen. Damit drücken sie aber nicht zwangsläufig ein Bindungsbedürfnis oder -verhalten aus. Bei diesen Beispielen geht es ja vielmehr um die Bedürfnisse Hunger, Anregung und Selbstwerterhöhung. Handelt es sich um Bindungsverhalten im ursprünglichsten Sinne, steckt nämlich mehr dahinter. Von einem aktiven Bindungsverhalten spricht die Bindungsforschung erst dann, wenn es zur Regulation negativer Gefühle aktiviert wird, weil die eigene Regulationsfähigkeit überfordert ist. Wenn im Folgenden die Rede von einem jugendlichen Bindungsbedürfnis ist, so schließt dies den Wunsch nach Nähe (ohne »Notfall«) aber ebenso ein wie das Bedürfnis nach Co-Regulation.

Genau wie der Wunsch nach Nähe ist auch das Bindungsverhaltenssystem über die gesamte Lebensspanne aktivierbar. Laut Bowlby zeigen Menschen »von der Wiege bis zur Bahre« aktives Bindungsverhalten, wenn intensive negative Emotionen zu Überforderung führen oder man sich zu schwach fühlt, um für sich selbst zu sorgen. Zwar ändern sich die Auslöser für solche Emotionen im Laufe des Lebens, und auch die Kompetenz, solchen Herausforderungen zu begegnen, wächst mit den Jahren, doch das Bedürfnis nach Bindung bleibt. Auch während der Pubertät!

Allerdings sind sich unsere pubertierenden Kinder dessen manchmal gar nicht bewusst, oder sie leugnen es absichtlich. Wir dürfen nämlich nicht vergessen, dass dem Bindungsbedürfnis (ähnlich wie schon im Kleinkindalter) das starke Bedürfnis nach Exploration und Autonomie gegenübersteht.

Das belegt auch die Forschung: Befragt man Jugendliche mittels Fragebogen danach, ob ihre Eltern für sie eine Unterstützungsquelle sind, so wird man feststellen, dass Kinder ihre Eltern mit zunehmendem Alter immer weniger als Vertrauensperson nennen. Sobald man jedoch die Methode wechselt, weg von absichtsvollen Selbstauskünften, hin zu weniger verfälschbaren, impliziten Tests, wie dem Bindungs-IAT[9], ergibt sich ein anderes Bild. Jugendliche scheinen zwar verbal zu äußern, dass die Bindung zu ihren Eltern im Alter zwischen elf und achtzehn Jahren weniger eng und sicher werde, fühlen und bewerten das aber selbst gar nicht so.[10]

Implizite Tests erfassen nämlich keine rationalen Selbsteinschätzungen, sondern die unterbewussten, automatischen und eher unterschwelligen Bewertungen der Beziehung zu den Eltern. Dabei zeigte sich, dass es doch keine signifikante Altersveränderung für die Vertrauensbeziehung zu uns Eltern gibt.

Bedeutet, auch wenn unsere Kinder – öffentlich befragt – sagen, dass sie uns nun weniger als Bindungsperson brauchen und nutzen, so ist ihr Bindungsbedürfnis dennoch nicht verschwunden. Sie geben es nur nicht gern vor anderen zu. Vielleicht nicht einmal vor sich selbst, denn der Wunsch nach Unabhängigkeit ist groß.

Bleibt dann also einfach alles, wie es ist? Nein, natürlich nicht! Bis zum Alter von etwa fünf Jahren bevorzugen und brauchen Kinder die direkte körperliche und emotionale Verfügbarkeit der Bindungsperson, um bei aktivierten Bindungsverhalten wieder beruhigt zu werden. Es ist die selbstverständlichste Sache der Welt, ein weinendes Kind in den Arm zu nehmen. Es ist ein Instinkt.

In den darauffolgenden Jahren, insbesondere im Jugendalter, wird die körperliche Nähe für unsere Kinder immer weniger bedeutsam, und auch der elterliche Impuls, ein weinendes Kind auf den Arm zu nehmen oder auf dem Schoß zu wiegen, lässt nach – manchmal schon allein aus Gründen der Praktikabilität. Wie schon erwähnt, ist mein Sohn längst größer und schwerer als ich.

Natürlich gibt es Kinder, die Kuschelkinder bleiben, doch für gewöhnlich wird sich in der Pubertät auch bei ihnen ein Rückgang an Nähesuchen und Körperlichkeit zeigen. Meine zwölfjährige Tochter möchte zwar noch immer gern in den Arm genommen werden, wenn sie traurig ist oder sich wehgetan hat, aber ihr Bedürfnis, sich bei Einschlafproblemen stundenlang auf mich draufzulegen, um im Rhythmus meines Atems einzuschlafen, ist verschwunden. Mein fünfzehnjähriger Sohn wiederum löst sich mittlerweile sehr schnell aus einer tröstenden Umarmung, kommt aber insbesondere am Abend, wenn er die Eindrücke des Tages verarbeitet, zu uns auf die Couch kuscheln. Es gibt sie also noch, die Momente, in denen wir uns körperlich nah sind, Oxytocin tanken und das Bedürfnis nach Bindung mit physischer Nähe stillen – aber sie sind rückläufig.

Stattdessen rückt nun die Kommunikation der eigenen emotionalen Belastung und Schwierigkeiten immer mehr ins Zentrum des jugendlichen Bindungsverhaltens – wobei die Inanspruchnahme und der Erfolg der elterlichen Co-Regulation stark davon abhängen, welche Fürsorgeerfahrungen ein Kind bis dahin mit seinen Eltern gemacht hat.

Kinder, die sicher gebunden sind und in ihrer Kindheit die Erfahrung gemacht haben, dass ihre Eltern ihr Bindungsbedürfnis zuverlässig gestillt haben, haben ein entsprechendes inneres Arbeitsmodell entwickelt. Dieses Modell steuert die Wahrnehmung, Interpretation und Vorhersage von Verhalten und die Regulation auftretender Gefühle in der Bindungsbeziehung. Man könnte also sagen: Unsere pubertierenden Kinder bekommen von uns, was sie erwarten, von uns zu bekommen. Und wenn sie erfahren haben, dass wir ihnen bisher meistens eine zuverlässige Stütze waren, dann werden sie erwarten, genau das auch weiter von uns zu bekommen, und sie werden denken, es bekommen zu haben, selbst wenn wir gar nicht wirklich Hilfe leisten (konnten).

Die bereits vorhandenen Bindungsqualitäten und Arbeitsmodelle unserer Kinder spielen also eine größere Rolle als unsere aktuelle Reaktion. Ob das jetzt eine gute oder schlechte Nachricht für uns ist, hängt vermutlich davon ab, wie gut wir bisher – also in den elf Jahren vor der Pubertät – das Bindungsbedürfnis unserer Kinder erfüllen konnten. Ich finde es tendenziell aber eher entlastend, zu wissen, dass Kinder das Positive, im Gegensatz zu negativen Aspekten in der Beziehung zu ihren Eltern, als sehr homogen wahrnehmen.[11]

Das heißt aber selbstverständlich nicht, dass wir uns zurücklehnen und auf den Lorbeeren vergangener Tage ausruhen können. Ebenso wenig bedeutet es, dass wir unseren Kindern nun nichts mehr an Sicherheit, Unterstützung und Fürsorge geben können, nur weil wir in der Vergangenheit Fehler gemacht oder das Bindungsbedürfnis unserer Kinder vernachlässigt haben. Aber es bedeutet, dass die bereits gesammelten Erfahrungen die Wahrnehmung der aktuellen Erfahrungen verzerren.

Für die Bindung zu unseren Teenagern sind vier Dinge essenziell:

- gemeinsame Erfahrungen aus vergangenen Tagen
- unsere Verfügbarkeit, wenn unsere Kinder uns brauchen
- unsere aktuelle Feinfühligkeit im Umgang mit ihren Bedürfnissen
- regelmäßige Oxytocin-Dosen

Oxytocin ist, wie bereits erwähnt, das Kuschel- und Bindungshormon. Schütten wir es in der Interaktion mit einem Menschen aus, stärkt es unsere Bindung zu ihm. Deshalb habe ich im Folgenden ein paar Ideen gesammelt, die unsere Oxytocin-Produktion ankurbeln und so die Beziehung zu unseren Kindern verbessern können.

Die Kunst, einen Kaktus zu umarmen – Ideen zur Stärkung der Bindung

- *Umarmungen*: Teenager können stachelige Wesen sein, was davon ablenken kann, dass sie unsere Umarmungen immer noch brauchen. Es mag uns also manchmal Überwindung kosten, aber genau dann, wenn sie unsere Zuwendung augenscheinlich am wenigsten verdient haben, brauchen sie sie am meisten. Also ran an den Kaktus.
- *Toben*: Andere Teenager sind nicht mehr auf Kuschelkurs, wollen aber trotzdem körperliche Nähe. Sie profitieren davon, wenn man mit ihnen rangelt, rauft und tobt – oder sich einfach ein bisschen aneinander reibt. Wortwörtlich.
- *Massagen*: Egal ob die Pizzamassage aus Kindertagen, eine Handmassage oder eine Fußmassage. Sie sind eine tolle Möglichkeit, um unseren Kindern nah zu sein und die Bindung zu stärken. Zudem beruhigen sie auch noch das angespannte Nervenkostüm aller.
- *kleine Alltagsrituale*: Sei es ein gemeinsamer Tee nach der Schule oder ein Kummer-Kakao bei Sorgen (der regt sogar die Freisetzung von Oxytocin an) oder ein gemeinsamer Spaziergang vorm Schlafengehen. Rituale geben Halt und stärken die Bindung durch das Wir-Erlebnis.
- *gemeinsame Aktivitäten*: Auf die Frage, welche Sachen Jugendliche am liebsten zusammen mit ihren Eltern machen, antworten sie meist mit gegenseitigen Interaktionen – wie zum Beispiel Quatschen, Quatsch machen, gemeinsam essen oder aktiv sein. Auf die Frage, welche Interaktionen typischerweise mit ihren Eltern stattfinden, gibt die Mehrheit dieser Kinder allerdings Einbahnstraßeninteraktionen an: Sie bekommen von ihren Eltern Ratschläge, Regeln und Informationen, aber die Gegenseitigkeit fehlt. Und das stört

die Bindung. Lieber würden sie gemeinsam zocken, kochen, Sport machen, spielen, spazieren gehen, Videos drehen, Filme schauen etc.

Weitere Ideen zum Beziehungsaufbau sind

- gemeinsam tanzen oder Sport machen
- bewusstes Couch-Kuscheln beim Filmabend
- miteinander Gedanken und Gefühle teilen
- auch großen Kindern noch vorlesen (eine Studie kam zu dem Schluss, dass Vorlesen den Oxytocin-Gehalt im Blut steigern kann)[12]
- Kindern Komplimente machen
- Spiele mit Körperkontakt (zum Beispiel Twister)
- kleine Geschenke und Aufmerksamkeiten
- exklusive Eltern-Kind-Zeiten einräumen

Halten wir fest: Unsere Kinder zeigen mit zunehmendem Alter immer seltener aktives Bindungsverhalten, weil sie zum einen den Wunsch hegen, unabhängig und selbstwirksam zu sein, und weil sie zum anderen tatsächlich immer besser darin werden, sich ohne unser Eingreifen zu helfen und zu regulieren. Gleichzeitig steckt die Pubertät voller Situationen, die unsere Kinder überfordern und sie dazu veranlassen, Bindung und Unterstützung zu wollen. Je öfter sie dies bisher von uns bekommen haben, umso hilfreicher werden sie uns erleben. Auch wenn sie dies nicht immer gern zugeben, weil sie Angst vor negativer öffentlicher Bewertung, Abhängigkeit und Uncoolness haben.

Zeigen sie Bindungsverhalten, so tun sie dies nun zunehmend seltener über körperliche Nähe, sondern viel mehr über Gespräche. Sie wechseln sozusagen den Kanal: von non-verbaler zu verbaler Kommunikation. Was nicht bedeutet, dass sie gar keine körperliche Nähe mehr wollen oder brauchen. Aber in der Pubertät entsteht mit der Reifung des genitalen Intimbereiches auch ein körperlicher und emotionaler Intimbereich, den unsere Kinder nicht immer gerne teilen.

Jetzt werden einige Leser*innen bestimmt sagen: Aber mein Kind will weder kuscheln noch reden. Auch das ist nicht ungewöhnlich. Denn nur weil unsere Kinder den Kanal gewechselt haben, heißt das ja noch lange nicht, dass sie auch regelmäßig funken (wollen). Der emotionale Intimbereich kann eine entwicklungstypische, wachsende emotionale Distanz zwischen Eltern und Kindern mit sich bringen. Das Bindungsbedürfnis bleibt, Qualität, Funktion und Frequenz der Bindung verändern sich.

Die Qualität ist nach wie vor eigentlich nur von einer Sache abhängig: Wie gut es uns gelingt, unseren Kindern das Gefühl zu geben, verfügbar und präsent zu sein, wenn sie uns brauchen.[13] Unsere Kinder wollen nicht mehr auf eine tätschelnd kindliche Weise versorgt werden, aber sie brauchen die Gewissheit, dass sie sich bei Problemen jederzeit an uns wenden können. Es geht nicht mehr um unsere ständige (physische) Präsenz, vielmehr werden wir so etwas wie ein Back-up, ein Telefon-Joker, eine Reißleine. Und wer jetzt glaubt, dass das ganz schön wenig ist, liegt falsch: Oder würdest du ohne Fallschirm aus einem Flugzeug springen?

Bevor der Titel dieses Buches endgültig feststand, trug das Projekt den Arbeitstitel: *Geh weg, Mama – aber nicht zu weit!* Als Feministin habe ich den Titel wieder verworfen, weil ich dieses Buch für Eltern schreiben wollte, nicht nur für Mütter (#equalcare). Und mit dem Titel *Geh weg, Elternteil – aber nicht zu weit* hätte vermutlich niemand dieses Buch gekauft. Dennoch drückt dieser Titel bestens aus, wie ambivalent unsere Teenies auf uns schauen und wie wichtig wir dennoch für sie sind.

Wir dürfen die Bedeutung einer guten Beziehung nicht unterschätzen, nur weil unsere Kinder widersprüchliche Signale senden. Wie schon erwähnt, ist die Pubertät ein einziges großes Spannungsfeld, dessen Ambivalenz auch die Eltern-Kind-Beziehung tangiert. Und auch wenn die Eltern-Kind-Beziehung in der Pubertät durch wachsende Angleichung geprägt ist, bleiben wir die mit dem Erfahrungsvorsprung und der Fürsorgepflicht.

Die Hauptverantwortung für die Beziehungsgestaltung liegt weiterhin bei uns. Wir geben den Rahmen vor, in dem sich unsere Kinder bewegen können. Doch wer Jugendliche aus der Gestaltung der gemeinsamen Beziehung ausgrenzen will, wird scheitern. Daher müssen wir es unbedingt schaffen, in unserem Teenie weiterhin das bedürftige Kind zu erkennen, ohne den heranwachsenden Erwachsenen zu übersehen.

GUT IN BEZIEHUNG

Jugendliche, die ihre Eltern als liebevoll und unterstützend erleben, sehen nicht nur optimistischer in die Zukunft, sie haben auch mehr Vertrauen in sich selbst. Sie sind resilienter und glauben daran, Kontrolle über das eigene Leben zu haben. Infolgedessen fällt ihnen auch der Ablöseprozess leichter – und er ist ja im Grunde das Entwicklungsziel der Pubertät. Es gibt einen kausalen Zusammenhang zwischen unserer Unterstützung und den sozialen Kompetenzen unserer Kinder sowie ihrer Gesundheit.

In einer US-amerikanischen Langzeitstudie konnte erst vor Kurzem belegt werden, dass Menschen, die in ihrer Pubertät eine gute Beziehung zu ihren Eltern hatten, später sowohl körperlich als auch psychisch gesünder waren.[14]

Die Teilnehmer*innen, die der Beziehung zu den Eltern während der Pubertät viel Wärme attestiert, die viel Zeit mit ihnen verbracht und viel kommuniziert hatten, fühlten sich als Erwachsene deutlich gesünder und optimistischer. Sie litten seltener unter Depressionen oder Stress, lebten häufiger in gesunden Beziehungen und griffen seltener zu Alkohol und Drogen. Sogar ungewollte Schwangerschaften kamen seltener vor. Die Studie betonte diesbezüglich übrigens ausdrücklich die Bedeutung beider Elternteile.

Demgegenüber steht die empirische Gewissheit, dass ein schlechtes Verhältnis zu den Eltern sowie fehlende Unterstützung und fehlende emotionale Intimität im Zusammenhang mit einem niedrigen Selbstwert und einer erhöhten Delinquenz (Straffälligkeit) und Devianz (auffälliges Verhalten) sowie Suchtgefahr stehen.[15]

Ist die Antwort auf die Frage »Was Jugendliche wirklich brauchen« also am Ende gar nicht »Wurzeln, Flügel, WLAN« sondern »Friede, Freude, Eierkuchen«? Mal abgesehen davon, dass ich tatsächlich finde, dass Eierkuchen nach hyggeliger Kindheit schmecken, macht es an dieser Stelle Sinn zu spoilern: Die Antwort lautet nein! Oder zumindest jein. Denn natürlich ist Frieden eine tolle Sache, er kann jedoch toxisch werden, wenn die Dauerharmonie erzwungen und jeder Konflikt vermieden wird. Warum unsere Kinder von Konflikten mit uns sogar profitieren können, schauen wir uns später genauer an.

Es besteht also kein Zweifel: Wir haben nicht nur Einfluss, wir sind von immensem Wert. Bleibt noch eine Frage offen: Wie? Wie kreieren wir ein solches warmes Klima und eine förderliche Beziehungswelt für unsere jugendlichen Kinder? In der Literatur fand ich zu dieser Frage dieselben Antworten wie in den Gesprächen mit meinen Kindern und jugendlichen Klient*innen.

Lass uns ein weiteres Experiment wagen und frage dich selbst einmal, wann du dich deinen Eltern früher nah gefühlt hast und welche Vorstellungen du noch heute von einem positiv-emotionalen Verhältnis zu ihnen hast (ungeachtet dessen, wie es tatsächlich ist).

Die meisten Kinder, egal wie alt sie sind, wünschen sich ein grundlegendes Gefühl von Akzeptanz, Geborgenheit, Gesehenwerden, Ernstgenommenwerden, Respekt und bedingungsloser Liebe. Ein gutes Verhältnis lebt von der Sicherheit, dass unsere Kinder von uns geliebt werden – komme, was wolle. Ungeachtet ihrer Kleidung, ihrer Frisur, ihrer Noten, ihres chaotischen Zimmers, ihrer (falschen oder richtigen) Entscheidungen. Denn sie üben ja gerade erst, erwachsen zu sein und richtige Entscheidungen zu treffen.

Wie heißt es so schön: Das Gras wächst nicht schneller, wenn man daran zieht. Und unsere Kinder werden sich nicht gemäß unseren Erwartungen entwickeln, sondern entsprechend ihrer Persönlichkeit und Potenziale. Von uns brauchen sie dafür die unerschütterliche Gewissheit, dass wir an sie glauben – und daran, dass sie zu der besten Version von sich selbst heranreifen werden, die ihnen möglich ist. Darum ist es auch so wichtig, dass sie wissen, dass ihre Fehler und Irrtümer niemals dazu führen werden, dass wir sie als Mensch oder unser Kind infrage stellen. Nur so kann das Potenzial von Fehlern genutzt werden – denn Fehler sind Lernhelfer. Sie helfen uns.

Und ganz nebenbei: Die Pubertät ist eine Zeit der Angleichung, in der auch wir Fehler im Umgang mit unseren Kindern machen werden, die für andere Kinder vielleicht gar keine wären. Doch jedes Kind ist anders. Weshalb wir auch eine Menge von unseren Kindern lernen können. Wie wir mit ihnen umgehen sollen, können sie uns besser zeigen als jeder Ratgeber.

Ein paar Dinge gibt es dennoch, die wir grundsätzlich richtig (oder falsch) machen können:

Unsere Kinder wollen sich als eigenständige Individuen erleben, die mitentscheiden dürfen, welchen Platz sie in der Familie einnehmen. Sie wünschen sich Zeit zum Sprechen, wenn ihnen danach ist, und sie wollen, dass ihre Meinung Gehör findet und berücksichtigt wird – sie wollen und brauchen ihren eigenen Tanzbereich, um es mal auf dirtydancisch auszudrücken. Sie brauchen ein Gefühl von Wichtigkeit und Einfluss, das ihnen versichert: Ich zähle!

Das bedeutet aber nicht, dass wir unsere elterliche Führungsposition aufgeben sollen. Auch in liebevollen, förderlichen Beziehungswelten gibt es Strukturen und Regeln.

Wichtiger als die Strukturen und Regeln selbst ist aber die gemeinsame Auseinandersetzung mit ihnen – denn die Zeit des blinden Gehorsams ist spätestens in der Pubertät vorbei. Wir müssen uns darauf einstellen, dass unsere Regeln auch mal infrage gestellt, verletzt und untergraben werden. Wenn es so weit ist, werden wir uns fragen müssen, woran wir unser Handeln ausrichten wollen. Maßgeblich sollte hier immer das Wohl unserer Kinder sein und nicht unser eigener Wille oder unser verletzter Stolz.

Als mein Sohn mir am Kaffeetisch vor der gesamten Familie seine Wut um die Ohren gehauen hat, gab es einen Teil in mir, der Wiedergutmachung und Genugtuung wollte. Dieser Teil wollte hinterherstapfen, das Kind aus seinem Zimmer ziehen und es »zwingen«, sich vor der ganzen Familie zu entschuldigen. Und zwar sofort. Aber dieser Teil war nichts anderes als mein

Ego. Ich hätte ihn damit ebenso gedemütigt wie er mich, und niemand von uns hätte daraus gelernt, wie man es besser macht. Vergebung beginnt bei uns selbst. Sie beginnt damit, die Verantwortung für den eigenen Anteil an einem Konflikt zu übernehmen und die eigenen Verletzungen zu behandeln.

Außerdem wusste ich, dass er sich da oben in seinem Zimmer längst über sich selbst ärgerte, doch die Barriere, zurück an den Kaffeetisch zu kommen, war groß. Er schämte sich gewiss, auch ohne von mir vorgeführt zu werden, schon genug.

Natürlich hätte ich mir mein Elternkostüm anziehen und meine Macht mittels Wenn-dann-Manipulation ausspielen können. Natürlich hätte ich ihn daran erinnern können, unter wessen Tisch er seine Füße stellt. Natürlich hätte ich meinen eigenen Schmerz in den Mittelpunkt stellen können. Aber nichts davon wäre zu seinem Wohl gewesen – sondern nur um meinetwillen.

Wenn wir wollen, dass unsere Kinder zu selbstständigen, selbstverantwortlichen und sozialen Menschen heranreifen, müssen wir uns von der Idee blinder Unterwerfung verabschieden und einen Diskurs ermöglichen, der auf Verhandlung und gegenseitiges Verständnis setzt, ohne auf einen Konsens zu drängen. Der Schlüssel zu einem von Wärme geprägten Klima liegt in unserer Kommunikation.

Interview mit Mira

Liebe Mira, du bist Familien-Coachin, Influencerin, Liebesaktivistin, Musikerin und Unternehmerin. Bekannt geworden bist du mit deinem wunderbaren Podcast für Kinder Mira und das fliegende Haus. Mittlerweile beschäftigst du dich auch mit jugendlichen Themen, denn du hast vor einiger Zeit eine Bonustochter in deinem Leben begrüßen dürfen und bist damit grundsätzlich in bester Gesellschaft, schließlich ist Familie heute kein statisches Konstrukt, sondern ein sehr dynamisches System – und mittlerweile ist mindestens jede zehnte Familie eine Patchworkfamilie, Tendenz steigend. Deine Bonustochter war allerdings schon mitten in der Pubertät, als klar wurde: Wir sind jetzt irgendwie Familie. Magst du uns erzählen, wie du diesen Prozess des Zusammenwachsens erlebt hast beziehungsweise erlebst?

Als ich meine Bonustochter kennenlernte, war sie bereits zwölf Jahre alt und hatte viele gemeinsame »Zweier-Jahre« mit Papa hinter sich, der sich unter der Woche alleine um sie gekümmert hatte und den Großteil der Verantwortung trug. Umso krasser war dann natürlich die Veränderung: Plötzlich war da diese Frau, die gemeinsame Wohnung, die unzähligen Bedürfnisse und zu allem Überfluss: der kleine Bonusbruder, der mit seinen fünf Jahren den Großteil der Aufmerksamkeit auf sich zog.

Für meine Bonustochter war das sicherlich keine leichte Situation. Immerhin war sie zudem mitten in der Pubertät und steckte irgendwo zwischen »sich selbst finden«, »verwirrt sein« und »für immer Papas kleines Mädchen bleiben wollen«. Die neue Patchwork-Konstellation machte ihr Angst. Und das – machte MIR Angst. Das innere Kind in mir, das selbst eine miserable Pubertät und Jugend erlebt hatte, ging mit meiner Bonustochter in versteckte Konkurrenz. Ich schämte mich in Grund und Boden dafür. Immerhin wollte ich für sie da sein - sie in dieser Transformation unterstützen, ihr Sicherheit und Halt bieten - doch ich war, aufgrund meiner Vergangenheit und der gewaltvollen Mutter-Tochter-Beziehung, die ich selbst erlebt hatte, gnadenlos überfordert. Ich bin sehr dankbar dafür, diese Dynamiken direkt von Beginn an bewusst erkannt zu haben. So hatte ich die Möglichkeit, Stück für Stück Verantwortung zu übernehmen.

Wie habt ihr es schlussendlich geschafft, dass aus Patchwork Matchwork wurde?

Ich als Erwachsene habe die hundertprozentige Verantwortung für die Situation übernommen. Ich habe mir therapeutische Unterstützung organisiert und konnte so Stück für Stück meine Vergangenheit aufarbeiten, um besser für meine Bonustochter da sein zu können. So wandelte sich Angst in Vertrauen und Distanz in Schönheit und Nähe. Es war ein langer und ja - teils beschwerlicher Weg. Doch er hat sich so was von gelohnt!

Viele Eltern befürchten, dass es in der Pubertät zu spät für eine Festigung oder positive Veränderung der Bindung beziehungsweise Beziehung zueinander ist. Wie siehst du das?

Es ist niemals zu spät. Niemals! Wenn Eltern es schaffen, ihre unbewussten Themen nicht weiterhin auf die Kinder zu projizieren - wenn sie es schaffen, in wahre Fürsorge und Liebe zu kommen, kann in jedem Moment Veränderung stattfinden. Ich möchte an dieser Stelle zwei Gedanken mit euch teilen:

Erstens: Dein Kind ist nicht DEIN Kind. Es ist ein völlig freier und eigenständiger Mensch. Es ist dir nichts schuldig, für nichts verantwortlich, und es darf sich exakt so entwickeln, wie es für seine wahre Identität passend ist. Also: Wo hältst du noch an Erwartungen fest? Welche Ängste projizierst du auf dein Kind?

Und last but not least: Wie kannst du diesen freien, wundervollen Menschen aus tiefstem Herzen unterstützen, den EIGENEN Weg zu gehen?
Zweitens: Es bricht dir kein Zacken aus der Krone, wenn du SORRY sagst. Eltern sind unperfekt. Das ist okay – doch wahre Verbindung beruht auf Transparenz und Wahrheit. Jugendliche sind wahre Spürnasen für innere und äußere »Lügen« der Eltern und spiegeln diese unter anderem in ihrem Verhalten. Das bedeutet: Wenn du Scheiße gebaut hast (egal ob gestern oder vor vier Jahren), entschuldige dich bei deinem Kind. Such das Gespräch und zeige dich echt und nahbar. Das schafft Verbindung – vor allem in Zeiten, in denen Kinder selbst erwachsen werden.

Mal abgesehen von Ehrlichkeit und Wiedergutmachung – was hat dir noch geholfen, eine gute Bindung zu deiner Bonustochter aufzubauen?

Erst einmal musste ich durch innere Arbeit hundert Prozent im erwachsenen Ich ankommen, anstatt aus der Haltung des inneren Kindes heraus zu agieren. Und dann ging es darum, internalisierte Rollenbilder zu klären: Wer bin ich, wenn ich nicht die »richtige« Mama bin? Bin ich Freundin? Eine Art große Schwester? Darf ich sagen, wenn mich was stört? Wie viel Verantwortung darf ich übernehmen? Die Antworten auf diese Fragen sind so individuell wie die Menschen dahinter. In unserem Fall haben wir Stück für Stück unsere einzigartige Verbindung gefunden. Eine Verbindung, die in keine »Rolle« passt – eine, die auf wahrhaftigem Interesse an meiner Bonustochter basiert.
Mein Tipp: Hört den Jugendlichen zu. Feiert sie für ihre Talente, Gefühle, Stärken und Schwächen. Seid Supporter auf ihrem Weg.

Was hast du in den letzten Monaten über Teenager gelernt, was dir vorher noch nicht so bewusst war? Gibt es deiner Meinung nach besondere Herausforderungen, mit denen diese Generation kämpft?

Ich habe gelernt, dass viele der heutigen Kids einfach viel krasser sind als wir damals! Viele setzen sich mit der Zukunft dieses Planeten auseinander – sie sind unglaublich reflektiert und weit und haben ein riesiges Potenzial. Die sozialen Medien bieten ihnen heutzutage schon früh die Möglichkeit, sich auszudrücken und der Welt zu zeigen, wer sie sind und wofür sie stehen. Das ist Fluch und Segen zugleich. Wir dürfen unsere Kinder hier unterstützen, den für sie richtigen Umgang mit diesen Möglichkeiten zu finden.

Mal angenommen, es gäbe drei besonders essenzielle Dinge, die wir als Eltern und Bezugspersonen (egal ob Patchwork, bio oder ganz anders) für unsere jugendlichen Kinder tun können, damit sie gestärkt – mit Wurzeln und Flügeln ausgestattet – ins Leben ziehen können, welche wären das für dich? Welche hättest du vielleicht auch selbst gebraucht?

Erstens: Gesunde Augenhöhe: Nur weil du älter bist, weißt du nicht alles besser als dein Kind!

Zweitens: Die Familie als bewertungsfreier Hafen: »Ich hab dir doch gesagt, dass das schiefgeht!« schafft weder Vertrauen noch Sicherheit.

Und drittens: Freiheit und echtes Interesse: Du darfst DU sein – völlig unabhängig davon, wer wir als Eltern sind.

Worüber haben wir noch nicht gesprochen, was du Eltern von Teenagern gern sagen würdest?

Eure Kids sind Rohdiamanten, die gerade geschliffen werden. Wenn ihr sie anschaut: Schaut sie mit Augen der Liebe an. Seht ihre Schönheit, ihr volles Potenzial. Konzentriert euch nicht auf die Baustellen. Stellt nicht die Probleme in den Fokus. Das ist wichtig - denn wisst ihr was? Eure Kids erkennen sich selbst in eurem Blick. Ihr könnt entscheiden, was sie sehen.

KOMMUNIKATION – LASS MAL REDEN!

Teenie-Eltern kommen oft zu mir in die Praxis und beklagen sich darüber, dass es nahezu unmöglich geworden ist, vernünftig mit ihrem Kind zu sprechen: »Manchmal bekommt man nur freche Antworten, dann wieder gar keine. Jedes Wort hat Explosionspotenzial, wenn denn überhaupt zugehört wird, wenn wir etwas sagen ...«

Es ist nicht ungewöhnlich, dass viele Gespräche zwischen Eltern und Kindern während der Pubertät in Streitigkeiten abgleiten – aber es ist auch nicht schön. Für niemanden. Doch egal, wie überlegt wir es als Eltern anstellen und wie viele gute Kommunikationstipps wir berücksichtigen, wir werden die pubertätstypischen Entgleisungen nicht gänzlich verhindern können. Eine gewisse Unberechenbarkeit bleibt.

Denn wir haben es mit einem Gegenüber zu tun, dessen Bild von sich selbst noch sehr unscharf, fragil und stimmungsabhängig ist. Die Selbstsicherheit unserer Kinder kann durch die kleinste Erschütterung ins Wanken geraten, was den Umgang mit ihnen recht schwierig macht. Mal strotzen sie vor Selbstüberschätzung, mal sind sie voller Selbstzweifel. Mal dringt man super zu ihnen durch und führt die inspirierendsten Gespräche, mal kann die scheinbar harmloseste Bemerkung zu einem Wutausbruch führen, der seinesgleichen sucht.

Und trotzdem gibt es da diese zwei Dinge, von denen ich glaube, dass sie wahre Gamechanger in der Kommunikation mit Jugendlichen sein können:

1. Aktiv zuhören und verstehen, statt erklären und predigen.
2. Gespräche bewusst so gestalten, dass der Selbstwert unverletzt bleibt.

Aufgrund ihres Selbstwertknicks fühlen sich Jugendliche von unseren Aussagen schnell kritisiert. Sie sind es gewohnt, an ihren Fehlern gemessen zu werden statt an ihren Erfolgen. Sie fühlen sich unentwegt angegriffen, weil sie unentwegt kritisiert werden: von Noten, Lehrern, anderen Schüler*innen, der Gesellschaft und natürlich den eigenen Selbstzweifeln. Und am Ende eines solchen Tages platzen wir Eltern, ohne zu klopfen, ins Zimmer und lassen unserem Ärger auch noch freien Lauf: »Du bist so was von schlampig. Du hast schon wieder die Margarine offen stehen gelassen, weshalb die Katze sich daran zu schaffen gemacht hat. Was hast du denn gedacht, wer das wegräumt? Nun haben wir keine Margarine mehr, dabei weißt du doch genau, dass deine Schwester ihr Brot nur mit Margarine isst. Das ist echt so typisch und egoistisch von dir. Nichts hast du weggeräumt, nachdem du dir was zu essen gemacht hast. – Aber das wundert mich nicht, wenn ich mich hier umschaue. Dein Zimmer sieht ja auch aus wie ein Saustall. Wenigstens die Dreckwäsche könntest du ja mal in den Wäschekorb schmeißen. Sonst brauchst du dich auch nicht zu wundern, wenn du morgen keine saubere Hose hast. Und was ist eigentlich mit den Hausaufgaben? Ich nehme an, die machst du wie immer auf den letzten Drücker. Aber geh vorher noch mit dem Hund raus. Ich hab dafür nämlich keine Zeit. Ich muss die Küche aufräumen. Und Margarine besorgen.« Mic Drop. Tür zu.

Was wird wohl jetzt passieren? Aus Erfahrung würde ich sagen:

a. Nichts
b. Gegenschlag
c. A

Aus dieser Unterhaltung, die ja gar keine ist, sondern nur ein wütender Monolog, wird der Teenie den wesentlichen Wunsch nur schwer rausfiltern können und falls doch, wird er (nachvollziehbarerweise) keinen Bock mehr haben, diesem zu entsprechen. Selbst wenn die darin enthaltende Kritik vielleicht sogar berechtigt ist, so kommt sie nicht an. Was stattdessen ankommt, ist:

- Übergriffigkeit und persönliche Angriffe sind okay.
- Ich bin eine Zumutung.
- Ich bin schmutzig und faul.
- Ich benutze die Küche besser gar nicht mehr.
- Andere machen meinen Dreck weg, wenn ich es nicht mache.
- Gleich hab ich dreißig Minuten sturmfrei und kann heimlich zocken.

Dabei wollten wir unserem Kind doch eigentlich nur beibringen, dass es umsichtiger werden soll. Nur klug und respektvoll war das auf diese Weise nicht. Die eigentliche Botschaft geht unter. Und vermutlich hätten die meisten Jugendlichen bereits nach der Hälfte der Schimpftirade einfach gesagt: »Mir doch egal. Geh raus! Das ist mein Zimmer.« Und wir hätten erneut gekränkt und wütend darauf reagiert. Auf diese Weise wäre aus einer einfachen Bitte, von der wir uns Einsicht erhofft hatten, die wir aber leider völlig falsch verpackt haben, ein heftiges Wortgefecht mit beidseitigen Verletzungen geworden.

Die Verantwortung dafür, dass genau das nicht passiert, liegt aber trotz der Gegenseitigkeit bei uns. Und das mag unfair klingen, weil unsere Teenies schließlich keine kleinen Kinder mehr sind. Sie sollen und müssen Verantwortung für ihre Worte und (fehlenden) Taten übernehmen lernen. Und wir müssen ihnen darum auch unbedingt unsere Grenzen deutlich machen. Aber nicht so.

Denn wir sind die Eltern. Wir sind die Gefestigten. Wir sind die Reiferen. Wir sind die Selbstsicheren. Wir sind dafür verantwortlich, ein Heilklima für das angeschlagene Selbstwertgefühl unserer Kinder zu schaffen. Wir müssen Vorgaben, aber ebenso Zugeständnisse machen – was schwer sein kann, weil es uns nicht unbedingt mit gleichem Verhalten gedankt werden wird. Einen Unterschied macht es aber allemal. Statt irgendwelche Worthülsen oder sehr bemühten Formulierungen einzuüben, ermutige ich Eltern stets zu respektvoller Authentizität. Du ärgerst dich eigentlich nur darüber, dass dein Kind die Margarine draußen stehen gelassen hat, weil du keine Lust auf das morgige Frühstücksdrama mit der kleinen Schwester hast?

Na dann sag das doch genau so! Dadurch wird niemand herabgesetzt. Aber alle Bemerkungen, die mit »Du bist …« beginnen, richten die Kritik gegen die Person an sich, nicht gegen ihre Handlungen. Dadurch werden sie oft als Angriff auf die eigene Persönlichkeit gewertet.

Was wäre wohl passiert, wenn es wie folgt gelaufen wäre:

»Klopf, klopf. (Herein.) Na, alles klar? (Jo.) Ich würde dir gern sagen, worüber ich mich gerade geärgert habe, damit wir gemeinsame eine Lösung finden können. Es ist keine große Sache, aber wichtig für mich. Bist du jetzt bereit dazu, oder soll ich in zehn Minuten wiederkommen? (Passt.) Ich habe gesehen, dass du dir etwas zu Essen gemacht hast – schön, dass du dir zu helfen weißt. Ich möchte dich aber bitten, in der nächsten Viertelstunde einmal runter in die Küche zu gehen und alles wieder wegzuräumen, was du benutzt hast. Ich möchte das nicht machen müssen. Die Margarine stand übrigens auch noch draußen, und nun hat die Katze alles kontaminiert. Hast du eine Idee, was wir jetzt machen könnten, damit wir morgen früh wieder welche haben?«

Nun gibt es natürlich keine Garantie, dass wir auf die oben dargestellte Weise immer bekommen, was wir wollen, aber die Chancen stehen gut. Denn wir haben eine Atmosphäre geschaffen, die trotz der Kritik weder die Liebe zu unserem Kind noch seine Würde antastet.

Vielmehr zeigen wir, dass wir ...

- unsere Kinder für liebenswerte und kompetente Menschen halten.
- nur ihr Verhalten infrage stellen, nicht ihre Persönlichkeit.
- uns für ihre Meinung und Gedanken interessieren.
- ihr Recht auf Selbstbestimmung respektieren.
- unverhandelbare Grenzen haben.

Natürlich kann man sich an dieser Stelle fragen, ob die paar Hinterlassenschaften in der Küche den ganzen Aufriss wert sind. Das kann man ja auch einfach schnell selbst wegmachen – dauert am Ende auch nicht länger als das Gespräch mit dem Teenie.

Ich denke, das muss jede Familie für sich beantworten. Weniger als um das Ergebnis geht es ja um den gemeinsamen Prozess und die Art und Weise, wie wir miteinander umgehen. Aber ich persönlich bin nicht bereit, meinen Kindern immer alles hinterherzuräumen. Ich würde das einfach nicht gern machen und mich folglich währenddessen über sie ärgern. Mit diesen Emotionen möchte ich unsere Beziehung nicht belasten.

Darum meckere ich nicht mit meinen Kindern, verhandle aber auch nicht darüber, dass (größere) Kinder die Dinge, die sie benutzt haben, selbst wieder wegräumen. Das schließt natürlich nicht aus, dass ich ihnen dabei helfe. Denn neben Eigenverantwortung sind Hilfsbereitschaft und Solidarität Werte, die mir wichtig sind und die ich auch vorleben möchte.

Studien zufolge verwöhnen Mütter ihre Söhne tendenziell mehr als ihre Töchter. Insbesondere in Sachen Haushalt werden Jungen heute immer noch weniger in die Pflicht genommen als Mädchen. Ohne jetzt zur sehr in die Tiefe gehen zu wollen, möchte ich aber zumindest dafür sensibilisieren, dass wir damit den Samen für viele ihrer späteren Beziehungsprobleme säen.

Ich möchte dir im Folgenden gern zehn Leitgedanken für eine beziehungsförderliche Kommunikation an die Hand geben, die den Selbstwert deines Kindes schützen.

Verzichte auf Pauschalkritik Vielleicht hast du dich auch schon einmal dabei ertappt, dass aus einer einzelnen Bitte oder Bemerkung eine ausgewachsene Schimpftirade geworden ist. So wie oben beschrieben. Eigentlich ging es ja nur um die unaufgeräumte Küche und die Margarine – zumindest hätte es darum gehen sollen. Doch dann passierte etwas, was in unserer Kommunikation (egal ob mit Kindern oder Erwachsenen) häufig passiert: Wir laden alles ab, was uns sonst noch stört, um unserem Ärger Ausdruck und unserer Position Gewicht zu verleihen. Es ist nicht so, dass ich das nicht verstehen könnte – mir ist das auch schon passiert –, aber es ist weder konstruktiv noch lösungsorientiert oder respektvoll. Wird Kritik so kaskadenartig abgefeuert, kann sie nur als Angriff empfunden werden. Wir sollten bei unseren Ausführungen also unbedingt bei einzelnen, konkret nachvollziehbaren Punkten bleiben und keine General- oder Pauschalkritik äußern.

Beleidige und etikettiere dein Kind nicht Klingt selbstverständlich, ist es aber nicht. Einiger Beleidigungen sind wir uns vielleicht gar nicht bewusst, weh tun sie trotzdem. Einer Zwölfjährigen, die ihren eigenen Emotionen hormonell gerade nahezu völlig ausgeliefert ist, ist nicht geholfen, wenn sie als Diva, Zicke, Tussi oder Rotzgöre bezeichnet wird. Gerade als Frau/Mädchen braucht es nicht viel, um als zickig oder schwierig zu gelten – darum gibt es ja auch so viele von uns. Das ist nicht nur deklassierend, sondern auch sexistisch. Zudem kritisieren wir damit nicht das Verhalten, sondern die Person. Das Kind macht dicht, und unsere Beziehung hat einen weiteren kleinen Kratzer. Daher sollten wir verletzende Etikettierungen aller Art aus unserem Wortschatz streichen – egal, an welches Geschlecht sie sich richten. Als kleinen Hack zur Überprüfung der Wortwahl empfehle ich eine einfache Frage: Würde ich es okay finden, wenn mein Kind das so zu mir sagen würde?

Verkneife dir Zuschreibungen und Verallgemeinerungen Zuschreibungen wie »Du <u>bist</u> eine Schmuddeltrulla« oder Verallgemeinerungen wie »Du bist <u>immer</u> so egoistisch«, »<u>Nie</u> denkst du an andere«, »An <u>alles</u> muss man dich erinnern« sind nicht nur unzutreffend und unfair, sie haben auch einen verhängnisvollen Effekt: Denn sie können zur self-fulfilling prophecy werden, also einer Vorhersage, die sich selbst erfüllen wird.

Wir Systemiker*innen sprechen in diesem Kontext manchmal davon, dass Menschen sich die Jacke anziehen, die ihnen angeboten wird. Dies liegt daran, dass das menschliche Gehirn Inkonsistenz vermeiden möchte. Selbst- und Fremdbild sollen nach Möglichkeit übereinstimmen, weshalb es einfacher ist, zu sein, was andere in uns sehen, als die Ambivalenz zu ertragen. Insbesondere Kinder und Jugendliche können die sogenannte Selbstbild-Fremdbild-Kongruenz nur schwer aushalten. Zudem ist die Bildung der eigenen Identität während der (frühen) Pubertät extrem abhängig von der Meinung anderer. Auch mir wurde – wie den meisten Kindern – während der Pubertät die Jacke der Chaosqueen angeboten, also habe ich sie an- und bis heute nicht wieder ausgezogen.

Machen wir also nicht den Fehler, ein noch suchendes Menschenkind auf bestimmte Verhaltensweisen festzulegen.

EXKURS:
Teenager und Ordnung

Der Streit um Ordnung und Sauberkeit ist einer der Evergreens im pubertären Eltern-Kind-Kosmos. Ich kenne kaum Eltern, die von der Unordnung ihrer Kinder nicht genervt sind. Denn es ist doch wohl nicht zu viel von einem Teenager verlangt, einen Sinn für Ordnung zu entwickeln. Wer bis 23 Uhr draußen rumhängt, sich schminkt, masturbiert und Schuhgröße 45 hat, der kann doch auch aufräumen! Oder nicht?

Die Pubertät verursacht Chaos im Körper, Chaos in der Gedankenwelt, und dieses Chaos spiegelt sich auch im Zimmer

wider. Ordnung ist unseren Kindern gerade mehr oder weniger egal – weil andere Dinge viel wichtiger sind.
Stell dir folgendes Szenario vor: Du bekommst einen Anruf, dass dein Kind in der Kita gespuckt hat und abgeholt werden muss. Was tust du? Du fährst zur Kita. Was tust du nicht? Schnell noch aufräumen, das Bett machen und die Spülmaschine einräumen. Bei Teenagern ist das ähnlich – ihr gesamtes Leben besteht im Moment aus SOS-Anrufen, die ihre (geistige) Anwesenheit irgendwo anders erfordern. Uns mögen die Gründe für die Vernachlässigung banal und irrational vorkommen, für unsere Kinder sind sie das nicht.
Das Verständnis für den Hang zur Unordnung ist ein guter Anfang, um die Konflikte zu lösen. Sieh das Teenie-Zimmer als ein Symptom für die Komplexität des jugendlichen Lebens. Die meiste Energie unserer Kinder fließt in die Vielzahl von Entwicklungsaufgaben, To-dos und Belastungen – der Zustand ihres Zimmers ist dabei oft ihre geringste Sorge. Das heißt aber nicht, dass diese entspannte und liberale Haltung auch für die gemeinsam genutzten Räume gilt. Zwar sollten wir auch hier nachsichtig sein, wir dürfen aber durchaus auf bestimmte Regeln und eine Verantwortungsübernahme im Sinne aller pochen. Denn für die familiäre Gemeinschaft und das Miteinander bedarf es der Beteiligung aller. Für das eigene Zimmer gilt jedoch mehr oder weniger: mein Reich, mein Ding.
Ja, für Teenager ist ihr Zimmer ihr Reich. Ihr Rückzugsort. Ihre Höhle. Ein Ort, an dem sie sich unbeobachtet und unbewertet entfalten können. Das abwertend als Saustall zu bezeichnen geht nicht. Zugegeben, ich würde in diesem Zimmer nichts finden. Aber das muss ich ja auch nicht. Wenn mich die Un-

ordnung stört, schließe ich einfach die Tür, um damit die jugendliche Privatsphäre und Selbstbestimmung zu respektieren. Sein Zimmer, seine Verantwortung.
Diese Verantwortung unseren Kindern vorzuenthalten wäre auch gar nicht fair. Die größte Herausforderung für Familien kann also die Differenzierung zwischen Eigenverantwortung, elterlicher Verantwortung und sozialer beziehungsweise gemeinsamer Verantwortung sein. Meist dominiert bei Eltern der pädagogische Hintergedanke, dass dieses oder jenes zu lernen und zu tun sei, damit Kinder sich gut entwickeln und später im Leben zurechtkommen werden. Was dabei aber völlig außer Acht gelassen wird, ist die Tatsache, dass mit dieser Haltung keine Übergabe von Verantwortung stattfindet. Stattdessen wird die Macht der sich verantwortlich Fühlenden bewahrt. Was zwar nervig, aber irgendwie auch von Vorteil ist, denn Verantwortung abzugeben, bedeutet, Kontrolle aufzugeben. Doch dazu kommen wir noch mal, wenn wir uns den Flügeln unserer Kinder widmen.
Der Weg aus diesem Dilemma ist, sich darüber Gedanken zu machen, was denn ein Teenager bereits selbst erledigen kann. Rein theoretisch alles, ob nun Kochen, Wäschewaschen, Aufräumen, Aufstehen, Schule etc. Und wenn unsere Kinder Hilfe brauchen, zum Beispiel beim Zimmeraufräumen, dann können sie darum bitten – und wir können es natürlich auch anbieten. Trotzdem braucht es ein paar Richtlinien und Regeln, damit unsere Kinder etwas mehr Orientierung haben. Unser Mantra zu Hause lautet: *Hygiene ist unverhandelbar, Sauberkeit ist notwendig, Ordnung ist relativ.* Und so haben wir uns darauf geeinigt, dass Essensreste im Zimmer tabu sind, aufgeräumt werden sollte, bevor Übernachtungsbesuch kommt

(irgendwo muss die Besuchermatte ja hin), und dass in den Gemeinschaftsräumen gilt: Jeder räumt seinen Kram weg. Aber das wohl Wichtigste während dieser Zeit ist das Vertrauen, dass wir unseren Kindern alles vermittelt und vorgelebt haben, was wichtig ist - und das alles andere mit der Zeit kommen wird. Was mir stets zu Gelassenheit verhilft, ist der Gedanke, dass vieles von dem, was mich jetzt beunruhigt oder stört, das Leben kurieren wird. Zum Beispiel mit der ersten WG ...

Verkneife dir spöttische oder sarkastische Bemerkungen Sarkastische Sprüche sind selten lustig, dafür aber verletzend. Sarkastische Äußerungen klingen wie ein Scherz, sind aber böse gemeint und sollen den anderen bloßstellen. Eigenschaften, Verhaltensweisen oder Aussagen werden verspottet, ins Gegenteil verkehrt oder ins Lächerliche gezogen – und das Vertrauensverhältnis zu unseren Kindern wird erschüttert. Kein Mädchen sollte von ihrer Mutter oder ihrem Vater für den Wunsch nach einem BH verspottet werden: »Haha, für die zwei Mückenstiche brauchst du doch keinen BH.«

Ich gebe zu, dass mich der ein oder andere Trend der Jugend auch schmunzeln lässt. Das gilt auch für meine eigenen Trends als Vierzehnjährige. (Ich sage nur Buffalos.) Ich würde meinem Sohn aber deswegen nicht sagen, dass ich finde, dass er in dieser Hose aussieht, als hätte er eingekackt. Natürlich darf man immer schauen, was die Beziehungsebene hergibt, denn Humor ist immer eine gute Sache, aber er darf nicht zum Spott werden. Unsere Familienkultur ist sehr von Schabernack und Schalk geprägt, aber im Zweifel würde ich lieber nichts zu meinen Kindern sagen, was ihre gefühlte Identität oder die Zugehörigkeit zu ihrer Peer-Group beschämen könnte. Fragwürdige Styles gehören einfach zur Pubertät dazu. Aber Überheblichkeit, Ironie, Spott und Sarkasmus tun nichts für unsere Kinder oder unsere Beziehung zu ihnen. Wir sollten niemals, wirklich niemals, die Identität oder Persönlichkeit angreifen, mit der ein junger Mensch gerade experimentiert.

Hör zu, aber mach kein Verhör daraus Ich habe einen ganz wunderbaren Kollegen – nennen wir ihn hier, um seine Anonymität zu wahren, einfach Rolf. Er ist auch Familientherapeut und arbeitet in einer medizinischen Praxis – hauptsächlich mit Kindern und Jugendlichen. Von Anfang an war ich beeindruckt von seiner Art und Weise, über und mit Jugendlichen zu sprechen. Er strahlt so viel Ruhe und Gelassenheit aus, dass er wie Baldrian wirkt. Wenn Rolf Menschen zuhört, schaut er sie zurückhaltend und wenig erwartungsvoll, aber mit ganz viel Offenheit, Neugier und absoluter Neutralität an. Er macht es Menschen leicht, sich ihm mitzuteilen, und versichert dir zu jeder Zeit des Gesprächs: Ich verstehe dich!

Er hört mehr zu, als er redet. Und wenn er redet, tut er dies wohlüberlegt. Bevor er etwas sagt, nimmt er sich (manchmal irritierend) viel Zeit, um nachzudenken. Er schaut schweigend und manchmal nickend auf den Boden, dabei sieht er aus, als würde er in Gedanken versuchen, einen Zauberwürfel zu lösen. Übrigens zaubert er tatsächlich ganz viel mit Kindern, um ihren Selbstwert und ihre Selbstwirksamkeit zu stärken. Außerdem hat er immer eine kindgerechte Metapher oder den passenden Songtext parat, um zu spiegeln, was er gehört und verstanden hat. Er bestätigt und bestärkt Kinder und Jugendliche, statt ihnen die Welt zu erklären. Vielmehr lässt er sich ihre Welt erklären, und das fasziniert mich. Er zerrt und zieht nicht, schafft es aber trotzdem, dass man wächst. Zum Teil ganz bestimmt wegen seiner guten Fragen und Ideen, aber größtenteils, weil er großen und kleinen Menschen einen Raum zur Verfügung stellt, indem sie sich selbst kennen und verstehen lernen können.

Ich erzähle das, weil ich von Rolf gelernt habe, dass zuhören oft viel wichtiger ist als reden. Klar, einer muss reden, sonst kann auch niemand zuhören. Aber das sollten nicht immer wir sein.

Menschen unterhalten sich manchmal, als würden sie Pingpong spielen. Jeder wartet nur darauf, den Ball wieder zurückschlagen zu können – die kleinste Pause wird genutzt, um die eigene Sicht der Dinge zu servieren und das Gegenüber zu überzeugen. Wenn wir es blöd anstellen und unseren Kindern nicht vernünftig zuhören, wird aus dem Pingpong auch ganz schnell Squash. Dann spielen wir gegen eine Wand. Eltern spielen vielleicht nicht gerne Squash, aber sie tun es erstaunlich oft: Sie halten immer und immer wieder dieselben Standpauken und hoffen auf ein anderes Ergebnis. Unsere Kinder kennen unseren Standpunkt meist sehr genau und müssen ihn gar nicht immer und immer wieder hören. Einfach mehr von dem zu tun, was bisher auch nicht funktioniert hat, ist ohnehin selten die Lösung.

Das aufmerksame, verstehende Zuhören hingegen wird dazu führen, dass nicht nur wir unsere Kinder und ihre Gefühle besser verstehen. Auch unseren Kindern hilft es dabei, sich selbst darüber klar zu werden, was passiert ist, was es dabei empfunden hat und welche Schlüsse es daraus ziehen will.

Wie geht es dir damit? Wie denkst du darüber? Welche Gedanken hast du dir zu dem Thema gemacht? Was hast du möglicherweise nicht bedacht? Es gibt so unendlich viele Fragen, die wir unseren Kindern stellen können ...

Auf eine Sache sollten wir aber achten: Auch wenn Zuhören wichtig ist und Fragen stellen Interesse zeigt, sollten wir es damit nicht übertreiben. In der Pubertät kommt es sonst schnell zu einem Spotlight-Effekt: Der Teenie und seine Themen rutschen ins Zentrum der Aufmerksamkeit – und das, wo sie sich doch sowieso schon überpräsentiert fühlen. Wir erinnern uns an das imaginäre Publikum. Die eigentlich gut gemeinte Fragerei kann sich schnell wie ein Verhör anfühlen. Aber unsere Kinder wohnen ja nicht auf einem Polizeirevier – und wir sind keine Cops. Der Zauber guter Gespräche liegt in einer gewissen Gegenseitigkeit.

Wenn ich sage, dass wir nicht ständig reden sollen, meine ich damit vor allem, dass wir unseren Kindern nicht ständig die Welt erklären oder ihnen Standpauken halten sollten. Was wir aber durchaus tun sollten, weil es Verbindung schafft und vorlebt, wie man sich mitteilt, ist, ihnen zu sagen, was in uns und unserem Leben vorgeht.

Wähle den richtigen Moment Elternpaare neigen dazu, sich und ihre Kinder mit Kritik und Konfliktgesprächen zu überrumpeln. Ungefragt, ohne Vorwarnung und vor allem ohne Einverständnis. Mir ist klar, dass einige Gespräche nicht verhandelbar sind, weil sie einfach sein müssen – aber in diesem Fall sollte man doch wenigstens Einfluss auf den Zeitpunkt haben, zu dem ein solches »schwieriges« Gespräch stattfindet. Ich frage meine Kinder daher nach ihrem Einverständnis oder nach einem anderen Termin. »Wir sollten zeitnah über deine Schwierigkeiten in Mathe sprechen. Würde es dir jetzt passen, oder wäre dir ein anderer Moment in den nächsten zwei Tagen lieber?«

Es kann natürlich dennoch passieren, dass Kinder auf Gesprächsangebote muffelig reagieren: Entweder, weil sie sich ausgefragt fühlen, weil sie schlichtweg nicht darüber reden wollen oder weil sie lieber mit anderen Menschen darüber sprechen. Das müssen wir akzeptieren, denn je mehr wir darauf drängen, je mehr wir bohren und nötigen, umso weniger werden unsere Kinder sich uns gegenüber öffnen wollen. Außerdem verführt vehementes Ausfragen zum Lügen – einfach nur, damit wir endlich Ruhe geben. Die Kunst besteht darin, sich anzubieten, ohne sich aufzudrängen. Wenn Kinder wissen, dass sie nicht immer zu uns kommen müssen, aber können – wird sich der richtige Moment von ganz allein finden.

Ein Hinweis vielleicht noch: Bitte kritisiere oder belehre dein Kind nicht vor seinen Freunden. Das ist unangemessen, sofern die Kritik nicht beide betrifft. Falls das Anliegen nicht warten kann, nehme ich meine Kinder immer zur Seite, statt sie vor ihren Freunden bloßzustellen. Zudem versuche ich jegliche Kritik am Morgen, vor der Schule zu vermeiden. Niemand möchte so in den Tag starten.

Gespräche lassen sich natürlich nicht immer planen. Manchmal werden wir von unseren Gefühlen oder unseren Kindern überrumpelt. Kürzlich wollte mein Sohn bei einem Freund schlafen, was aus verschiedenen Gründen aber nicht ging. Ich habe es nicht »erlaubt«. Er verschwand wütend in seinem Zimmer. Einige Eltern haben dann den Impuls, hinterherzugehen und die Sache zu erklären. Sofort. Ich mache das nicht (mehr), denn ich habe eine Sache gelernt: Kein Gespräch im Zorn! Aufräumen kann man erst, wenn der Sturm vorüber ist. Unsere Kinder müssen sich erst beruhigen und regulieren, bevor sie empfänglich für unsere Erklärungen sind.

Die besten Gespräche mit meinen Kindern habe ich übrigens, wenn diese nur Beiwerk sind oder sich zufällig ergeben. Wenn wir mit dem Hund spazieren gehen, ein Aquarellbild malen, das Katzenklo reinigen, Auto fahren oder gemeinsam kochen – dann werden sie redselig, weil der Rahmen zwanglos ist und sie nicht wie auf einer Anklagebank sitzen. Meine Kinder scheinen hier kein Einzelfall zu sein:

In Vorbereitung auf dieses Buch habe ich eine Mini-Studie unter dreißig Teenagern zwischen dreizehn und fünfzehn Jahren gemacht und sie gefragt, wann und wo sie am liebsten mit ihren Eltern sprechen: Auf Platz eins der Antworten lag mit Abstand das gemeinsame Abendessen, gefolgt von »im Auto« und »beim Spazierengehen«, »vor dem Schlafengehen« oder »wenn wir unterwegs sind«.

Falls du traurig oder besorgt bist, weil dein Teenie-Kind dir zu selten etwas erzählt, dann verzichte auf Vorwürfe à la »Nie erzählst du mir etwas!« und kreiere stattdessen gemeinsame Momente und eine einladende, aber zwanglose Atmosphäre: »Ich hab mich gefragt, ob wir am Wochenende vielleicht mal wieder in das Café gehen wollen, das du gern magst. Hast du Lust?« In meinem Buch *Krisenfest* empfehle ich zudem regelmäßige, ritualisierte Familiengespräche, zum Beispiel den Familienstammtisch. Dieser kann für allgemeine Anliegen und schöne Themen genutzt werden, aber natürlich auch für Veränderungswünsche. Aber mein wohl wichtigster Hinweis: Überlege dir gut, ob du einen vertrauten zugänglichen Moment mit deinem Kind für eine eventuell bedeutungslose Kritik opfern willst.

Dosiere (ungefragte) Ratschläge und Belehrungen wohlüberlegt Wenn unser Kind sich uns öffnet, ist das ein Geschenk für alle. Und das sollten wir annehmen. Jugendliche sind wie Rehe, vielleicht nicht genauso niedlich, aber genauso scheu. Wenn unser Kind nach Hause kommt und wir fragen (machen Eltern ja gern) »Wie war die Schule?«, lautet die Antwort vielleicht: »Scheiße!«

Dann könnten wir pingpongartig entgegnen, dass man scheiße nicht sagt oder, dass bestimmt nicht alles »scheiße« war. Gute Absicht, schlechte Umsetzung. Denn wenn wir jetzt mit einer Belehrung kontern, dann läuft das Reh vermutlich ganz schnell zurück in den Wald. Stattdessen könnten wir fragen: »Möchtest du mir erzählen, was den Tag so scheiße gemacht hat?« Dann ist die Antwort vielleicht »Weil Frau Trulla einfach kacke ist. Die ist so doof und fies, ey!« Jetzt könnten wir natürlich wieder die Moralkeule schwingen oder die Lehrerin in Schutz nehmen, obwohl wir noch gar nicht wissen, ob sie das verdient hat – oder wir zeigen Interesse an der Geschichte hinter dieser Aussage. Denn nur so werden wir den Grund für den Ärger auch herausfinden. Vielleicht wird sich dann herausstellen, dass Frau Trulla seine Mitschriften mit den Worten »schaut mal, so sollt ihr es bitte nicht machen« vor der ganzen Klasse hochgehalten hat. Das Kind fühlt sich gedemütigt, denn sogar Maya hat gelacht – und in Maya ist er verliebt. Jetzt zu entgegnen, dass das Kind aber wirklich eine Sauklaue hätte, wäre wohl das Ende des Gesprächs und des Vertrauens. Das Selbstwertgefühl bekäme wieder einen Dämpfer, und das nächste Abwehrmanöver ließe nicht lange auf sich warten. (Kritzeln hilft übrigens vielen Kindern bei der Konzentration.)

Selbstkritisch über die eigenen Schwächen und Fehler zu sprechen, fällt Jugendlichen aufgrund ihres instabilen Selbstwertes sehr schwer. Darum sind sie auch so empfindlich gegenüber unseren Ermahnungen.

Unsere Ratschläge, Hinweise und Belehrungen sollen unsere Kinder schützen, schon klar. Aber oft tun sie das Gegenteil. Unsere Kinder wissen oft selbst sehr genau, was sie falsch gemacht haben, und brauchen unseren Rat, unsere Ermahnung und unsere Vorwürfe gar nicht. Aus den meisten Geschichten lernen sie ihre Lektion auch ohne unser Zutun. Aber sie brauchen unser Ohr und unseren Trost.

Auch ständige Kommentare während der Hausaufgaben oder Hausarbeit sind übergriffig – ein Kind, das die Erfahrung macht, dass die Erwachsenen sowieso immer alles besser wissen und können, wird sich unfähig fühlen und früher oder später resignieren. Ich selbst mag auch keine ungefragten Ratschläge – eigentlich mag die niemand. Hier hilft eine einfache Frage: Möchtest du einen Rat von mir?

Rede nicht wie mit einem kleinen Kind und sei authentisch

Wenn du nicht weiterweißt, keine Antwort hast oder Zeit zum Nachdenken brauchst, sag das. Kinder wollen keine Robotereltern, sie wollen Menschen. Die Illusion der elterlichen Allwissenheit ist sowieso schon vor längerer Zeit gestorben. Unsere Kinder wissen längst, dass wir auch nur mit Wasser kochen, dass wir Fehler machen und dass wir pupsen ... Du kannst dein eigenes Dilemma also ruhig aussprechen. Kinder mögen es, wenn ihnen klar gesagt wird, was Sache ist. Wir dürfen offen aussprechen, was wir denken, fühlen und uns wünschen – solange wir dabei auf eine gewaltfreie Sprache achten und niemanden absichtlich verletzen. Wir müssen unsere Kinder nicht wie rohe Eier behandeln. Wir können mit ihnen auch über die eigenen Ängste, Befürchtungen und Unzulänglichkeiten reden.

Manchmal neigen Eltern zu subtilen Kommentaren, in der Hoffnung, dass ihre Kinder daraus selbst die richtigen Schlüsse ziehen: »Na die Küche sieht ja wieder toll aus heute« soll eigentlich heißen: »Ich möchte, dass du deine Spuren beseitigst, wenn du dir was zu essen gemacht hast.« Kinder mögen solche verdeckten Appelle nicht, denn sie sind unsicher in deren Deutung. Sie wollen wissen, woran sie sind. Jugendliche haben unter

Umständen eine lange Leitung, weil in ihrem Kopf ein großes Durcheinander herrscht – machen wir es ihnen also nicht noch schwerer. Davon hat niemand etwas.

Es hat keinen Zweck, unseren Teenies unsere Gedanken, Gefühle und Enttäuschungen vorzuenthalten – nur um des lieben Friedens willen. Dieser Frieden wäre sowieso nicht echt.

Achte auf Positivität Er hat das Zimmer aufgeräumt, aber es liegen immer noch Dinge herum? Sie hat ganz allein einen Kuchen gebacken, aber die Hälfte des Teigs klebt an der Küchenfront? Er hat sich bereit erklärt, auf den kleinen Bruder aufzupassen, aber der hat die Wand angemalt? Sie hat in Mathe schon wieder eine Vier, aber den Lesewettbewerb gewonnen?

Lasst uns der Versuchung widerstehen, unsere Kinder nur nach ihren Fehlern zu beurteilen. Sie machen jeden Tag verdammt viel richtig, und das sollten wir ihnen auch sagen. Sie mögen nun schon groß und unabhängig sein, dass wir stolz auf sie sind, hören sie sicher dennoch gern. Jeder ist jemand – wenn wir unsere Kinder aber immer nur kritisieren, werden sie anfangen zu glauben, sie wären niemand.

Distanziere dich von verbalen Angriffen auf dich Manchmal ist es Impulsivität, manchmal ist es der Ärger auf alles und jeden, manchmal ist es nur ein Missverständnis, und manchmal haben wir es vielleicht ein klitzekleines bisschen verdient, wenn wir von unseren Kindern eine verbale Klatsche bekommen.

Eltern machen sich oft Sorgen über die Respektlosigkeit ihrer Kinder. Zum einen ist es verletzend, zum anderen fürchten sie um die Beziehung. Selbstverständlich müssen wir das nicht uneingeschränkt hinnehmen – wir dürfen und müssen unseren Kindern ganz klar sagen, wenn sie unsere Gefühle verletzt oder unsere Grenzen überschritten haben. Wir dürfen nur nicht auf dieselbe Art und Weise zurückschlagen oder kapitulieren und uns völlig zurückziehen.

Wir sind die, die das Heilklima herstellen, in dem der verletzte Selbstwert – der unsere Kinder auf uns feuern lässt – wieder genesen kann. Je heftiger der Angriff, umso kleiner das Ego darunter – oder aber, umso größer die seelische Not. Einem heftigen Abwehrmanöver geht oft auch ein heftiges Eindringen in den Tanzbereich unserer Kinder voraus. Insbesondere die sehr autonomen Kinder reagieren darauf mit schweren Geschützen oder totaler Verweigerung. Manchmal haben wir, bevor wir gestochen wurden, tatsächlich in ein Wespennest gestochen – wenn auch nicht absichtlich.

In den meisten Fällen sind wir aber gar nicht unbedingt gemeint. Wir müssen nämlich verstehen, dass das Verhalten unserer Teenager in den seltensten Fällen ein tatsächlicher Angriff auf uns ist. Vermutlich haben wir das in all den Jahren Elternschaft längst verinnerlicht, denn unzählige Elternratgeber betonen immer wieder: »Unsere Kinder handeln nicht gegen uns, sondern für sich.« Die Pubertät ist eine Zeit, in der diese wohlwollende, tröstende Haltung hart auf die Probe gestellt wird. Und ich gebe ehrlich zu: Ich finde es manchmal verdammt schwer, mich nicht gemeint zu fühlen. Und nicht verletzt zu sein. Manchmal ist es aber wirklich nur ein Missverständnis, denn Teenager und Eltern können völlig unterschiedliche Sprachwelten haben – das macht die Gefahr von unabsichtlichen Kränkungen groß.

Ja, und manchmal, da kriegen wir einfach die geballte Ladung Weltschmerz ab, auch wenn wir das nicht verdient haben. Dann ist die Kunst, durchzuatmen und zu spiegeln: »Oh, da scheint ja eine ganze Menge Ärger aus dir herauszusprudeln. Ich bin bereit, mir den anzuhören, aber ich möchte nicht, dass du so mit mir sprichst.« Da es nicht immer leicht ist, so besonnen und sachlich zu reagieren, ist weggehen und atmen auch eine akzeptable Lösung – zumindest bis die eigene Wut verflogen ist.

Womit wir aber wirklich großen emotionalen Schaden anrichten können, ist unser kommunikativer und vor allem emotionaler Rückzug: Es gibt viele Eltern, die mit ihrer eigenen Verletzung nicht besser umzugehen wissen, als ihre Kinder daraufhin zu ignorieren. Funkstille. Aus Gründen des Selbstschutzes und manchmal auch als Strafe »So nicht! Das hast du jetzt davon. Sieh zu, wie du ohne mich klarkommst!«

Und noch mal: Ich kann diesen Impuls verstehen. Aber aus Erfahrung kann ich sagen, dass diese Erziehungsmaßnahme vor allem eins ist: emotionale Misshandlung. Wir schaden unserer Beziehung und unseren Kindern langfristig, wenn wir ihr Bedürfnis nach Nähe und Anerkennung in Form von Liebesentzug vernachlässigen. Wir sind die Erwachsenen, und wir dürfen Grenzen für uns ziehen, aber wir müssen einen Weg finden, mit den Grenzverletzungen umzugehen, ohne unseren Kindern auch Verletzungen zuzufügen. Wir tragen die Verantwortung für den Umgang mit unseren Gefühlen, nicht unsere Kinder. Auge um Auge ist keine Option.

Wenn wir mit unseren Kindern auf eine verbindende und wertschätzende Art und Weise in Kontakt sein möchten und wollen, dass unser Umgang mit ihnen bei ihnen Wurzeln wachsen lässt statt Dornen, dann werden wir uns um eine gewaltfreie Kommunikation bemühen müssen. Oberste Priorität haben dabei für mich der Schutz ihres Selbstwertes, die Achtung ihrer (experimentellen) Identität sowie die Wahrung ihrer Würde und Selbstbestimmung.

Vielleicht werden wir auch unsere Sprecher- und Zuhörerfertigkeiten weiterentwickeln müssen: mit Ich-Botschaften, die das Hier und Jetzt beziehungsweise konkrete Situationen und Verhaltensweisen ansprechen und auf unserer authentischen Gefühls- und Gedankenwelt basieren. Und wenn wir zuhören, dann tun wir dies nicht, um zu antworten, sondern um zu verstehen. Wir nehmen auf, was uns eröffnet wird, und geben wieder, was wir gehört und verstanden haben. Wir geben Feedback, wenn es gewünscht ist – möglichst positiv und konstruktiv. Und wir stellen urteilsfreie Fragen, wenn wir etwas noch nicht verstanden haben. Klingt ziemlich kompliziert? Ich glaube, so kompliziert ist es gar nicht, wenn wir es nur schaffen, unser Herz sprechen zu lassen.

Wir sollten die Qualität unserer Verbindung oder Kommunikation am Ende nur nicht daran messen, ob unsere Kinder tun, was wir wollen. Darum geht es nicht! Das wäre natürlich ein netter Nebeneffekt, aber die Pubertät ist die Zeit, in der wir lernen müssen, miteinander in Verbindung zu bleiben, obwohl wir unterschiedlicher Meinung sind, obwohl unsere Kinder auf ihre eigenen (auch mal falschen) Entscheidungen bestehen und obwohl unsere Bindung manchmal bis aufs Äußerste gespannt sein wird – wie ein Gummiband. Wir dürfen nur nicht den Fehler machen, es dann loszulassen. Wer nicht einsieht, dass Erziehung ein wechselseitiger Prozess ist, wird spätestens in der Pubertät seiner Kinder einen hohen Preis dafür zahlen.

KAPITEL 3
FLÜGEL

Während ich diese Zeilen schreibe, ist Frühling. Ich habe mir zum Weiterschreiben meines Buches ein paar Tage praxis- und familienfrei genommen und mich in ein Gutshaus, mitten in der Mecklenburgischen Walachei, eingemietet. Ich sitze an meinem kleinen Arbeitstisch, der vor einem großen Fenster mit atemberaubender Aussicht steht. Der Blick ist wunderbar frei, und ich schaue auf schier endlos wirkende Felder und Wälder. Den ganzen Tag kann ich hier sitzend Rehe, Kraniche und Bussarde beobachten, deren Anblick mich jedes Mal beglückt. Direkt vor meinem Fenster steht eine alte Esche, in deren Geäst sich eine Vogelfamilie ein Nest gebaut hat. Und ich kann viele kleine Schnäbel sehen, die darauf warten, flügge zu werden und fliegen zu lernen. Bis sie das Nest eines Tages ganz verlassen – so wie auch unsere Kinder.

Ich glaube, viele Menschen denken, dass Vögel von ganz alleine und völlig auf sich gestellt das Fliegen lernen – aber das stimmt nicht. Bei den meisten Vögeln spielen die Eltern eine sehr wichtige Rolle, ihren Jungen das Fliegen beizubringen und sie auf ihr Leben in der freien Wildbahn vorzubereiten. Dies tun sie durch …

- Demonstration ihrer Flugkünste
- Ermutigung ihrer Kinder zum Ausprobieren
- Zusehen bei Übungsflügen
- schrittweise Steigerung des Schwierigkeitsgrades und somit der Fähigkeiten

- Belohnung und Bestätigung
- Vertrauen in die Flugfähigkeit ihrer Vogelkinder

Und damit geben sie uns eine ganz wunderbare Blaupause, wie wir unseren Menschenkindern das Fliegen beibringen können. Denn Kindern Flügel zu geben heißt, ihnen Freiheit, Autonomie und Unterstützung zu schenken, damit sie sich entwickeln, wachsen und ihre eigenen Fähigkeiten entfalten können. Es geht nicht darum, einfach nur das Fenster zu öffnen und ihnen einen guten Flug zu wünschen. Sondern darum, ihnen Werkzeuge, Ressourcen, Verantwortung und das nötige Vertrauen zu schenken, sodass sie ihre Unabhängigkeit und ihr Potenzial vollends ausleben können.

Das ist eine große Aufgabe und keinesfalls einfacher, als Kindern Wurzeln zu geben. Für viele Eltern ist das Loslassen ihrer Kinder viel schwerer als das Festhalten. Aber wir dürfen nicht vergessen, dass die Ablösung von den Eltern die Hauptentwicklungsaufgabe der Pubertät ist. Doch dafür brauchen sie uns, so paradox es auch klingen mag. Denn diese Ablösung ist kein einseitiger, sondern ein koevolutiver Prozess, der sich im Familienkontext vollzieht und in dem sich Eltern und Kinder wechselseitig beeinflussen.

Laut dem Sozialwissenschaftler Klaus Hurrelmann vollzieht sich die Ablösung unserer Kinder im Laufe von Pubertät und Adoleszenz auf vier Ebenen:

1. Auf der *psychosozialen* Ebene bedeutet Ablösung, dass unsere Kinder sich zunehmend weniger mit uns identifizieren und uns auch weniger imitieren. In diesem Zusammenhang lässt sich dann eine wachsende Orientierung an anderen Bezugspersonen beobachten, wie Peers, Freunden und natürlich ers-

ten Liebespartner*innen. Unsere Kinder richten ihr Leben, ihre Entscheidungen, Handlungen und Gefühle nun immer mehr an ihnen aus.

2. Auf der *kulturellen* Ebene müssen und wollen unsere Kinder nun einen Lebensstil entwickeln, der sich deutlich von unserem unterscheidet. Sie wollen sozusagen einer eigenen Subkultur angehören. Eine Subkultur, die sich anders kleidet, anders redet, anders einrichtet, andere Hobbys und Interessen hat, eigene Musik hört, eigene Bücher liest, eigenen Accounts folgt und natürlich eigene Ansichten hat.
3. Auf der *räumlichen* Ebene lösen sich unsere Kinder schrittweise von uns. Das eigene Zimmer ist nun ihr eigenes Territorium, in dem sie nur ungern ungebetenen Besuch bekommen oder Kommentare zum Grad der Verwüstung hören wollen. In diesem Territorium wächst der Bestand an persönlichen Gegenständen, mit deren Anschaffung wir als Eltern immer weniger zu tun haben und auf deren Nutzung oder Mitnutzung wir immer weniger Einfluss haben – bis unsere Kinder schlussendlich eines wehmütigen, aber stolzen Tages ausziehen. Zuvor werden sie ohne uns auf Klassenfahrten in europäische Hauptstädte fahren und erste Wochenendtrips oder Urlaube mit ihren Freunden unternehmen. Es gibt vermutlich noch Absprachen über Bewegungsradius und Ausgehzeiten, doch diese Zeiten verbringen unsere Kinder in eigener Einteilung, ohne dass wir immer wissen, wo sie sind oder was sie tun. Mit der räumlichen geht so auch eine zeitliche Ablösung einher.
4. Auf der *materiellen* Ebene verfolgt die Ablösung das Ziel der ökonomischen Selbstständigkeit. Dieser Prozess beginnt mit dem ersten Taschengeld und endet mit der völligen finanziellen und wirtschaftlichen Autonomie, frei von Abhängigkei-

ten. Tatsächlich erreichen viele Jugendliche hierzulande diesen Status oft erst zum Ende ihres dritten Lebensjahrzehntes, insbesondere die, die studieren oder sich erst noch etwas länger ausprobieren wollen. Obwohl der Zeitpunkt des Eintritts in die Pubertät sich immer weiter nach vorn verschiebt, verschiebt sich der Zeitpunkt der ökonomischen Unabhängigkeit immer weiter nach hinten, was die Zeit der Ablösung gewissermaßen immer länger werden lässt.

Was mir hier allerdings noch fehlt, ist die Ebene der Verantwortung. Natürlich hat Selbstverantwortung auch eine materielle, räumliche, kulturelle und psychosoziale Komponente, aber es geht mir hier vor allem darum, die Verantwortung für die eigenen Entscheidungen und deren Konsequenzen vollends zu übernehmen, genau wie alle Rechte und Pflichten, die das eigene Leben betreffen. Damit verbunden ist natürlich auch die Ebene der rechtlichen Ablösung sowie die Übernahme der sogenannten Alltagsverantwortung für eigene Belange: zum Beispiel Gesundheit, Ernährung, Schlaf, Bildung, Hygiene etc.

Auf all diesen Ebenen hat der Prozess der Ablösung natürlich schon lange vor der Pubertät begonnen und ist – meiner Erfahrung nach – auch mit dem Ende der Pubertät nicht immer abgeschlossen. Das Ablösen aus wirtschaftlichen oder emotionalen Abhängigkeiten kann zu einem Lebensthema werden, wenn dies in der Pubertät nicht gelingt. Insbesondere mit der eigenen Familiengründung und Elternschaft kann das Thema Entelterung noch einmal sehr präsent aufleben und zu heftigen Konflikten in der selbst gegründeten Familie beziehungsweise Partnerschaft führen.

Zwei Extreme sind hier zu beobachten: Einige, mittlerweile erwachsene Jugendliche mussten sich einst so radikal aus ihrer

Eltern-Kind-Beziehung lösen, dass sie heute gar keine Beziehung zu ihren (damals klammernden oder kontrollierenden) Eltern haben oder sie nur sehr oberflächlich/vorgetäuscht in ihres und das Leben ihrer Kinder lassen. Die Jugendlichen wiederum, die zu wenig Fürsorge und Anerkennung bekamen, bleiben manchmal ein Leben lang höchst abhängig von der Meinung ihrer Eltern und dem Wunsch nach elterlichem Zuspruch. Oder sie lassen sich zeitlebens wichtige Entscheidungen diktieren. Damit will ich keinesfalls sagen, dass wir im Erwachsenenalter nichts mehr von unseren Eltern annehmen sollten, allerdings darf vorher geprüft werden, welche Vorstellungen und Erwartungen damit verbunden sind – das gilt sowohl für finanzielle als auch für beraterische oder organisatorische Unterstützung.

Unsere Aufgabe besteht also darin, unsere Kinder bei der Ablösung zu unterstützen, ohne die Führung gänzlich aus der Hand zu geben. Das heißt im Umkehrschluss, dass wir unsere Kinder führen müssen, ohne dabei ihre Autonomie und Ablösung zu gefährden. Es ist ein schmaler Grat, der auch dadurch so schwer zu beschreiben und zu beschreiten ist, dass jedes Kind einzigartig ist. Einige Kinder brauchen vielleicht mehr Rahmung oder mehr Grenzen, andere sind schon immer so autonome Kinder gewesen, dass jeder Versuch, ihnen einen Schubs in die richtige Richtung zu geben, in einer trotzigen Kehrtwende enden würde. Trotzdem brauchen unsere Kinder klare Richtlinien – und sei es nur, um sich von ihnen abheben zu können.

Außerdem: Unsere Kinder mögen sich einigen Grenzen zwar vehement widersetzen, aber sie fühlen sich auch vernachlässigt und alleingelassen, wenn wir gänzlich darauf verzichten. Dieses Spannungsfeld ist der Motor ihrer Entwicklung – denn die Persönlichkeitsentwicklung unserer Kinder vollzieht sich zwischen Bindung und Trennung, zwischen Nähe und Distanz, zwischen

Abhängigkeit und Unabhängigkeit, zwischen elterlicher Führung und Selbstverantwortung.

Kinder, und nicht zu vergessen auch die Eltern gewinnen an Autonomie, Freiheit und Selbstständigkeit, gleichzeitig geben sie aber ihre Kindheitsidentität und damit ein Stück Geborgenheit auf. Während unsere Kinder früher vor allem um Identifikation und Imitation mit den Eltern bemüht waren, bedarf die Bewältigung der adoleszenten Herausforderungen genau das Gegenteil. Dieser Prozess führt unweigerlich zu innerlichen und äußerlichen Spannungen sowie zu Konflikten – langfristig werden unsere Kinder dadurch aber frei sein und besser fliegen können.

KONFLIKTE ALS ENTWICKLUNGSHELFER

Der Ablöseprozess vollzieht sich in einer schwierigen Balance zwischen bleibender emotionaler Verbundenheit und Abgrenzung. Die Kunst für alle besteht darin, die wachsende Unabhängigkeit zuzulassen und gleichzeitig dafür zu sorgen, dass Zuneigung, Fürsorge und Kommunikation aufrechterhalten werden. Daraus ergibt sich für uns ganz automatisch die Gelegenheit und auch Notwendigkeit, mit unseren Kindern Konflikte auszutragen, die ihnen auf der Autonomieebene die Individuation **gegen** uns Eltern ermöglicht. Andererseits sollten diese Konflikte die Bindungsdimension nicht beeinträchtigen, damit die Individuation auch **mit** uns Eltern passieren kann. Die Andersartigkeit darf konstruktiv erstritten werden, aber sie darf nicht unsere Liebe kosten. Sie brauchen uns als Sparringpartner, wie Jesper Juul es immer nannte: Als Eltern bieten wir gelegentlich maximalen Widerstand, fügen aber keinen bis minimalen Schaden zu.

Stehen Eltern für diese Form des Sparrings nicht zur Verfügung, stellt dies nachweislich ein Entwicklungsrisiko dar. So gut und wichtig die Liberalisierung der Erziehungslandschaft auch ist, sie darf nicht dazu führen, dass wir unseren Kindern als Reibungsfläche verloren gehen. Das würde ihnen die Abgrenzung und Identitätsfindung erschweren. Und uns übrigens auch. Auch wir Eltern sind mit Abgrenzungen- und Identitätsveränderungsprozessen beschäftigt, wenn unserer Kinder sich abnabeln.

Es ist ja heute ohnehin schwieriger, sich von den eigenen Eltern abzugrenzen – und das umso mehr, je bemühter Eltern versuchen, mehr Freund oder Freundin als Sparringpartner zu sein. Als ich neulich mit einem neuen Hemd nach Hause kam, sagte mein Sohn zu mir: »Hey, du siehst aus wie Johanne aus meiner Klasse. Die hat dasselbe Hemd – und auch ein Nasenpiercing!« Das kann natürlich passieren und ist auch nicht wirklich schlimm – denn die Trends unter Jugendlichen und (jung gebliebenen) Eltern gleichen sich mit jeder Generation mehr an. Einige meiner Styles ähneln tatsächlich den Styles der Teenie-Girls (oder andersrum), weil die Grenzen unter anderem aufgrund von Social-Media-Einflüssen verwischen.

Unsere Kinder wollen sich aber in irgendetwas unterscheiden, um zu spüren, dass sie gerade ihre ganz eigene Identität entwickeln. Zu dieser eigenen Identität gehört auch, anderer Meinung zu sein als die Eltern. Und so ist es nicht nur unser Recht, sondern auch unsere Pflicht, uns mit unseren Kindern zu streiten – auf respektvolle und konstruktive Art und Weise versteht sich.

Wir dürfen aber nicht erwarten, dass unsere Kinder uns das sofort danken. Es muss uns auch nicht unbedingt Spaß machen oder zutiefst erfüllen. Das wäre auch irgendwie seltsam. Aber wir müssen aushalten lernen, dass auch mal Fetzen fliegen und

Türen knallen. Denn auch wenn Streit in der Pubertät alle Beteiligten nervt, so kann er unsere Kinder stärken und selbstbewusster machen. Zu diesem Schluss kommt auch eine US-amerikanische Studie[16], die Teenager aus den unterschiedlichsten Familien über mehrere Jahre beobachtet und befragt hat. Demnach entwickelten vor allem diejenigen Teenager ein gesundes Selbstbewusstsein, die häufiger im Schutz der Familie streiten und dabei den eigenen Standpunkt vertreten durften. Und diese Erkenntnis deckt sich – wie du später sehen wirst – spannenderweise auch mit dem, was Gabriel Kelly mir im Interview über seine Erfahrungen mit Streit zu Hause erzählt hat.

Die heimischen Auseinandersetzungen haben scheinbar eine stabilisierende Wirkung, auch darauf, wie Jugendliche mit Gruppendruck umgehen. Denn die Kinder der Studie, die zu Hause fundierte und konstruktive Streitgespräche – zum Beispiel über Taschengeld, Ausgehzeiten, Regeln und Haushaltspflichten – hatten, lernten dadurch ihren eigenen Standpunkt besser kennen und konnten sich darin üben, diesen auch zu argumentieren. Das stärkte ihre Position und machte sie weniger anfällig für negative Einflüsse, Alkohol und Drogen. Es wird vermutet, dass Teenager, die sich auch unter Stress mit brisanten Themen an ihre Eltern wenden konnten, weniger das Gefühl hatten, übermäßig von ihren Freunden abhängig zu sein. Dementsprechend ließen sie sich auch nicht so leicht, aus Angst vor Ablehnung, von ihnen beeinflussen. Jedoch: Streit ist nicht gleich Streit. Als Streiten im förderlichen Sinne beschreiben die Forscher Überzeugungsversuche mittels sachlicher Argumentation auf beiden Seiten – und nicht mittels Quengelei, elterlicher Dauermonologe, Beschimpfungen oder emotionaler Erpressung.

Eine Studie des Max-Planck-Instituts[17], das Streitmuster in Familien untersuchte, kam zu dem Schluss, dass es darauf ankommt, ob in einem Streit konstruktiv und sachlich diskutiert oder die Beziehungsebene infrage gestellt wird. Ein Streit kann heftig sein, darf jedoch nicht die Beziehungsebene oder den Selbstwert angreifen – aber das wussten wir ja eigentlich schon.

Fazit: Kinder, die gar nicht oder nur auf einer Beziehungsebene streiten lernen, zeigen eine geringere Konfliktfähigkeit und in der Folge ein geringeres Selbstvertrauen. Die Herausforderung für uns Eltern besteht darin, sich spätestens jetzt vom *Prinzipienprinzip* zu verabschieden. Wie gerne würde ich zu Hause manchmal einfach sagen: »Nein, weil ich es sage«, »Nein, weil wir das noch nie so gemacht haben«, »Nein, weil ich das in deinem Alter auch nicht durfte«, »Nein, weil ich nicht nachgeben möchte« oder »Nein, weil ich heute schlechte Laune habe«. Aber das wäre keine faire Auseinandersetzung mit dem Anliegen meines Kindes, und ich würde es damit um die Erfahrung bringen, sich für sich selbst einzusetzen. Natürlich ist ein Nein manchmal auch einfach ein Nein – je nach Anliegen und Tagesform. »Nein, das diskutiere ich jetzt nicht mit dir. Ich habe es so entschieden.« Aber das sollte nicht die Basiskultur für Gespräche und Entscheidungen sein.

Die Ablösung unserer Kinder unterstützen wir nachweislich am besten mit einem anregungsreichen Familienklima. Dieses ist geprägt von Toleranz gegenüber anderen, einem hohen Grad an wechselseitiger Wertschätzung, einem geringen Ausmaß an Normorientierung, geringer Kontrolle und Ermutigung zum Ausprobieren – damit einhergehen eine hohe Fehlertoleranz und Kommunikationsbereitschaft.

Wie wir wissen, entfaltet sich das Selbstbewusstsein unserer Kinder nur langsam zu einem sicheren Grundgefühl und ist von unserer Unterstützung und unserem Zuspruch abhängig. Deshalb ist es wichtig, dass wir ihnen dabei helfen, Freude an der eigenen Schaffens- und Überzeugungskraft und Vertrauen in ihr eigenes Können zu entwickeln.

Viele Eltern haben Angst davor, sich »rumkriegen« zu lassen. Sie fürchten, dass das Kind spätere Grenzen nicht mehr respektieren wird, wenn sie hier und da mal eine öffnen. Auch ich fühle mich manchmal von der Hartnäckigkeit meiner Kinder unter Druck gesetzt und frage mich dann, ob ich jetzt wirklich nachgeben sollte – oder ob ich damit nur ihren Egozentrismus fördere.

Sofern meine Kinder aber gute Argumente haben, denen ich auf der Sachebene nichts Vernünftiges entgegenzusetzen habe, die weder eine sinnvolle Familienregel noch unsere gemeinsamen Werte verletzen, wäre es nur eine Demonstration meiner elterlichen Macht, wenn ich bei meinem Prinzipien-Nein bleibe. Auf diese Weise fordern meine Kinder mich immer wieder heraus, meinen Standpunkt zu überprüfen und mit Argumenten zu untermauern – aber ich tue dasselbe mit ihnen.

Dadurch bekommen sie eine Mitverantwortung für die Lösung – und das zahlt sich aus. Im Rahmen der letzten beiden, voneinander völlig unabhängigen Zeugnisgespräche meiner großen Kinder betonten beide Klassenlehrerinnen, dass meine Kinder durch eine ausgesprochen hohe Sozialkompetenz auffallen würden. Sie wären verträglich und eine große Hilfe im Streit zwischen anderen sowie stets zugänglich für Gespräche über eigenes Fehlverhalten.

Ich erzähle das hier nicht, um anzugeben. Wir haben (schulisch und innerfamiliär) durchaus unsere Baustellen. (Ich erinnere an den ausgetauschten Berliner. Wo waren Empathie und Sozialkompetenz da eigentlich?) Aber ich möchte damit zeigen, dass wir keine Angst davor haben müssen, unsere Kinder eine gut geführte Debatte gewinnen zu lassen. Sie werden dadurch nicht zu Tyrannen, höchstens zu Diplomaten.

Ich habe übrigens auch kein Problem damit, mich bei meinen Kindern zu entschuldigen, wenn ich einen Fehler gemacht habe – und ich mache einige Fehler. Genau wie meine Kinder, und auch sie können sich wunderbar entschuldigen. Vielleicht liegt das daran, dass wir die Entschuldigungen wertschätzen und annehmen – ohne Schadenfreude, Besserwisserei und Nachtreten. Es geht nicht darum, keine Fehler zu machen oder keine Regeln zu verletzen. Es geht darum, wie wir damit umgehen, wenn es passiert. Krisen- und Konfliktkompetenz ist wichtig! Noch wichtiger aber sind unser Mindset und unsere Beziehung.

Bei jedem Konflikt haben wir die Wahl: Wir können die Differenzen als etwas Trennendes oder als etwas Verbindendes gestalten – als Mauer oder als Brücke. Übrigens gibt es gar nicht unbedingt mehr Konflikte in der Pubertät, sie werden nur heftiger.

FLUGHILFE: FREIGEBEN STATT LOSLASSEN

Trotz all unserer Bemühungen und eines Klimas, das von Offenheit geprägt ist, kann es sein, dass Kinder nicht alle Themen mit uns besprechen wollen. Kindern Flügel zu schenken, bedeutet auch zu akzeptieren, dass wir nicht für alle Anliegen ihre Anlaufstelle sind.

Mein Sohn hat von seinem Freund zu seinem fünfzehnten Geburtstag eine Kette mit einem Kreuz geschenkt bekommen. Er erzählte uns, dass er sich diese Kette gewünscht habe, wollte auf die aus Interesse gestellte Frage nach seinen Beweggründen beziehungsweise der Bedeutung der Kette aber nicht antworten.

Er sagte nur, dass Gott ihn gerade beschäftige, wieso, wisse er selbst nicht. Bis er auf das Gymnasium wechselte, besuchte er eine freie Schule in christlicher Trägerschaft. Obwohl wir selbst keine Christen sind, gefiel uns das Konzept einfach gut. Für uns war es auch völlig in Ordnung, dass unsere Kinder dadurch eine christliche Prägung erhielten. Er wusste also, dass wir dem Thema gegenüber sehr offen eingestellt sind, sah in uns aber dennoch nicht die geeigneten Gesprächspartner.

Wenn ich mich so zurückerinnere, war es das erste und bisher einzige Mal, dass wir eine so klare (wenn auch freundliche) Abfuhr von ihm bekommen hatten – dementsprechend ungewohnt war es, zumindest für mich. Seine Entscheidung, darüber nicht reden zu wollen, nicht zu respektieren, stand dennoch nie zur Debatte. Ich versicherte ihm, dass er jederzeit zu mir kommen könne, wenn er seine Meinung ändere – es aber nicht muss. Weder jetzt noch irgendwann.

Kinder müssen sich von ihren Eltern unterscheiden dürfen, und vielleicht war die Auseinandersetzung mit der christlichen Religion für ihn gerade ein gutes Instrument zur Abgrenzung von uns. Vielleicht konnte er seine Faszination für Gott auch selbst einfach noch nicht verbalisieren. Oder er wollte erst einmal ohne uns mit seinem Glauben experimentieren. So oder so ist das in Ordnung.

Wir werden uns sukzessive daran gewöhnen müssen, von bestimmten Bereichen der Lebenswelt unserer Kinder ausgeschlossen zu sein. Das auszuhalten, ohne das Vertrauen zu verlieren, ist jetzt unser Job. Unsere Kinder geben ja nicht die Beziehung zu uns auf, sondern nur die Abhängigkeit, von der diese Beziehung geprägt war. Sie verändert sich einfach. Vielleicht habe ich in meinem Mamaleben zu viele Feengeschichten vorgelesen, aber ich stelle mir die Beziehung wie einen (gutartigen) Formwandler vor.

Eltern wird immer gesagt, sie müssten loslassen. Aber wer lässt schon gerne los, was er liebt? Ich finde das Wort »Freigeben« um einiges stimmiger als das Wort Loslassen. Wir geben unsere Kinder frei – wir schenken ihnen ihre Freiheit. Sie hat uns ohnehin nie gehört. Aber Kinder wollen nicht nur Freiheit. Sie wollen Freiheit, die sich geborgen anfühlt und die nicht mit unserer Liebe konkurriert.

Sie wollen …

- die Freiheit, geliebt zu werden, ohne uns gefallen zu müssen.
- die Freiheit, die Verantwortung für sich selbst zu übernehmen.
- die Freiheit, Entscheidungen zu treffen und Fehler zu machen.
- die Freiheit, herauszufinden, wozu sie fähig sind. Und wozu nicht.
- die Freiheit, zu werden, wer sie sind.
- die Freiheit, ihre Flügel zu benutzen.
- die Freiheit zu fliegen.

Natürlich können sie anfangs noch nicht souverän mit ihren Flügeln und der Flugkraft umgehen. Sie werden flattern, straucheln, abstürzen, Federn lassen und uns beim Versuch, ihre Flügel zu kontrollieren, diese mächtig um die Ohren hauen. Sturzflüge, Bruchlandungen und Kollateralschäden sind unvermeidbar.

Hier braucht es unseren Mut und unser Vertrauen, aber auch einen Rahmen, in dem unsere Kinder ihre Freiheit in Sicherheit erproben können. Wir müssen unsere Kinder ermutigen, bestätigen und bestärken, aber auch schützen – genau wie die Vogeleltern vor meinem Fenster es gerade tun.

Leider sind wir damit sehr auf uns allein gestellt. Das Freigeben und Unabhängigwerden ist ja auch deswegen für alle Beteiligten so schwer, weil es kaum gesellschaftliche Hilfestellungen oder Muster gibt. Die Ablösung ist einfach kein klar definierter und organisierter Akt. Irgendwie ist das gut, weil es Raum für Individualität lässt, gleichzeitig fehlt es dadurch an Orientierung und Inspiration. Unsere Kinder wollen nicht nur eine Position in der Familie oder im Freundeskreis finden, sie wollen auch wissen, wo sie in der Gesellschaft ihren Platz haben.

Kollektive Erwartung, individuelle Umsetzung: Jede Familie ist damit eigentlich auf sich allein gestellt. Zudem haben wir in unseren Kulturkreisen nur sehr wenige Rituale etabliert, die diesen Prozess symbolisch unterstützen. In anderen Kulturkreisen gibt es Boys-to-Men- und Girls-to-Woman-Initiationen, aber hier bei uns sind wir, bis auf Jugendweihe, Konfirmation oder Firmung, auf uns allein gestellt. Das heißt aber auch: Wir können die Meilensteine unserer Kinder ganz individuell feiern. Und hier dürfen wir unserer Fantasie freien Lauf lassen und uns ein wenig mehr einfallen lassen als das erste offizielle Bier zum sechzehnten Geburtstag.

Meine liebe Bekannte Rebecca Lina, Schauspielerin und Bestsellerautorin, hat mit ihrer Tochter beispielsweise die erste Regelblutung genutzt, um ein Übergangsritual zu zelebrieren, das die Verwandlung vom Mädchen zur Frau würdigt. Oder wir pflanzen symbolisch gemeinsam mit unseren Kindern einen Baum, um den sie sich dann ganz allein kümmern können.

Statt einer klassischen Jugendweihe haben wir uns, als mein Sohn in der achten Klasse war, für eine sehr persönliche Variante entschieden. Wir luden alle Menschen, die unserem Sohn wichtig sind – also ganz viel Familie sowie seine und unsere wichtigsten Freunde – zu einem großen Fest ein. Nachdem unser Sohn seine Gäste mit einer kurzen, verlegenen, aber ehrlich herzlichen Ansprache begrüßte, hielten wir eine Rede für ihn. Eine persönliche Rede, die aus unserer Feder und von Herzen kam. Doch der Höhepunkt seines Festes war das Segensritual: Dazu stellten sich all seine Gäste in einem Spalier auf. Wir gaben unser Kind am Anfang dieses Tunnels aus Menschen, die ihn lieben, ab und nahmen ihn am anderen Ende als Jugendlichen wieder »entgegen«. Er ging von Mensch zu Mensch und bekam von jedem ein paar persönliche Worte, einen kleinen symbolischen Gegenstand für den neuen Lebensabschnitt und eine herzliche Umarmung. Und selbstverständlich lief dabei kitschige Musik im Hintergrund, damit möglichst kein Auge trocken blieb. Danach sangen wir alle gemeinsam ein umgedichtetes Lied für ihn. Und obwohl insbesondere die Gäste, die bis dahin nur die klassische Jugendweihe oder Konfirmation kannten, anfangs sehr kritisch waren, erzählten sie uns hinterher, dass es die schönste und vor allem persönlichste Zeremonie war, die sie je erlebt hatten.

Am Nachmittag taten sich dann noch alle Männer der Familie zusammen und »entführten« unseren Sohn zu seiner Boy-to-Men-Initiation. Sein Opa hatte ein Brot gebacken, das sie gemeinsam brachen, der andere Opa hatte einen Baum besorgt, dessen Wurzeln gemeinsam eingegraben wurden – und neben diesem Baum verbuddelten sie auch eine Zeitkapsel. Und wenn mein Sohn diese kleine Schatztruhe eines Tages wieder ausgräbt, wird er darin eins von seinen alten Spielzeugen finden, ein Gruppen-Polaroid von der Männerrunde sowie einen Brief von jedem Opa, jedem Onkel und natürlich seinem Papa.

Zum krönenden Abschluss dieses besonderen Tages kam am Abend zur Gartenparty auch noch ein guter Freund von uns, der ganz viele Trommeln mitbrachte. Und so haben wir alle gemeinsam ein großes Tam-Tam gemacht, um die Jugend unseres Sohnes zu begrüßen. Was für ein Tag!

Aber Obacht: Nicht alle Jugendlichen wollen solche Rituale, und das gilt es zu respektieren. Aber manchmal dürfen wir ihnen auch über die Straße helfen, über die sie sich nicht vorstellen können zu gehen. Denn auch wenn ihnen die Aufmerksamkeit vielleicht unangenehm ist, so profitieren sie doch ungemein von der Symbolik dieser Happenings.

Neben Ritualen, die das Neue einleiten, können wir aber auch Rituale beibehalten, die in den Zeiten der Veränderung Konstanz verkörpern. So bekommen meine Kinder immer noch einen Kummer-Kakao mit Marshmallows, wenn sie traurig sind, oder ihren »bunten Teller«. Als sie klein waren, gab es manchmal fertige Teller zum Abendessen. Meist dann, wenn eins der Kinder schon sehr müde oder traurig war und das Selbstschmieren in einem Nervenzusammenbruch hätte enden können. Auch heute, Jahre später, schmecken diese bunten Teller für unsere Kinder noch immer nach Geborgenheit und Fürsorge.

SELBSTVERANTWORTUNG FÖRDERN

Immer wieder erlebe ich Erwachsene, die sich über das Fehlverhalten, die Faulheit und das mangelnde Verantwortungsbewusstsein ihrer »Pubertiere« aufregen. Dabei lässt sich schon an dieser Wortkreation erkennen, dass es auch uns gegenüber unseren Kindern an Wertschätzung fehlt – und nicht nur andersrum, wie wir ja gern feststellen: »Du könntest ruhig etwas dankbarer sein, dafür, was ich alles für dich tue!«

Verantwortungen für die anderen

Vielleicht ist es so etwas wie Tradition, Generation um Generation ein kollektives Klagelied auf die Jugend zu singen. Aber selbst wenn dem so ist, störe ich mich sehr an dem fehlenden Mehrwert und der mangelnden Selbstkritik dieser ganz besonderen Art von Hymne. Denn dabei vergessen wir zwei Dinge: Zum einen, dass Jugendliche entwicklungsbedingt (unter anderem aufgrund erhöhter Risikobereitschaft und mangelnder Impulskontrolle) noch nicht vollumfänglich agieren können, wie wir es gern hätten. Zum anderen, dass wir selbst es sind, die die Verantwortungsübernahme unserer Kinder vereiteln.

Wir sind aktuell von einer Erziehungslandschaft umgeben, die, zumindest teilweise, mehr von der Angst, unseren Kindern zu schaden, geprägt ist als von Vertrauen in ihr Potenzial. Das liegt zum einen daran, dass die meisten Eltern ihre Kinder unbedingt vor dem schützen wollen, was ihnen selbst Schlechtes in der Kindheit widerfahren ist, aber zum anderen auch daran, dass wir heute regelrecht überflutet werden von Informationen rund um Erziehung und Entwicklungsrisiken. Wenn wir also verstehen wollen, warum es Eltern so schwerfällt, ihren Kindern die Verantwortung für sich zu übergeben, müssen wir erst verstehen, wie Eltern heute geprägt und unter Druck gesetzt werden.

Ich möchte an dieser Stelle keinesfalls das Konzept der bedürfnis- und beziehungsorientierten Erziehung infrage stellen – ich möchte aber darauf aufmerksam machen, dass die Interpretation dessen, was bedürfnisorientiert heißt, manchmal ausufert oder für andere Ideologien und Konzepte missbraucht wird. Auch auf dem Coachingmarkt für Eltern wird gern und viel mit Angst gearbeitet und auf Defizite hingewiesen, um dann mit dem passenden Kurs die Lösung zu versprechen – und die glückliche Kindheit gleich noch mit.

Jedes Mal, wenn ich Instagram öffne, prasseln verdammt viele Eindrücke auf mich ein. Ich verliebe mich in Sekundenschnelle in skandinavische Kinderzimmer und die Mütter, die sie eingerichtet haben. Ich entdecke Küchen, die teilweise extra auf Kinderhöhe gebaut und mit einen eigenen Mini-Kühlschrank für die Kleinsten ausgestattet sind, damit deren Selbstwirksamkeit optimal und Montessori-gerecht gefördert werden kann. Ich sehe, wie andere Mütter mit ihren Teenie-Töchtern coole Tanzvideos machen und wie die goldene Stunde das Wohnzimmer irgendeiner Momfluencerin in atemberaubendes Licht taucht – während das Sonnenlicht, das durch meine Scheibe fällt, mich nur daran erinnert, dass ich mal wieder saugen und Fenster putzen müsste. Gleich darauf ein Video mit Lerntipps für konzentrationsschwache Schüler, gefolgt von einer Bastelanleitung für ruckizucki Makramee-Ostereier. Nichts davon habe ich meinen Kindern bisher ermöglicht. Ich sehe Videos von Familien, die um die Welt reisen und in ihrem Voiceover vor Dankbarkeit überschäumen, weil sie nun endlich Zeit für ihre Kinder haben. Das Einzige, was ich in diesem Moment habe, ist ein schlechtes Gewissen. Aber das ist nicht die Schuld oder Verantwortung dieser Influencer. Ich müsste ihnen ja nicht folgen. Es ist einfach die Masse an Eindrücken, guten Ideen und schönen Bildern, die mir leise zuflüstert: »Da geht noch mehr, Romy!«

Versteh mich nicht falsch: Ich liebe Montessori (wirklich!) und Vorhänge, die farblich zu den Socken meiner Kinder passen. Instagram liefert uns viel guten und hilfreichen Input direkt ins Wohnzimmer. Aber es weckt auch Sehnsüchte, von denen wir gar nicht wussten, dass wir sie haben, und vermittelt Ansprüche, denen der normale Mensch nicht gerecht werden kann – zum Beispiel an die Erziehung und Begleitung von Kindern. Aber ein vierstöckiger Geburtstagskuchen in Regenbogenfarben, aus dem ein Einhorn springt, wenn man dreimal in die Hände klatscht, hat nichts mit Bedürfnisorientierung zu tun.

Aus meiner therapeutischen Arbeit mit Müttern weiß ich nur zu gut, dass all diese Impressionen etwas mit unserem Innersten machen, selbst, wenn wir uns dessen gar nicht bewusst sind. Wir vergleichen uns ständig. Und oft ziehen wir dabei den Kürzeren. Aber wir dürfen eins nicht vergessen: Die Realität passt nicht in ein Quadrat. Auch nicht in ein Reel.

Nun möchte ich das nicht völlig verteufeln: Instagram ist ein wundervolles und niederschwelliges Medium, um Eltern wichtige Informationen über Kindergesundheit und eine kindgerechte Erziehung zu vermitteln. Das ist wirklich gut so, denn die Erziehungskultur braucht diesen Ruck! Aber er darf uns Eltern nicht das Genick brechen. Wir müssen uns nicht völlig aufopfern, um unseren Kindern eine schöne Kindheit und Jugendzeit zu ermöglichen. Denn dabei laufen wir nicht nur Gefahr, völlig auszubrennen, es besteht auch das Risiko, unsere Kinder zu unterfordern.

Vor lauter Sorge, ob unsere Kinder alles haben, was sie (laut Instagram) brauchen, neigen wir dazu, sie zu unterschätzen und ihnen die Kontrolle über ihr Leben wegzunehmen. Und so ist es eine Mischung aus dem fehlinterpretierten Bild guter Elternschaft, dem Wunsch nach Kontrolle und der Angst vor Konflikten und Disharmonie, der uns dazu bewegt, mehr Verantwortung für unsere Kinder zu übernehmen, als nötig und gut ist. Wir denken, sehr viel tun zu müssen, damit aus unseren Kindern etwas wird. Wir erziehen unsere Kinder heute in dem Bestreben, sie bloß nicht zu überfordern – in bester Absicht natürlich. Als Resilienz-Coachin kann ich aber versichern, dass Unterforderung nicht weniger fatal ist. Unter dem Deckmantel der kindlichen Schonzeit und elterlichen Fürsorgepflicht trauen wir unseren Kindern in einigen Lebensbereichen zu wenig zu und nehmen ihnen so wichtige und selbstwirksamkeitsfördernde Erfahrungen und Learnings.

Und das Blödeste daran ist, dass wir spätestens in der Pubertät ja selbst wollen, dass unsere Kinder endlich Verantwortung für sich und ihre Bedürfnisse übernehmen, obwohl sie das (im Worst Case) nie gelernt haben. Plötzlich fühlen wir uns zutiefst davon verletzt, dass unsere Kinder sich immer noch von uns bedienen lassen, nicht freiwillig im Haushalt helfen und denken, das Eltern-Taxi würde ständig fahren. Aber haben wir ihnen denn wirklich peu à peu beigebracht, diese Dinge zu übernehmen? Oder erwarten wir vielmehr, dass sie diese einfach aufgrund ihres Alters plötzlich können und tun? Diese Frage müssen wir uns unbedingt stellen, bevor die Wut auf unsere »faulen« und »verwöhnten« Kinder unser Verhältnis zu ihnen vergiftet.

Eigene Flügel = eigene Wäsche?

Oft fühlen wir Eltern uns innerlich zerrissen: Es gibt einen Teil in uns, der zwar unglücklich in der Rolle des Dienstleisters ist und sich viel mehr Mithilfe und Eigenverantwortung von den Kindern wünscht, dies aber nicht einfordert. Und obwohl Eltern das eigentlich gar nicht wollen, ist es fast unvermeidbar, dass das zu Frust und Ärger gegenüber den Kindern führt. Manchmal platzt es dann aus uns heraus: »Ich bin nicht dein Butler, Freundchen!« oder »Hotel Mama hat jetzt ein Ende – das lass ich nicht mehr mit mir machen«.

Dass wir hier immer wieder über unsere Grenzen gehen, liegt daran, dass es in den meisten Eltern auch eine andere Stimme, einen anderen Teil gibt. Dieser Teil von uns möchte seine Kinder vollkommen selbstlos, so lange es geht, versorgen. Wir möchten sie nicht mit Dingen wie Hausarbeit oder Einkaufen belasten, denn sie haben ja genügend andere Baustellen. Sie sollen eine völlig unbeschwerte Kindheit voller Geborgenheit haben dürfen und auf keinen Fall das Gefühl bekommen, sie wären eine Zumutung. Außerdem ist die Kindheit nun mal endlich, und in der Retrospektive werden die paar Handgriffe weniger den ganzen Streit wahrscheinlich gar nicht wert gewesen sein.

Vielleicht geht es dir wie mir: Wenn man diesen zwei Anteilen in sich zuhört und sich in sie einfühlt, dann kann man sie sogar beide so, so gut verstehen. Wir glauben, dass unsere elterliche Aufgabe darin besteht, unseren Kindern stets und ständig zu helfen. Und das möchte ich gar nicht infrage stellen. Aber häufig besteht unsere Hilfe darin, unseren Kindern Arbeiten und Aufgaben abzunehmen, die sie längst allein bewältigen könnten. Wir räumen für sie auf, wir waschen ihre Wäsche, kochen für sie, machen ihre Hausaufgaben, wecken sie morgens, erinnern sie an ihr Pausenbrot oder an Termine und fahren sie trotz vorhandener Infrastruktur überall hin, in dem Glauben, dass wir es besser könnten als sie. Damit bringen wir ihnen aber nicht bei, selbstständig zu werden, sondern halten sie in der Abhängigkeit von uns gefangen. In einigen Fällen kann dies bis zur »erlernten Hilflosigkeit« führen und sich ein Leben lang negativ auswirken. Es führt dazu, dass Kinder glauben, unfähig zu sein, die gewöhnlichsten Lebensereignisse und Alltagsherausforderungen zu bewältigen. Sie fühlen sich schwach, abhängig von anderen und emotional wenig stabil.

Als ursächlich für die erlernte Hilflosigkeit werden in der Psychologie Eltern beschrieben, die sehr viel für ihre Kinder tun und geringe Erwartungen an deren Unabhängigkeit haben. Das führt dazu, dass ihre Kinder ebenfalls wenig Vertrauen in ihre Fähigkeiten entwickeln können. Unser Leitgedanke sollte also nicht sein: »Hilf mir!«, sondern »Hilf mir, es selbst zu tun« (Maria Montessori).

Die gute Nachricht ist: Unsere Kinder wollen all diese Dinge eigentlich viel lieber selbst lernen, als ständig in unserer Schuld zu stehen. Jesper Juul sagte einmal, dass hinter jeder elterlichen Beschwerde, die in etwa so klingt: »Nie tust du etwas, alles muss ich machen!«, in Wirklichkeit ein ganz anderer Satz steht: »Ich habe mehr Verantwortung für dich übernommen, als ich tragen kann oder will, und darüber möchte ich mit dir reden.« Stellen wir uns einmal vor, welch anderen Verlauf und Ausgang Gespräche über Verantwortung hätten, wenn wir ein Gespräch mit solch vorwurfsfreier Ehrlichkeit eröffnen würden statt mit Pauschalkritik.

Aber was für Aufgaben können und sollten Jugendliche übernehmen? Nun, da gibt es keine universelle Antwort, kein allgemeingültiges Dieses oder Jenes, kein klares Richtig oder Falsch. Deshalb werde ich hier auch keine Liste von Aufgaben oder gar eine Anleitung zur Verteilung von Verantwortung liefern (können). Aber wir können uns gemeinsam anschauen, welche Aufgaben auch während der Pubertät schon in der persönlichen Verantwortung der jugendlichen Kinder liegen könnten und vielleicht auch sollten. (Es versteht sich, dass diese Richtlinien nie für alle Kinder gelten können und wir hier insbesondere bei jüngeren, spätentwickelten oder neurodiversen jugendlichen Kindern Unterschiede machen müssen.)

Wichtig beim Thema Verantwortlichkeit ist zu unterscheiden, ob es sich um Verantwortung gegenüber der Gemeinschaft handelt oder um Verantwortung gegenüber sich selbst. Diese zwei Ebenen werden von Eltern gern vermischt. Viele Eltern denken, das Verantwortungsbewusstsein zu fördern bedeutet,

Kindern mehr soziale Verantwortung zu übergeben. Und das ist grundsätzlich natürlich nicht verkehrt. Wir sollten unsere Kinder unbedingt dabei unterstützen, Verantwortung für die Gemeinschaft zu übernehmen. Nur merken wir Eltern manchmal gar nicht die Widersprüchlichkeit unserer Signale: Wir fordern unsere jugendlichen Kinder auf, den Müll rauszubringen, mit dem Hund rauszugehen, auf die kleine Schwester aufzupassen, die Spülmaschine auszuräumen und die Flaschen wegzubringen, aber wir wecken sie weiterhin jeden Morgen, fahren sie trotz guter Busanbindung zum Training, packen ihnen ihre Brotdose in den Rucksack, räumen ihre Zimmer auf, machen ihnen Rührei, recherchieren für ihre Referate und vereinbaren ihre Termine. Wir übertragen ihnen Verantwortung für andere Lebewesen und die Gemeinschaft, aber nicht für sich selbst.

Rein kognitiv und motorisch könnten unsere Kinder fast ihre gesamte Alltagsorganisation allein bewältigen. Sie können ihren Schultag selbst regeln, ihre Freundschaften autark gestalten und ihre Konflikte selbst lösen. Sie könnten »sogar« ihre Wäsche waschen und sich allein verpflegen – inwiefern das im Familienkontext sinnvoll ist, ist eine Frage, die jede Familie für sich beantworten muss.

Ich möchte aber auch klarstellen, dass wir nicht alles abtreten müssen oder sollten, nur weil es möglich wäre. Es ist nicht immer sinnvoll, und ich verstehe, dass es sich auch nicht immer richtig anfühlt. Jedes Kind ist anders. Jede Familie ist anders und unterschiedlich stark darauf angewiesen, den Mental Load alters- und entwicklungsgerecht auf alle Köpfe aufzuteilen.

Dementsprechend müssen wir uns die Frage, wofür unsere Kinder selbst verantwortlich sein können und wofür nicht, immer wieder selbst und immer wieder neu stellen. Und wir müssen verstehen, warum wir die Frage so beantworten, wie wir es tun. Wenn wir Zweifel daran haben, ob unser Kind tatsächlich allein für die Wahl und die Sauberkeit seiner Kleidung verantwortlich sein kann, worum geht es uns dann dabei? Geht es uns wirklich und ausschließlich um das Kindeswohl? Oder geht es um uns? Unsere Wirkung nach außen? Unser Image als Familie? Unser Selbstbild? Unser Eltern-Ideal?

Gestern rief mein Mann mich auf seinem Weg nach Hause an und fragte, ob wir noch was brauchen. An seiner Stimme hörte ich, dass er auf ein Nein hoffte. Er war mit unseren beiden Töchtern unterwegs, hatte einen langen Arbeitstag hinter sich und wollte eigentlich nur nach Hause. Eigentlich hatten wir alles da – zumindest für die vegane Fraktion. Allerdings fehlte es an Aufschnitt für unseren Sohn, der am liebsten Käse isst. »Gut, dann fahr ich jetzt schnell irgendwo ran«, brummte er mir am anderen Ende des Hörers mit einer Mischung aus Hilfsbereitschaft und Widerwillen entgegen. Er hatte mein vollstes Mitgefühl, auch wenn es natürlich keine große Sache ist, Käse zu kaufen ... Und genau deswegen kam mir plötzlich ein Gedanke: Moment mal, wieso er oder ich? Ich wusste, dass mein fünfzehnjähriger Sohn gerade unterwegs und in der Nähe diverser Supermärkte war. Also wieso nicht ihn selbst für seinen Käse sorgen lassen? Ich sagte meinem Mann, dass ich den Käse delegieren würde, und das tat ich. Mein Sohn erklärte sich bereit, welchen zu kaufen – kam dann aber trotzdem ohne nach Hause. Vermutlich hatte die Bequemlichkeit gesiegt, aber das war okay. Sein Käse, seine Entscheidung.

Die Käsenummer machte mir noch einmal bewusst, dass Eltern sich tatsächlich sehr davor scheuen, ihren Kindern Selbstverantwortung zu übertragen – aus Angst davor, eine schlechtere Mutter oder ein schlechterer Vater zu sein. Aber auch aus Angst davor, Dinge abzugeben, wohlwissend, dass sie dann nicht mehr in derselben Qualität und mit derselben Zuverlässigkeit erledigt werden. Aber Angst ist kein guter Ratgeber. Vor allem nicht, wenn diese Angst eigentlich mich selbst betrifft. Man muss, metaphorisch gesprochen, aushalten lernen, dass der Junge auch mal keinen Käse auf dem Brot hat.

Es gibt folglich keine einfache oder eindeutige Antwort auf die Frage nach dem richtigen Maß an Selbstverantwortung. Es ist keine Frage von alles oder nichts. Aber eins ist Fakt: Wer in dieser Welt lebt – egal ob er oder sie vierzehn, fünfundzwanzig oder vierzig Jahre alt ist, muss in der Lage sein, Eigenverantwortung erkennen und übernehmen zu können. Denn wie Jesper Juul einst sagte: »Es gibt nur zwei Möglichkeiten: Ich bin entweder für mich selbst verantwortlich, oder ich bin Opfer, und jemand anderer ist schuld.«[18]

Also, hören wir endlich auf, Dinge zu tun, die wir eigentlich nicht mehr tun wollen. Denn auch hier sind wir Vorbild für unsere Kinder. Wir dürfen ihnen zeigen, dass es nicht richtig ist, permanent über eigene Grenzen zu gehen und dann andere dafür verantwortlich zu machen. Ich möchte das jedenfalls nicht (mehr) und lerne täglich immer besser, meine Grenzen zu setzen und zu wahren. Auch meinen Kindern gegenüber. Und nein, das verletzt sie nicht. Es frustriert sie vielleicht, aber das ist okay. Und letztlich weder vermeidbar noch schädlich. Denn auch Frustrationstoleranz ist eine Kompetenz, die unsere Kinder für ein resilientes Leben unbedingt brauchen.

Wie wir unsere Teenies (be)stärken können

Für die Resilienz unserer Kinder ist es zudem superwichtig, dass wir sie nicht nur umsorgen, sondern auch im richtigen Maße fordern und fördern. Das beginnt schon damit, dass wir sie mit unserer plötzlichen Delegationseuphorie nicht überrumpeln – denn so würden wir ihnen nur ein weiteres Mal die Kontrolle entziehen. »Ich kann und möchte nicht mehr die ganze Verantwortung allein tragen. Lass uns darüber sprechen, wie wir das ändern können. Wann wäre ein guter Zeitpunkt dafür?«

Ob dabei am Ende rauskommt, dass der Eltern-Weckdienst nicht mehr zur Verfügung steht, das Eltern-Taxi einen eingeschränkten Fahrplan anbietet oder der Teenie seine Wäsche selbst wäscht, ist dann zu verhandeln. Aber die Mitbestimmung und Selbstwirksamkeit unserer Kinder ist bei solchen Veränderungen die Basis für eine erfolgreiche spätere Umsetzung. Denn Eigenverantwortung und Selbstwirksamkeit gehen Hand in Hand.

Wer eigenverantwortlich handeln will, muss die Erfahrung gemacht haben, dass er mit seinen Handlungen erfolgreich ist und dadurch seine Zukunft selbst gestalten kann. Insofern beginnt die Förderung der Eigenverantwortung, wie so vieles andere auch, bereits lange vor der Pubertät. Die Verantwortung für sich selbst kann nur übernehmen, wer der Überzeugung ist, dass er sein Leben unter Kontrolle hat, es positiv beeinflussen kann und selbstwirksam ist. Deshalb legt eine bedürfnisorientierte Erziehung großen Wert auf die Selbstständigkeit und die Bestärkung von Kindern.

Wenn unsere Kinder ihre ersten größeren Schritte in Richtung Unabhängigkeit machen, ist es unsere Aufgabe, sie für jeden kleinen Erfolg zu feiern, statt sie in bester Absicht auf ihre Fehler und Defizite aufmerksam zu machen. Wir lernen zwar aus Fehlern, aus Erfolg aber auch. Zudem motiviert er.

In der 6. Steirischen Jugendstudie[19] wurden kürzlich 2000 Jugendliche zum Themenschwerpunkt »Einschätzung von Verantwortung, Selbstwirksamkeit und Autonomie« befragt. Dabei schätzten rund 80 Prozent der befragten Schüler*innen ihre Fähigkeit, Probleme aus eigener Kraft meistern und sich bei Schwierigkeiten auf ihre Kompetenz verlassen zu können, als gut ein. Es waren aber vor allem die Jugendlichen aus den Landesberufsschulen, die ihre Selbstwirksamkeit als besonders hoch einstuften. Wieso ist das so? Vermutlich liegt es an der Arbeitserfahrung dieser jungen Menschen. Denn sie sind bereits mitten im Tun. Sie sammeln mehr Erfahrungen und Erfolgserlebnisse und müssen Entscheidungen treffen, die auf Eigenverantwortung basieren. Diese Studie zeigt also, wie Jugendliche von Zumutung und »einfach machen« profitieren. Sie müssen Fehler machen dürfen, um danach Erfolge feiern zu können. Und auf diesem Weg brauchen sie uns, unsere Rückmeldung, unsere Einschätzung und vor allem: unsere Bestärkung. Die große Ablösung kann nur gelingen, wenn die ersten kleinen Autonomiebemühungen erfolgreich sind.

Wollen wir die Selbstwirksamkeit und damit die Eigenverantwortung unsere Kinder stärken, können wir dies in vier Schritten tun:

1. Bewusstsein für eigene Bedürfnisse und Ressourcen schaffen
2. Kleine Schritte gehen, statt ganze Aufgaben einfach zu übergeben
3. Positive Rückmeldung geben (Bestätigen und Bestärken)
4. Frustration aushalten und begleiten

Wenn mal etwas schiefgeht, der Pullover einläuft, das Essen anbrennt oder eine Vier geschrieben wird, müssen wir daraus keine große Sache machen. Stattdessen können wir mit unseren Kindern sprechen und sie ermutigen. Wir können sie fragen, was sie beim nächsten Mal anders machen würden und ob sie unsere Unterstützung brauchen. Wir müssen sie auffangen und ermutigen, damit sie keine Angst vor einem neuen Versuch haben. Was sie falsch gemacht haben, wissen sie meist auch allein. Manchmal braucht es einfach nur unser Dasein, Zuschauen und Abwarten.

WIE VIEL ELTERLICHE FÜHRUNG BRAUCHEN TEENAGER?

Wenn du bis hierhin gelesen hast, dürfte dir längst klar sein, dass ich nicht an die Wirksamkeit von starren Regeln glaube. Sie führen seltener zu dem gewünschten Ergebnis, als viele Eltern glauben, denn auch Regeln berauben unsere Kinder ihrer Eigenverantwortung. Zudem zwingen sie Jugendliche zu einer Art Doppelleben voller Unwahrheiten und Extreme. Dennoch halte ich eine Handvoll Regeln, an denen sich unsere Kinder orientieren können, für sinnvoll. Sie sind eine Art Kompass für alle Beteiligten, aber sie sind eben keine Garantie.

Die Grundlage unserer Regeln und Richtlinien sollte der gemeinsame und gleichwürdige Dialog sein, wie wir ihn bereits besprochen haben. Denn dieser stärkt nicht nur den Selbstwert unserer Kinder, er fördert auch das gegenseitige Vertrauen und hilft uns dabei, unsere elterliche Macht fair zu verwalten. Es geht also mal wieder um Beziehung statt Erziehung. Denn je mehr wir uns in einer Gemeinschaft ernst genommen fühlen, desto weniger haben wir das Bedürfnis, die Kontrolle an uns zu reißen, recht zu haben oder unseren Prinzipienwillen zu bekommen.

Nach dem Kaffeeklatsch-Eklat war meinem Mann und mir klar, dass wir nun in der Pubertät unseres Sohnes angekommen sind. Ein guter Zeitpunkt, um sich als Paar über ein paar Dinge bewusst zu werden und sich gegenseitig zu fragen: Wie wollen wir dieses und jenes in Zukunft handhaben?

Im zweiten Schritt sind wir zu unserem Sohn gegangen und haben ihn auf einen Burger, ohne seine Schwestern, eingeladen und ihn darauf vorbereitet, was ihn in diesem Gespräch erwarten wird. Dieses »Vorgehen« war bei unseren Kindern bereits etabliert, ich bin mir aber sicher, dass es dafür nie zu spät ist – selbst dann nicht, wenn in der Vergangenheit einiges schiefgelaufen ist. Gerade dann lohnt es sich sicher, das Vorgehen zu verändern. Wir haben unserem Sohn gesagt, dass wir uns mit ihm gern über seine neuen Rechte und Pflichten unterhalten möchten, und ihn gebeten, sich im Vorfeld Gedanken über seine Vorstellungen dazu zu machen. »Lass uns nächsten Samstag mal über dein Taschengeld, deinen Medienkonsum, deine Ausgehzeiten und andere Themen, die dich beschäftigen, sprechen.«

Themen wie Sexualität, Alkohol und Drogen wurden bei uns eigentlich nie in dem einen »ernsten« Gespräch thematisiert. Wir sprechen im Alltag viel darüber, immer dann, wenn es einen von uns beschäftigt. Womit ich nicht meine, dass wir Eltern unsere Sexthemen am Abendbrottisch mit unseren Kindern teilen. Aber wir sprechen offen miteinander über unsere eigenen Erfahrungen, Gedanken, Versuchungen und Ängste. So haben es auch meine Eltern mit mir gemacht, und irgendwie waren sie damit sehr erfolgreich. Mein Respekt vor Drogen war immer größer als die Versuchung. Bis auf den einen Hasch-Kakao, als ich sechzehn war.

Als ich mit fünfzehn das erste Mal betrunken nach Hause kam beziehungsweise gebracht wurde, bekam ich keine Standpauke, keine Belehrungen, kein »Hab ich dir ja gesagt« und keine Strafe. Meine physischen und psychischen Schmerzen waren Strafe genug. Ich hatte mich auf der Geburtstagsfeier meiner

Freundin (tatsächlich) aus Versehen betrunken und war völlig hinüber. Ihre Eltern (eigentlich sehr konservativ) hatten anlässlich ihres sechzehnten Geburtstages jedem Gast eine kleine Flasche Feigling hingestellt, und wow, fand ich den lecker. (Aber nur an diesem einen Abend, danach habe ich ihn nie wieder angerührt.) Ich muss wohl mehr als einen getrunken haben. Aber viel mehr weiß ich nicht, denn ich hatte damals den ersten und einzigen Filmriss meines Lebens. Und ich kam erst wieder zu mir, als ich bei meiner Freundin unter die kalte Dusche gestellt wurde, nachdem ich ihren Eltern den Flur vollgekotzt hatte. Das ist jetzt 25 Jahre her, und ein Teil von mir ist immer noch peinlich berührt, wenn ich die beiden treffe. Meine Eltern reagierten toll, vielleicht weil sie selbst ein recht lockeres Verhältnis zu Alkohol haben, vielleicht aber auch, weil sie genau wussten, dass ich mehr aus dieser Aktion gelernt hatte, als sie mir jemals mit Worten hätten beibringen können.

Die Adoleszenz besteht aus Tausenden Experimenten. Wenn wir wollen, dass unsere Kinder daraus lernen und Reife entwickeln, müssen sie auch ihr Scheitern mit uns teilen können. Wirklich verantwortungsbewusst wird vielleicht nur, wer die Konsequenzen der Verantwortungslosigkeit am eigenen Leib erspüren (oder erbrechen) durfte.

Ich will Drogen und Alkohol natürlich nicht verherrlichen – aber auch hier gilt, dass die meisten Menschen trotz etwaiger Experimente im Jugendalter *nicht* abhängig werden und auch keine Drogenkarriere starten. Hier hilft es manchmal, sich an seine eigenen Erfahrungen und Versuchungen zurückzuerinnern und diese Erinnerungen auch zu teilen, statt von oben mit dem erhobenen Zeigefinger zu winken.

Die Zeit der Pubertät ist die Zeit des kontrollierten Loslassens beziehungsweise Freigebens. Als Eltern können wir nun oft nur noch mit unseren Kindern sprechen, sie beraten und sie über die Konsequenzen ihrer Entscheidungen aufklären – denn treffen können wir sie nicht für sie. Doch sie brauchen uns und unsere vernünftige Einschätzung noch als Ersatz für ihren »unreifen« präfrontalen Cortex, da sie Gefahren noch nicht realistisch einschätzen können. Und sie lernen nicht, diese Gefahren einzuschätzen, wenn sie ihnen nie begegnen dürfen.

Vielleicht hilft dir dieses Bild: Je älter unsere Kinder werden, desto mehr übernehmen sie das Steuer in ihrem Leben. Anfangs übernehmen wir noch die Funktion des Fahrlehrers, mit der Zeit werden wir zum Beifahrer (aber bitte nicht die Art von Beifahrer, die jeden Fahrer in den Wahnsinn treibt und vermutlich mehr Unfälle verschuldet als verhindert), und nach der Phase des begleitenden Fahrens erfüllen wir mehr oder weniger die Funktion eines Airbags. Wir können nicht mehr bestimmen, wohin unsere Kinder fahren, in welchem Tempo und mit welchen Insassen. Wir können auch nicht verhindern, dass sie sich mal verfahren oder einen Unfall bauen oder in einen verwickelt werden. Aber wir können da sein und sie auffangen, wenn es passiert. Getreu dem Motto: Hilf mir, es selbst zu tun. Aber lass mich nicht allein.

Eltern wollen stets das Beste für ihre Kinder. Doch manchmal glauben sie, dass das Beste für ihre Kinder das ist, was sie nicht haben durften. Wer in seiner eigenen Kindheit zu starre Grenzen erfahren hat, wird vielleicht zu liberal agieren. Wer vergeblich nach Liebe und Nähe bettelte, wird eventuell klammern und seinen Kindern kein guter Sparringpartner sein können. Wer total frei sein durfte, wird es womöglich mit Struktur und Ritualen übertreiben. Deshalb müssen wir uns immer nach dem Warum hinter unseren Entscheidungen fragen. Und nach dem Wofür. Wir müssen lernen zu verstehen, dass das, was wir gebraucht hätten, vielleicht nicht das ist, was unsere Kinder brauchen. Wir müssen die Vorstellung, die wir von unseren Kindern haben, austauschen gegen die Gewissheit, wie unsere Kinder wirklich sind.

Vor einigen Monaten hatte ich in meiner Praxis einen jungen Mann zu Gast, der seine Kindheit aufarbeiten wollte. Er kämpfte mit großen Selbstzweifeln, die sicher ganz verschiedene Ursachen hatten. Aber eine Sache, bei der er immer wieder landete, war die fehlende Fürsorge seiner Eltern. Er erzählte, dass seine Eltern ihm viele Freiheiten ließen, die er genoss, die ihn aber manchmal auch überforderten. Auf mein Nachfragen, wie er das genau meine, brach er in Tränen aus. »Ich fühlte mich manchmal so allein. So als wäre ich meinen Eltern egal. Manchmal wuchs mir das Chaos in meinem Zimmer total über den Kopf. Warum kam niemand und hat sich daran gestört, dass ich dort zwischen verschimmelten Joghurtbechern saß?«

Im Laufe des Gesprächs fanden wir gemeinsam heraus, dass seine Eltern an anderer Stelle sehr wohl fürsorgliches, wenn nicht sogar sehr forderndes Verhalten zeigten. Doch sein Zimmer war sein Reich, seine Verantwortung. Während der gemeinsamen Biografiearbeit stellte sich heraus, dass seine Mutter sehr strenge und ordnungsliebende Eltern hatte. Nichts durfte liegen bleiben, und auch in ihrem Zimmer durfte sie nicht selbst über Ordnung oder Unordnung bestimmen. Mein Klient schloss daraus, dass sie ihm diese Erfahrung ersparen wollte und es mit der Freiheit etwas übertrieben hatte. Ihr Sohn fühlte sich vernachlässigt.

Ich erzähle diese Geschichte hier aber keinesfalls, um meine Ausführungen über Verantwortungsübergabe und die Toleranz jugendlicher Unordnung zu widerrufen. Es geht mir um etwas anderes: Zum einen zeigt diese Geschichte, dass unsere Kinder durchaus überfordert sein können, wenn wir ihnen zu schnell zu viel Verantwortung übergeben oder das elterliche Controlling vollends abstellen. Wir müssen die schimmligen alten Joghurtbecher ja nicht selbst entsorgen – aber wir können unsere Kinder darauf hinweisen, dass wir fürchten, dass sie sich in ihrem Zimmer unwohl fühlen könnten, wenn der Müll dort so lange bleibt. Wir könnten ihnen auch einfach mitteilen, dass wir uns sorgen, weil der Joghurt in ihrem Zimmer vor sich hin schimmelt. Oder wenn wir das Gefühl haben, dass unsere Kinder gerade etwas mehr Fürsorge brauchen, können wir ihnen natürlich auch unsere Hilfe anbieten.

Zum anderen zeigt die Geschichte aber auch, dass wir nicht immer beeinflussen können, welche Schlüsse unsere Kinder aus unserem Verhalten ziehen, und dass das, was wir gewollt hätten, auch das ist, was sie wollen. Wir müssen im Gespräch und vor allem im Gefühl bleiben! Manchmal ist ein schimmliger Joghurtbecher ein kostümierter Schrei nach Liebe.

Strafen, Konsequenzen, Drohungen – oder lieber nicht?

Einige Experten sind der Meinung, dass es keinen wirklichen Unterschied zwischen Konsequenzen und Strafen gibt. Ich finde schon. Für mich sind Konsequenzen die unmittelbaren Folgen unseres Handelns, während Strafen künstlich auferlegte Sanktionen sind, die keinen natürlichen, sondern nur einen künstlich erzeugten kausalen Zusammenhang haben.

Von Strafen halte ich noch weniger als von zu starren Regeln, weil es sich dabei meist um Machtmissbrauch handelt. Wie häufig versuchen Eltern, das Verhalten ihrer Kinder zu korrigieren, indem sie ihnen Strafen androhen: »Wenn du damit nicht aufhörst, dann ...«? Und wie häufig machen Kinder damit so lange weiter, bis diese Drohungen wahr gemacht werden müssen? Solche Korrekturversuche sind oft nicht nur erfolglos, sondern auch beziehungsschädlich. Gerade Jugendliche lassen sich nur schwer von solchen Drohungen beeindrucken. Sie finden schnell heraus, dass die Form der Machtdemonstration eigentlich nur unserer Ohnmacht geschuldet ist – was unseren Versuch, unsere Autorität zu beweisen, ins genaue Gegenteil umkehrt. Wir wissen heute, dass Strafen ein Verhalten nicht nachhaltig korrigieren. Vielmehr schulen sie die Kompetenz, Dinge besser zu verheimlichen. Hier stellt sich zu Recht eine Frage, die ich oft von Eltern höre, die es in ihrer Kindheit auch nicht anders lernen durfte: Aber was ist die Alternative? In aller Kürze könnte die Antwort lauten: elterliche Präsenz (Sparringspartner!) einerseits, Vertrauen in die Eigenverantwortung unserer Kinder andererseits. Hilfreich sind zudem ein paar klare und faire Regeln, die unseren Kindern als Orientierungshilfe dienen.

Aus den meisten verletzten Regeln ergeben sich von ganz allein Konsequenzen, aus denen unsere Kinder lernen können. Wenn ich zu spät zum Abendessen komme, muss ich mir später allein etwas zu essen machen. Wenn ich mich betrinke, erleide ich Scham und Schmerzen. Wenn ich meine Wäsche nicht in den Wäschekorb werfe, habe ich am nächsten Tag keine saubere Hose. Wenn ich meinen Vater beleidige, hat er zehn Minuten später wahrscheinlich keine Lust darauf, mit mir ein paar Körbe zu werfen (oder er ist clever und nutzt das gemeinsame Spiel, um darüber zu sprechen).

Also ja, Jugendliche brauchen ein paar Regeln. Sie können dazu beitragen, ihnen Verantwortungsbewusstsein und Sozialkompetenz zu vermitteln, sie dienen als moralischer Kompass und Sicherheitsgurt. Allerdings ist der Prozess, wie wir gemeinsam zu diesen Regeln kommen und was passiert, wenn wir sie verletzen, viel wichtiger als die Regel selbst. Die Regelungen, die bei uns am häufigsten neu verhandelt werden müssen und mich am meisten in den Wahnsinn treiben, sind übrigens die über Bildschirmzeit und Konsolen-Nutzung. Und damit leiten wir elegant zum nächsten Thema über: WLAN!

Doch bevor wir in das entsprechende Kapitel starten, unterhalten wir uns mit Gabriel – dem Sohn von Angelo Kelly – über Wurzeln, Flügel und seine Meinung zum Thema Medien.

» Interview mit Gabriel Kelly

Lieber Gabriel, wie du ja weißt, geht es in diesem Buch darum, wie man Kindern Wurzeln und Flügel gibt. Erkennst du dich, deine Erziehung und das Verhältnis zu deinen Eltern darin wieder?

Voll! Für mich beschreibt es das ziemlich gut. Auch in der Reihenfolge. Wenn man ein kleines Kind ist, ist man seinen Eltern meistens sehr nah. Bis zur Pubertät. Dann kommt dieser Abnabelungsprozess, in dem man seine eigene Persönlichkeit, seinen eigenen Charakter und seine eigene Meinung entwickelt. Auf einmal sieht man Sachen anders als Mama und Papa und stellt fest, dass die Welt viel größer ist, als man dachte. Und ich muss sagen, mit fünfzehn, sechzehn Jahren habe ich mich ziemlich von meinen Eltern distanziert, weil unsere Ansichten krass auseinandergingen.

Und ich wollte auch irgendwie raus. Ich wollte weg von zu Hause, mich freikämpfen und viel Neues erleben. Mit 18 bin ich ausgezogen. Ich wollte mich unbedingt lösen, denn wir waren als Familie ja auch immer viel zusammen. Jetzt, ein paar Jahre später, wo ich meine Freiheit bekommen und meine Eltern losgelassen haben, habe ich wieder stark das Bedürfnis, von allein zurückzukommen. Und da kommen dann eben die Wurzeln durch. Es heißt ja immer, dass man etwas erst richtig zu schätzen weiß, wenn man es nicht mehr hat. Ich glaube, das ist auch bei der Familie so.

Es ist gar nicht schlimm, wenn man mal ein paar Jahre nicht so viel Kontakt hat und eigene Wege geht. Ich habe dadurch gemerkt, oh, ich habe diese Menschen echt sehr lieb, und ich vermisse sie. Und dann kommt man zurück und startet auf einer neuen Basis. Man schlägt noch mal neue, freiheitlichere Wurzeln. Die Distanz hilft, sich auf Augenhöhe zu begegnen und sich mehr wertzuschätzen. Zumindest bei mir war es so: Ich lebte allein, hatte mich selbstständig gemacht und war für alles selbst verantwortlich. Ich habe gemerkt, o scheiße, nichts mehr mit Hotel Mama. Niemand bekocht mich mehr oder geht für mich einkaufen. Niemand zahlt meine Miete, meinen Strom oder meine Steuern. Da wurde mir noch mal mehr bewusst, was meine Eltern alles für mich gemacht haben – ohne das irgendwie zurückzufordern. Einfach aus einer Selbstverständlichkeit heraus. Echt krass!

Ihr seid ja, wenn wir das mit der deutschen Durchschnittsfamilie vergleichen, eine Familie, die sehr viel Zeit miteinander verbracht hat. Ihr seid viele Jahre gemeinsam durch die Welt gereist und zusammen auf Tournee gegangen. Was genau war es denn in eurem Miteinander, was für dich die Wurzeln verkörpert? Was war da ausschlaggebend?

Ich glaube, bei uns waren die Wurzeln relativ klar. Wir hatten uns einfach immer gegenseitig. die Wurzeln waren Mama, Papa und Geschwister. Als ich acht Jahre alt war, haben wir uns abgemeldet von Deutschland, sind für vier Jahre mit einem Wohnmobil quer durch Europa gereist und haben von Straßenmusik gelebt. Wir waren jede Woche woanders, haben neue Menschen, Sprachen, Länder und Kulturen kennengelernt. Aber die Familie war unsere Base. Sie war das Fundament, das das alles trug. Und natürlich die Verbindung zur Musik! Mama und Papa haben Musik gemacht. Also wollten wir auch Musik machen.

Wir waren in unserer Kindheit eine Union mit unseren Eltern. Als Kind stellst du deine Eltern nicht infrage. Die Meinung, die deine Eltern haben, die hast du meistens auch. Natürlich willst du dann mal abends länger aufbleiben, Süßigkeiten essen und Filme gucken. Das ist klar, das will jedes Kind. Aber grundsätzlich gesehen, ist man seinen Eltern sehr, sehr ähnlich.

Und dann, ab dem Zeitpunkt, wo man Teenager ist, verändert sich das. Da hast du auch nicht immer Bock auf Musik, sondern würdest lieber mit deinen Freunden feiern gehen, den ganzen Tag zocken oder Basketballprofi werden. Aber nur machen, was man will, geht nicht. Das haben mir meine Eltern wohlwollend, aber deutlich signalisiert. Wir waren trotzdem immer im Austausch und auf der Suche nach einem Kompromiss. Ich kenne viele Leute, die zum Beispiel von klein auf ein Instrument spielen und die das dann bis zum Erwachsenenalter durchgezogen haben. Aber nicht immer weil sie es wollten, sondern auch weil ihre Eltern gesagt haben, »zieh es durch«. So war das bei uns auch, und heute profitiere ich davon. Nicht nur beruflich, sondern auch menschlich. Es ist einfach gut, wenn man eine Sache konsequent durchzieht – und nicht sagt, das liegt mir nicht, das breche ich jetzt ab. Und ich glaube, dafür hatten meine Eltern auf jeden Fall ein gutes Gefühl.

Und wie wurde mit solchen Unterschiedlichkeiten und Meinungsverschiedenheiten bei euch umgegangen? Du sagst ja selbst, dass

du auch oft anderer Meinung warst. Wie habt ihr es geschafft, so was miteinander zu besprechen, ohne dass eure Beziehungsebene darunter gelitten hat?

Natürlich hat man sich auch mal gestritten, vor allem mein Vater und ich. Zwischen uns war es in den Teenagerjahren nicht immer einfach. Ich glaube, das ist oft so, vor allem beim ältesten Sohn, wenn der so langsam ins Erwachsenenalter kommt. Und ich war auch echt ein bisschen cocky. Guck mal hier: meine Mucke und meine Muckies. Ich bin jetzt hier der neue Macker! Aber ich wurde schnell wieder geerdet und hab gemerkt: Auch wenn Papa vielleicht eine Plauze hat, hat er dreimal so viel Kraft wie du. Es wurde nie körperlich, aber mein Vater kann schon ein bisschen temperamentvoller und lauter werden. Und ich wurde dann auch lauter. Bei meinem Vater und mir hat es öfter mal »gerumst«, danach war auch ganz schnell alles wieder vergessen, alles cool – »ey komm«, Schwamm drüber.

Meine Mutter war immer der Ruhepol. Sie hat uns oft geholfen, einen Kompromiss zu finden. Es gab immer einen Austausch darüber, wer hier was will oder nicht will. Meine Eltern haben mir auch immer ganz genau den positiven Mehrwert ihrer Wünsche und Entscheidungen mitgeteilt, statt zu sagen: Wenn du das und das tust, kriegst du eine Belohnung, oder wenn du das machst, dann darfst du das und das haben. So haben die nicht funktioniert. Sondern sie haben einem von Anfang an bewusst gemacht: Hey, denk mal weiter voraus. Das konnte ich in der Pubertät nicht so gut, die beiden aber schon. Und irgendwie haben sie es geschafft, mir das einzutrichtern.

Mein Vater hat mir auch früh beigebracht zuzuhören. Mit elf, zwölf, dreizehn Jahren, hatte ich so eine Phase, da habe ich immer viel zu viel geredet. Ich habe gedacht, okay, jetzt weiß ich langsam über alles Bescheid – jetzt, wo ich meine Persönlichkeit entwickle. Ich dachte, ich habe voll den Durchblick. Man denkt, man weiß viel. Aber natürlich weiß man eigentlich noch nicht so viel. Und mein Vater meinte dann auch ein-, zweimal zu mir: So, Gabriel, du bist jetzt leise und hörst zu! Und danach wirst du viel besser verstehen. Und das hat sich bei mir eingeprägt, weil ich seitdem bei Gesprächen wirklich das Gefühl hatte, dass ich einfach viel, viel öfter besser und mehr zuhöre – und dadurch die andere Person besser verstehe.

Meine Eltern haben gesagt: Vertrau uns und denk langfristig! Wir wissen, das ist jetzt gerade schwierig für dich, aber wir denken im besten Sinne für dich. Und oft habe ich dann wirklich einfach vertraut und mir gesagt: Pass auf, auch wenn es mir jetzt schwerfällt, auch wenn ich jetzt gerade meine Eltern nicht mag und voll sauer auf sie bin, ich lasse das los und vertraue. Und oft hab ich nach einer Weile erkannt, dass sie wirklich recht hatten.

Was war hilfreich für dich, in dieser Zeit, in der du manchmal sauer auf deine Eltern warst?

Wenn ich mal Probleme hatte, die nicht geklärt worden sind oder so, habe ich Sport gemacht. Ich habe viel Basketball gespielt und ein bisschen Krafttraining gemacht. Meine Eltern haben eigentlich auch immer auf eine körperliche Auslastung geachtet: Ab meinem zwölften Lebensjahr war ich zuständig fürs Holzhacken. Ich wurde mit einer Säge ausgestattet losgeschickt, um Bäume zu fällen. Ich glaube, wenn du als Teenager körperlich ausgelastet bist, dann machst du zu Hause nicht so viel Stress, sondern fällst nach dem Abendessen ins Bett und schläfst.

Natürlich hatte ich nicht immer Bock, Holz zu hacken. Aber es war eine Verantwortungsübergabe, und das fühlte sich ziemlich gut an. Mein Vater war ja oft auf Tournee, auch ohne uns, und dann war ich der Älteste und zuständig für die ganzen körperlich anspruchsvollen Sachen. Ich musste auf einmal ein bisschen ein Auge auf alles haben. Und ich glaube, diese Verantwortung in dem frühen Alter, die hat mir richtig viel gegeben.

Inwiefern?

Ich bin mit 18 ausgezogen und habe mich als Musiker selbstständig gemacht. Das war natürlich sehr, sehr viel auf einmal, aber ich habe mich selten verloren gefühlt. Ich wusste, auch wenn es gerade alles viel ist, ich krieg's irgendwie hin. Ich trau's mir zu, und ich schaff das. Und ich glaube, dieses Gefühl kann man auch nur haben, wenn dir ein anderer Mensch vorher schon Verantwortung zugetraut hat. Das heißt, wenn jemand sagt, du schaffst das, und ich übergebe diese Verantwortung an dich, denn ich glaube an dich! Dann glaubst du auch an dich.

Ich glaube, man kann schon sagen, dass ihr Kelly-Kinder alle recht große Flügel habt. Ihr seid früh flügge geworden und teilweise schon jetzt weit geflogen. Aber gibt es auch etwas, wo du sagst, das hätte ich mir anders gewünscht, dann könnte ich heute vielleicht noch besser »fliegen«?

Ich glaube, das Thema Schule war bei uns immer so ein zweischneidiges Schwert. Ich bin froh, dass ich Homeschooling hatte, so viel reisen konnte und dieses freie Leben genießen durfte. Aber ich weiß auch, dass das nicht für jedes Kind stimmig ist und der soziale Aspekt dabei fehlt. Ich hatte meine Geschwister, vor allem meine jüngere Schwester Helen, und wir hatten Glück, weil wir füreinander beste Freunde waren und uns alles erzählen konnten. Wir konnten uns auch beieinander auskotzen, wenn mal was mit den Eltern doof war.

Aber ich bin jetzt 22 Jahre alt und habe keinen Schulabschluss. Klar könnte ich mein Abitur noch machen und auch studieren –

aber das würde dauern. Und das finde ich manchmal schwierig. Ich glaube, ich würde meine Kinder in die Schule schicken, weil ich möchte, dass sie viele Optionen haben. Ich kenne aber andererseits auch viele Leute, die ein super Abitur und studiert haben und trotzdem überhaupt nichts mit ihrem Leben anzufangen wissen. Das ist sehr, sehr personenabhängig. Und wir haben durch das Reisen und Freilernen viele Vorteile gehabt. Wir sind alle ziemlich offen und extrovertiert, gehen auf Leute zu, sprechen sie an und trauen uns aus der Komfortzone.

Jetzt bist du schon eine Weile raus aus der Pubertät, aber trotzdem noch nah dran. Was beobachtest du, was zum einen deine Generation, aber vielleicht auch die Leute, die jetzt noch mal sechs bis zehn Jahre jünger sind, so umtreibt? Was sind deiner Meinung nach die Themen und Herausforderungen deiner Generation und der nächsten Generation?

Was ich sehr stark beobachte, ist Überforderung beziehungsweise ein Überangebot. Das ist gleichzeitig Luxus beziehungsweise ein Privileg. Früher wurdest du vermutlich Bäcker, wenn du in einer Bäckerfamilie geboren wurdest. Wenn du dir jetzt ein bisschen Mühe gibst in deiner Schulzeit und ein Abitur in der Tasche hast, dann kannst du eigentlich fast alles machen. Also zumindest in Deutschland.

Du kannst auf jeden Fall echt viel studieren. Doch oft merken die Leute dann, dass das doch nicht ihrs ist. Manchmal studieren sie ja auch einfach irgendwas, zur Überbrückung. Dann studieren sie was Neues, brechen das auch wieder ab und brauchen danach eine Auszeit im Ausland. Dann kommen sie happy zurück, stehen aber hier wieder am selben Punkt.

Ich habe das Gefühl, dass viele Jugendliche überfordert sind von all den Optionen, die sie haben. Und dann wird ihnen ja irgendwie vorgegaukelt, dass es diese eine perfekte Option gibt. Keiner hat mehr Bock auf Unlust. Dann kommt Social Media und zeigt dir lauter Highlights aus dem Leben anderer. Aber eben nur die besten Momente. Und mit denen vergleichst du dann dein Leben und fragst dich, warum deins so langweilig ist. Kein Job, kein Leben ist nur spannend. Da ist immer auch ganz viel repeat, repeat, repeat und irgendwie vorankommen. Das Leben, es ist nicht immer ein High, es ist nicht immer ein Low, sondern größtenteils befindet sich das in der Mitte.

Ich glaube, dass viele junge Menschen in meiner Generation das nicht ganz auf dem Schirm haben, sondern sich viel zu viel vergleichen und dadurch mentale Probleme bekommen.

Gerade für die kommende Jugend sehe ich da ein großes Problem wegen den digitalen Medien. Natürlich ist auch meine Generation schon stark davon betroffen, aber wir sind halt auch noch einen großen Teil unserer Kindheit ohne Social Media aufgewachsen. Ich war mit meinen Freunden früher stundenlang im Wald. Diese Ausdauer haben viele gar nicht mehr. Da geht es alle fünf Sekunden swipe swipe swipe. Wenn die Eltern das nicht regulieren, verlernen Kinder, sich selber zu beschäftigen. Sie beschäftigen sich auch nicht mit sich selber und wissen dann nicht, wer sie sind.

Es geht ja darum, in der Kindheit und Jugend viel falsch zu machen, viel hinzufallen, zu merken, ah, das tut weh, Feuer ist heiß und Dreck schmeckt nicht so gut, wie ich dachte.

Was würdest du denn sagen, brauchen Jugendliche tatsächlich von ihren Eltern?

Ich glaube, was Jugendliche von ihren Eltern brauchen, ist auf jeden Fall Liebe, auch wenn sich das total kitschig anhört. Bedingungslose Liebe.

Es ist wichtig, seinem Kind zu vermitteln: Egal was du machst, egal ob du gerade scheiße zu mir bist oder alles richtig machst, du bist mein Kind, und ich habe dich lieb. Ich glaube, das ist das Wichtigste. Diese Grundsicherheit, ohne dann zu erwarten, dass das Kind alles gut findet, was man tut, nur weil man es aus Liebe tut.

Ich dachte oft: Nee, ihr habt mich nicht lieb, wenn ihr das hättet, würdet ihr mich auch drei Stunden am Tag zocken lassen. Das sind Situationen, wo man dann später denkt, das kann doch nicht sein, dass ich wirklich die Beziehung zu meinen Eltern aufs Spiel gesetzt habe, bloß wegen irgendwelchen dummen Computerspielen. Aber in dem Moment sind diese Spiele manchmal alles. Und dann ist es wichtig, dass Eltern auch mal eingreifen und sagen, hey, pass auf, alles in einem gewissen Maß. So geht das nicht, auch wenn du dann sauer auf uns bist.

Heißt das, du möchtest Eltern ermutigen, nicht immer auf Kuschelkurs zu gehen? Konflikte sind okay?

Ja, total. Für einen Teenager ist es wichtig, dass er auch mal konfrontiert wird. Als Teenager machst du auch mal Mist. Du trinkst und rauchst und zockst heimlich. Hab ich auch gemacht.

Das können die Eltern auch nicht vermeiden. Aber sie können dich trotzdem konfrontieren und dir sagen, was die Konsequenzen sein können. Denn dann muss ein Teenager überlegen, wie berechtigt ist denn eigentlich meine Meinung oder Haltung? Kann ich die überhaupt vernünftig verteidigen? Kann ich meine Meinung begründen? Zocke ich viel, weil ich E-Sportler werden und damit großes Geld verdienen möchte? Oder zocke ich nur, weil mir langweilig ist, alle meine Freunde zocken oder ich Probleme verdrängen möchte? Was steckt dahinter? Es ist total wichtig zu lernen, wie man diskutiert und argumentiert. Natürlich nicht mit Brüllen und Wut und Aggression, das meine ich nicht. Aber man kann sich konfrontieren, man kann diskutieren, man kann auf einer guten persönlichen Ebene anderer Meinung sein.

Gabriel, wir sind am Ende angekommen, und ich habe eine letzte Frage an dich: Mit Blick auf die letzten zehn Jahre, wofür bist du deinen Eltern besonders dankbar?

Das ist eine sehr tiefgründige Frage. Wofür ich meinen Eltern sehr, sehr dankbar bin, ist, dass die beiden in meiner Kindheit und Jugend viel als Team gespielt haben. Meine Eltern haben viel als Team entschieden und auch nie vor uns Kindern gestritten. Wenn sie ein Problem hatten, dann haben sie das untereinander ausgemacht und uns Kinder nicht mit hineingezogen. Klar hatten meine Eltern auch schwierige Phasen, aber sie sind trotzdem zusammengeblieben und wollten das zusammen schaffen. Und das haben sie auch auf uns Kinder übertragen. Wir sind auch keine sprunghaften Personen, die von Mensch zu Mensch hüpfen, sondern wenn wir Freundschaften schließen oder Beziehungen eingehen, dann sind wir da sehr loyal. Und ich glaube, das haben meine Eltern wirklich super gemacht, und dafür bin ich ihnen sehr, sehr dankbar. Und dann natürlich auf jeden Fall für ihre Liebe und ihre Unterstützung – auch heute noch. Obwohl sie zum Beispiel kein Fan von *Let's Dance* sind, rufen sie mich vor jeder Sendung an und wünschen mir Glück. Und danach rufen sie wieder an und sagen: Oh, das hast du toll gemacht.

Man kann sich seine Familie nicht aussuchen. Ich wäre für einen Tag gern mal der Sohn von Michael Jordan. Aber am Ende würde ich immer zurückkommen wollen zu meiner Familie.

Denn egal was wir tun, wir wuppen und schaffen das gemeinsam. Auch wenn wir mittlerweile in ganz Europa verteilt sind. Jetzt, wo ich 22 bin, merke ich, dass meine Eltern wirklich sehr viel richtig gemacht haben. Und wenn sie was falsch gemacht haben, dann nie mit einer bösen Intention. Ich habe von meinen Eltern gelernt, dankbar und gnädig zu sein - mit sich und anderen - und jeden Menschen mit einem gewissen Grundrespekt zu behandeln. Wenn jemand dir ein Wasser gibt oder dir die Tür aufhält, sag Danke. Wenn du aus dem Bus steigst und der Busfahrer dich auch nur 500 Meter weitergebracht hat, sag Danke. Wir sagen das viel zu selten. Es ist nur ein Wort, aber wir können damit den Tag von jemandem so viel besser machen. Das haben meine Eltern uns immer gesagt. Sagt Danke, seid höflich und respektvoll. Begegnet Menschen neutral, egal, was euch vorher über sie erzählt wurde. That's it. Und dafür danke ich ihnen!

KAPITEL 4
WLAN, SEX UND SCHULE

Als ich dieses Kapitel an einem Samstagmorgen beginne, sitze ich an meinem Schreibtisch im Homeoffice und höre mit großer Erleichterung, wie unten die Haustür ins Schloss fällt. Nicht weil gerade jemand nach Hause gekommen ist, sondern weil soeben ein Teil der Familie gegangen ist. Und zwar Vater und Sohn.

Noch vor einigen Minuten habe ich zumindest mit halbem Ohr mitbekommen, wie mein Mann ihn fragte, ob er ihn zum Surfen begleiten wolle. Nach der ersten Begeisterung folgte die Ernüchterung: Die Ostsee ist noch verdammt kalt, und die Neoprenschuhe passen nicht mehr (Schuhgröße 49 mit fünfzehn Jahren). Außerdem hätte er sich bei Fifa gerade einen neuen Spieler gekauft und ... na ja, und mit dem wolle er gern spielen. Andererseits hat er zum Geburtstag gerade eine Kamera bekommen, mit der er am Meer tolle Fotos machen könnte. Wir haben Glück, denn unser Sohn lässt uns recht offen an seinen Gedanken und inneren Dilemmata teilhaben.

Das ermöglicht es uns, ihm unsere Sicht der Dinge anzubieten und ihm zu erklären, was gerade mit ihm passiert: Sein Nucleus accumbens kämpft mit seinem präfrontalen Cortex. Oder anders ausgedrückt: Das Belohnungszentrum duelliert sich mit der Vernunft. Denn er weiß natürlich, dass er auch noch Fifa zocken kann, wenn die Ostseewellen längst abgeebbt sind – doch der Dopaminkick, der nur ein virtuelles Tor weit weg auf ihn wartet, ist furchtbar verlockend. Der beim »Zocken« ausgeschüttete Botenstoff Dopamin stimuliert nämlich unser Belohnungssystem und sendet so über den Nucleus accumbens Erregungspotenziale an andere Gehirnstrukturen, die Zufriedenheit, Vergnügen, Glücksgefühle und Freude in uns auslösen. Natürlich würde mein Sohn auch beim Fotografieren und der späteren Bildbearbeitung und -veröffentlichung Dopamin ausschütten, doch unser Gehirn mag die Freude am liebsten, die es sofort haben kann. Das ist auch einer der Gründe, warum wir bei einigen Aufgaben prokrastinieren, also sie immer wieder aufschieben, bis es nicht mehr geht.

Unser Gehirn ist aber grundsätzlich auch in der Lage, auf eine kleinere, unmittelbare Belohnung zugunsten einer größeren Belohnung in der Zukunft zu verzichten. Wir Psychologen nennen das die Fähigkeit zum Belohnungsaufschub. Als unten die Tür ins Schloss fällt, weiß ich, dass mein Sohn das Tor bei Fifa für ein paar neue Fotos, an denen er sich später und lange erfreuen wird, aufgeschoben hat. Und ich gebe zu: Ich bin froh darüber. Denn die Bildschirmzeit unserer Kinder erfüllt mich mit Sorge.

DIE BÜRDE DER DIGITAL NATIVES

Mit Freunden chatten, lustige Snaps machen, Bilder teilen, TikTok-Videos schauen: Deutsche Jugendliche verbrachten 2023 im Schnitt fast 64 Stunden pro Woche im Internet, wie die jährlich von der Postbank veröffentlichte »Jugend-Digitalstudie« zeigt.[20] Mädchen schaffen es sogar auf 67,2 Stunden pro Woche. Das sind fast sechs Stunden mehr als noch 2019. Ich möchte die Mediennutzung unserer Gesellschaft nicht verteufeln, denn sie steckt natürlich nicht nur voller Risiken, sondern auch voller Potenziale. Dass uns die durchschnittliche Nutzungsdauer von zehn Stunden täglich gesellschaftlich aber nicht mehr alarmiert, kann ich nicht verstehen. Es schockiert mich sogar, dass wir immer nur über die Jugend, die mit ihrem Smartphone verwachsen ist, meckern, spotten oder schmunzeln, statt uns zu fragen, wieso das so ist, welche Risiken es hat und wie wir damit umgehen sollen.

Im Übrigen ist bei den 64 Wochenstunden weder die Spielzeit an Konsolen enthalten noch die Nutzung von SmartTV. Das mit Abstand meist genutzte Gerät ist natürlich das Smartphone, gefolgt von Tablet, Laptop und PC. Mädchen nutzen häufiger Smartphones und Tablets, während Jungen mehr Zeit am Laptop und PC verbringen.

Die Mediennutzung *begleiten, statt verbieten* hört man immer wieder in der Ratgeberwelt. Und das ist sicher richtig: Allerspätestens in der Pubertät ist es schlichtweg nicht mehr möglich und auch nicht sinnvoll, Kindern von digitalen Medien fernzuhalten. Aber das Begleiten beinhaltet für mich ganz klar auch eine regulierende und begrenzende Komponente, zumindest bei den Kindern, die sich allein damit schwertun. Wir wissen heute, dass der Gebrauch von Smartphone, Konsole und Co. ähnliche Areale im Gehirn aktiviert wie Glücksspiel. Ich kenne kein Elternteil, dass dabei zusehen würde, wie das eigene Kind in eine Glücksspielsucht rennt. Bei Medien hingegen sind wir eher unsicher, wie viel Begrenzung erlaubt und sinnvoll ist. Da reicht die Meinung von »Kinder müssen lernen, sich komplett selbst zu regulieren« bis »Kinder brauchen klare elterliche Vorgaben«. Ich glaube, dass das tatsächlich sehr individuell ist. Es wird ja auch nicht jeder spielsüchtig, der ab und an einen Spielautomaten bedient. Es gibt sie, die Kinder, die sich wunderbar selbst regulieren können. Aber es gibt auch die anderen. Und bei einer durchschnittlichen Nutzungsdauer von fast zehn Stunden bei unseren Sechzehn- bis Achtzehnjährigen finde ich die Haltung, wir sollten uns raushalten und auf die Selbstregulationskräfte des Kindes vertrauen, eigentlich nicht mehr tragbar.

Laut einer Längsschnittstudie der DAK[21], ebenfalls aus dem Jahre 2023, zeigen 2,2 Millionen Jugendliche in Deutschland ein problematisches Verhalten im Umgang mit Medien.

In der Kleinkindzeit scheint das Tablet heute oft die einzige Möglichkeit, sich selbst eine verlässliche Pause zu ermöglichen oder mal in Ruhe die Wäsche aufzuhängen. Insbesondere während der Pandemie habe auch ich die Vorzüge von Netflix als Babysitter kennen und schätzen gelernt, weil ich nur so meinen vielen Rollen (Lehrerin, Köchin, Freiberuflerin und Mutter) gerecht werden konnte. Wir können und dürfen uns ja bewusst dafür entscheiden, unseren Kindern freien Zugang zu Medien zu geben. Aber wir dürfen nicht so tun, als hätte das keine Konsequenzen für sie.

Was ich persönlich besonders bedenklich finde, ist, dass wir zwar schon gut darüber Bescheid wissen, welchen kurzfristigen Entwicklungsrisiken wir unsere Kinder aussetzen, über die Langzeitfolgen wissen wir hingegen noch gar nichts. Einige Neurowissenschaftler*innen sprechen vom größten Experiment der Menschheitsgeschichte.

Unsere Kinder gehören zur Generation Z. Sie sind die ersten Menschen, die während der Pubertät all die psychischen und physischen Veränderungen bewältigen und *gleichzeitig* die Reize aus fünf bis zehn täglichen Stunden Bildschirmzeit verarbeiten müssen. Holy Moly.

Aber schauen wir uns im Folgenden einmal die Auswirkungen an, die uns bereits bekannt sind:

Belohnungssystem und Dopamin

Wie schon erwähnt, aktiviert die Nutzung von Medien das Belohnungssystem des Gehirns und die Freisetzung von Dopamin. Diese Belohnungsreaktion kann ein extrem starkes Verlangen auslösen, weil es einfach und schnell zu haben ist. Mit jedem Klingeln, jeder Nachricht und jedem neuen Swipe setzen wir uns einen kleinen neuen »Schuss«. Das Handy wird zum Dopamin-Dealer. Das Problem sehe ich auch daran, dass viele alternative Tätigkeiten dann einfach nicht mehr mithalten können und immer unattraktiver werden. Die meisten Kinder würden lieber fernsehen, als selbst ein Bild zu malen, Hörspiele hören, statt selbst ein Buch zu lesen, oder zocken, statt selbst ein Spiel zu programmieren. Das Belohnungszentrum wird bequem.

Kognitive Fähigkeiten

Die Nutzung von Medien kann natürlich sowohl positive als auch negative Auswirkungen auf die kognitiven Fähigkeiten unserer Kinder haben. Zum Beispiel können digitale Lernplattformen oder Bildungs-Apps dazu beitragen, die Problemlösefähigkeit, das räumliche Denken und die Kreativität zu verbessern. Auf der anderen Seite kann eine übermäßige Mediennutzung (zehn Stunden!) die Aufmerksamkeitsspanne verringern und die Leistungsfähigkeit des Gedächtnisses beeinträchtigen. Klar, denn die Kapazität des Gehirns ist durch die Verarbeitung all der Reize schlichtweg am Limit. Insbesondere die Aufmerksamkeitsspanne und Konzentrationsdauer leiden extrem, sodass es für viele Kinder auch in der Schule immer schwieriger wird, die Aufmerksamkeit länger zu halten. Störungen und Unruhen in Klassen werden immer häufiger, und das liegt nicht nur an den Defiziten unseres Bildungssystems. Mein

Sohn hat kürzlich freiwillig TikTok von seinem Handy gelöscht. Er hatte bemerkt, dass er keine Freude mehr an unseren gemeinsamen Filmabenden hatte. Filme fand er zunehmend langweiliger und konnte eigentlich nur dabeibleiben, wenn er nebenbei noch andere, schnell wechselnde Videos anschaute.

Soziales Gehirn und Empathie

Soziale Medien können das soziale Gehirn aktivieren und die Freisetzung von Oxytocin, also dem Neurotransmitter, der mit Bindung und Empathie verbunden ist, fördern. Die Interaktion mit anderen über soziale Medien kann die soziale Kompetenz und die Fähigkeit zur Empathie verbessern. Allerdings können übermäßige Nutzung und negative Interaktionen auf sozialen Medien auch zu sozialer Isolation und einer Abnahme der Empathie führen. Insgesamt lässt sich leider eher eine Abnahme der Sozialkompetenz beobachten. Dies führen Forscher unter anderem darauf zurück, dass zum einen bei der digitalen Kommunikation nicht alle Sinneseindrücke zur Verfügung stehen und Jugendliche zum anderen weniger Übung darin bekommen, die Mimik und Gestik ihrer Mitmenschen zu studieren. Die Folge sind fehlendes Einfühlungsvermögen, aber auch Unsicherheiten im Umgang mit anderen, die zu Rückzug führen. So belegten Studien, dass Jugendliche, die exzessiv zocken oder gamen, eine schlechtere psychosoziale Anpassung zeigten. Verglichen mit Nichtspielern berichteten sie außerdem über eine geringere Lebenszufriedenheit, weniger prosoziales Verhalten und vermehrtes Problemverhalten.

PDRS (Post-Digitale Regulations-Störung)

Sicher könnte das S, je nach Intensität, auch für Schwierigkeit oder Syndrom stehen, denn es handelt sich hierbei nicht um eine offizielle, anhaltende Störung oder ein pathologisches Krankheitsbild, sondern um eine weitverbreitete Verhaltensauffälligkeit. Viele Eltern klagen über die fehlende Impulskontrolle oder größere Reizbarkeit ihrer Kinder nach deren Nutzung von digitalen Medien. Kleinere Kinder schmeißen mit Fernbedienungen, wenn sie ausmachen sollen, beschimpfen ihre Eltern, weinen oder betteln, und einige werfen das Tablet mit Schmackes auf den Boden, womit das Problem mehr oder weniger von selbst gelöst ist.

Auch viele größere Kinder und Jugendliche (und sogar Erwachsene) sind nach dem Gebrauch von Medien oft reizbarer bis aggressiver. Zum einen fällt ihnen der Wechsel von der digitalen Welt zurück in die reale Welt schwer. Zum anderen sind hormonelle Vorgänge ursächlich. In Folge können sie ihre Emotionen schlechter regulieren. Die Gründe dafür sind komplex:

1. **Überstimulation und erhöhter Stresspegel**
   Die Nutzung von Medien, insbesondere von Unterhaltungsmedien wie Videospielen, sozialen Medien oder kurzen Videos, kann zu einer Überstimulation führen. Dadurch steigt das Stressniveau, was die Fähigkeit, die eigenen Emotionen zu regulieren, stark beeinträchtigen kann. Dafür verantwortlich ist die Ausschüttung der Stresshormone Adrenalin, Noradrenalin und Cortisol. Ist der Spiegel dieser Hormone über längere Zeit immer wieder erhöht, hat dies physische, emotionale und kognitive Auswirkungen. Eine dieser Folgen ist, dass das Gehirn im Ruhemodus total überfordert ist, was zu einer allgegenwärtigen inneren Unruhe führt. Um wirklich konzentriert an etwas arbeiten oder etwas Neues lernen zu

können, müssen Menschen sich aber vertiefen können. Wir leben in einer Welt, die genau das Gegenteil von uns verlangt. Wir agieren dadurch zunehmend dysfunktional. Viele Menschen – vor allem junge Menschen – können teils nicht einmal mehr einem Gespräch folgen, ohne unruhig zu werden. Ihr Gehirn erwartet, dass mehr Reize kommen. Doch mehr Reize, das heißt auch mehr Stress. Und die Folgen von Stress für unsere Kinder haben wir ja bereits besprochen. Niemand kann guten Gewissens behaupten, dass diese Entwicklung nicht besorgniserregend sei.

2. **Dopaminabfall**

   Natürlich schütten wir durch die Nutzung digitaler Medien nicht nur Stresshormone, sondern wie schon erwähnt auch eine Menge vom Glückshormon Dopamin aus. Na und? Denkst du jetzt vielleicht: Ist doch schön, wenn es unsere Kinder glücklich macht. Das wollen wir doch eigentlich alle. Glückliche Kinder. Nur ist dieses Glück eben nicht von Dauer, und zudem legt es die Latte für das echte Leben extrem hoch. Es hat seinen Preis! Klar ist man kurz gut unterhalten. Aber das Loch, was danach entstehen kann, ist groß, dunkel und sehr tief. Weshalb Hirnforscher hier durchaus einen Vergleich zu Drogen ziehen: Nimmt jemand MDMA (Ecstasy), dann wird ebenfalls relativ viel Dopamin und Serotonin ausgeschüttet. Man fühlt sich gut. Doch danach ist man down. Es kommt zu einer »Postdepression«. Ähnliches lässt sich beobachten, wenn man das Handy nach längerer Benutzung weglegt. Auch hier kommt es zu einer Art Postdepression und in Folge zu PDRS.

3. **Realitätskonfrontation**

   Dass einige (jugendliche) Menschen in ein Loch fallen, nachdem sie die virtuelle Welt verlassen haben, liegt auch daran, dass sie von ihnen häufig als Fluchtort genutzt wird. In der virtuellen Welt können sie sein, wer sie sein wollen. Sie können Spiele spielen, in denen sie zum Helden werden. Sie können sich ihre Umgebung selbst erschaffen, sie können ihr Aussehen durch Filter verändern, sich einen Avatar bauen oder in völlig andere Rollen schlüpfen. Sie können ihre Probleme vorübergehend verdrängen. Die Flucht in die virtuelle Welt stellt für viele Jugendliche eine Bewältigungsstrategie dar. Das Problem ist allerdings, dass der Wechsel von einer Welt, die grenzenlose Bedürfnisbefriedigung verspricht, zurück in eine Welt, in der viele Bedürfnisse unerfüllt sind, eine extreme Herausforderung darstellen kann. Jugendliche nutzen die Flucht in die Medienwelt als Bewältigungsstrategie für ihre Probleme, erschaffen damit aber neue.

Gehirnplastizität

Aufgrund der hohen Gehirnplastizität während der Pubertät sind Kinder besonders anfällig für strukturelle Veränderungen. Einerseits ist das super und soll genauso sein, damit sie sich ihren Lebensbedingungen optimal anpassen können. Andererseits schlägt sich der Einfluss von Internet und Smartphones auch eher negativ in ihren neuronalen Strukturen nieder. Hirnforscher wissen bereits, dass eine intensive Mediennutzung die Wahrnehmungsgewohnheiten, die Konzentration, das Erinnerungsvermögen, die Lernfähigkeit und die soziale Kompetenz verändert. Der Neurowissenschaftler Gerald Hüther sieht das Problem vor allem darin, dass es zu einem Sog kommt, der es unseren Kindern super schwer macht, das Wichtige vom Unwichtigen zu unterscheiden. Es gibt zudem erste Studien, die andeuten, dass eine intensive Mediennutzung zu Veränderungen im Striatum (einem wichtigen Kerngebiet des Vorderhirns) führen könnte, die denen von Menschen mit ADHS ähneln. Und es gibt Forschungen, die einen Zusammenhang zwischen dem Ausmaß der Mediennutzung und dem Rückgang der Aufmerksamkeitsspanne herstellen. Das nachzuweisen oder auszuschließen, wird die Aufgabe der Wissenschaft in den kommenden Jahren sein. Für unsere Kinder wird es dann aber vielleicht schon zu spät sein, um rechtzeitig einzugreifen.

Kreativitätsverlust

Auch für Jugendliche gilt oft: Je mehr sie digital konsumieren, desto größer werden ihre Schwierigkeiten, sich eigenständig zu beschäftigen, eigene Beschäftigungsideen zu entwickeln oder Probleme selbst zu lösen.

Wie auch mein Sohn an sich selbst feststellte, konzentrieren wir uns nur noch selten auf eine einzige Sache. Die digitale Welt ist aber auch zu verlockend. Dummerweise kommt es dadurch zu einem sogenannten Triple-Overload: Der digitale Stress verursacht Datenüberlastung, Kommunikationsüberlastung und kognitive Überlastung. Das schadet nicht nur unserer Aufmerksamkeit und Konzentration, sondern auch unserer Kreativität.

Ich gebe zu, dass die digitalen Medien die Kreativität auch fördern können! Ich kenne Menschen, die richtige Kunstwerke auf ihrem Tablet zeichnen oder sich bei der Gestaltung einer virtuellen Welt völlig in ihrer Kreativität verlieren können. Ich kenne aber auch Menschen, zum Beispiel mich, die durch das Rumhängen in sozialen Netzwerken ihre eigene Kreativität komplett blockieren. Und vielen Jugendlichen geht es ähnlich. Sie sind total abhängig von der täglichen Informations- und Reizflut und nehmen sich kaum bewusst Zeit für kreatives Denken.

Genau wie wir Erwachsenen müllen sie sich regelrecht zu mit irrelevanten Informationen. Unser Gehirn hat aber nur eine begrenzte Kapazität. Und Kreativität braucht Zeit und Raum. Oft entspringt sie der Langeweile. Und die halten unsere Kinder leider kaum noch aus. Müssen sie ja auch nicht. Denn die Lösung ist nur einen Swipe entfernt.

Selbstwertverlust

Die sozialen Medien sind die ideale Plattform, um sich ständig zu vergleichen und dabei den Kürzeren zu ziehen. Wer selbst postet, setzt sich stark der Bewertung durch andere aus, und das schwächt den Selbstwert. Dazu reicht, wie Studien[22] zeigen, schon ein einziges auf Facebook oder Instagram geteiltes Porträtfoto oder die regelmäßige Verwendung von Filtern. Wer sich selbst bewertet, indem er sich mit anderen vergleicht, kommt allerdings auch nicht besser dabei weg. Wie wir alle wissen, sehen wir in den sozialen Medien fast ausschließlich die geschönten, perfekten Momente, Gesichter, Hintern und Wohnungen. Insbesondere in der Pubertät sind unsere Kinder extrem anfällig für diese Art des sozialen Vergleichs. Eine kanadische Langzeitstudie zeigte, dass je mehr Zeit die Teenager in und mit sozialen Medien verbrachten, umso stärkere depressive Symptome entwickelten sie. Sicher auch, weil sie dadurch weniger Zeit für andere, gesündere Aktivitäten hatten, aber vor allem, weil der soziale Vergleich mit bessergestellten Menschen sie verunsicherte und triggerte.

Zudem wissen wir, dass Menschen sich vor allem solche Informationen suchen, die zu ihrer Wahrnehmung, ihrem Selbstbild und ihrer Stimmung passen. Das würde bedeuten, dass Teenager mit einer bereits gedrückten Grundstimmung im Netz vor allem solche Informationen auswählen, die dieser Stimmung entsprechen und ihr negatives Selbstbild bestätigen. Willkommen in der Abwärtsspirale. Ein weiteres Problem ist, dass immer mehr Jugendliche von Cybermobbing und Hate-Speech-Erfahrungen betroffen sind – und sowohl Opfer als auch Täter oft mit einem geringen Selbstwert kämpfen. Entweder als Folge oder als Ursache.

Schlafstörungen und andere körperliche Probleme

Laut der deutschen *Ärztezeitung* sind drei bis vier Stunden Medienkonsum täglich bereits ausreichend, um bei Teenagern Schlafprobleme zu verursachen oder zu verstärken.[23] Das Risiko dafür steigt ab vier Stunden Digitalzeit auf alarmierende 49 Prozent an. Die Ursachen dafür sind vielfältig. Einerseits hat das Bildschirmlicht eine aufputschende Wirkung auf unser Gehirn, was die Melatoninproduktion beeinträchtigt, zum anderen wühlen die Inhalte in den sozialen Medien und von Computerspielen unsere Kinder auf und halten sie manchmal bis in die Nacht am Bildschirm. Weitere körperliche Risiken ergeben sich aus Bewegungsmangel, Fehlhaltungen (zum Beispiel die unergonomische Haltung des Nackens), Augenprobleme, ungünstige Ernährungsgewohnheiten sowie physische und psychische Stressreaktionen.

Suchtgefahr

Kürzlich war eine Mutter in meiner Praxis, die sich sehr sorgte. Sie beschrieb die Situation zu Hause so: »Es gibt kein ›Hallo‹, keinen kurzen Blick zwischen uns. Sie verschwindet direkt in ihrem Zimmer, schließt die Tür und schmeißt sich auf ihr Bett. Sie will abschalten, sagt sie. Aber ich finde das nicht gut. Nur was soll ich tun? Hineingehen und reden – oder schweigen und gewähren lassen? Ist sie schon süchtig, oder chattet, spielt und swipt sie nur gern?« Eine Frage, die viele Eltern plagt. Einfache Antworten kann hier niemand geben. Denn nicht alleine die Dauer des Spielens, Chattens oder Swipens entscheidet über eine Abhängigkeit, sondern auch die Motivation der Nutzung spielt eine Rolle. Doch spätestens wenn Computer und Smartphone täglich dafür herhalten müssen, dem Ärger Luft zu machen und den Stress zu verarbeiten, spricht man von Anzeichen einer Sucht. Wie abhängig jemand ist, kann man auch daran messen, wie bereit er ist, dafür zu arbeiten, um an den Kick zu kommen. Die Sorge ist berechtigt, denn 2022 waren laut einer DAK-Studie 6,7 Prozent der Jugendlichen betroffen – Tendenz steigend.[24] 2019 waren es noch 2,7 Prozent. Und das sind nur die diagnostizierten Fälle. Gleichzeitig muss man ganz klar sagen, dass auch hier gilt: Die Mehrheit aller Jugendlichen gerät nicht in eine Abhängigkeit. Nur dürfen wir die Folgen des Medienkonsums ja nicht nur daran messen, ob jemand offiziell süchtig ist. Ich glaube, eine »kleine Smartphone-Sucht« haben mittlerweile viele Menschen, und alle oben genannten Auswirkungen sind auch ohne Diagnose real. Und die Realität ist, dass 95 Prozent der Jugendlichen und 40 Prozent der Kinder zwischen acht und zwölf Jahren soziale Medien nutzen. Das Problem beim Smartphone ist: Es ist allgegenwärtig, der Griff danach ist längst völlig automatisiert. Im Durchschnitt greift ein Mensch 88-mal täglich danach, und wie wir wissen, liegen Jugendliche deutlich über diesem Durchschnitt.

Aber warum tun wird das? Ganz einfach: Der Griff zum Handy hält jedes Mal eine kleine süße Überraschung für uns parat. Eine neue Nachricht, einen neuen Like oder wenigstens ein süßes Katzenvideo. In der Psychologie nennen wir das assoziatives Lernen. Das bedeutet, wir verbinden Handlungen mit positiven Erlebnissen. Jedes Mal, wenn wir das Handy zur Hand nehmen und eine bestimmte App öffnen, werden wir mit einem Dopaminleckerli belohnt – und das führt zu einer teils völlig automatisierten Handlung, die zur Gewohnheit wird. Wir haben uns selbst konditioniert. Und die Algorithmen der sozialen Plattformen tun ihr Übriges: Sie zeigen uns Inhalte, die uns sehr gut gefallen, aber nicht total monoton sind.

Auch wenn wir Katzenvideos lieben, weiß der Algorithmus, dass wir mehr brauchen – nämlich Spannung. Die Inhalte dürfen nicht komplett vorhersagbar und langweilig werden. Ein Grund, warum unsere Kinder immer wieder zum Handy greifen, ist, dass sie nie genau wissen, was als Nächstes kommt. Finden sie drei neue Nachrichten, zehn neue Likes oder ein Video von einer Katze, die sich für ein Huhn hält? You never know. Das Problem ist also nicht der Inhalt. Das Problem ist, dass man nicht aufhören kann. Schon gar nicht, wenn die eigene Impulskontrolle und Regulationsfähigkeit sich noch in der Entwicklung befindet. Und das gilt natürlich auch fürs Gamen und Zocken. Die Spiele machen heute nachweislich süchtiger als zuvor, weil sie immer besser auf die Bedürfnisse unserer Kinder zugeschnitten sind. Aus diesem und anderen Gründen rechnen die Krankenkassen zukünftig auch mit steigenden Zahlen bei Mediensuchterkrankungen. Partiell wird die Mediensucht sogar als Einstiegsdroge betitelt, da insbesondere im Bereich Gaming und E-Sport manchmal zu Substanzen gegriffen wird, die wach und konzentriert machen oder helfen, nach dem Spielen besser abzuschalten.[25]

Und nun?

Ich bin ehrlich. Am Ende dieses Kapitels wollte ich sämtliche Smartphones in unserem Haushalt und die Playstation einfach aus dem Fenster schmeißen. Ich wusste all das zwar irgendwie schon. Aber es noch einmal so gebündelt niederzuschreiben, zeigte Wirkung bei mir.

Dann habe ich gedacht: Ging das nicht auch meinen Eltern schon so? Haben die sich nicht auch schon Sorgen um mich und meinen Fernsehkonsum gemacht und versucht, mich davon abzuhalten, den Gameboy auch noch mit aufs Klo zu nehmen? Ganz bestimmt. Es ähnelt sich. Aber es ist trotzdem anders. Same same, but different. Nie zuvor war die Präsenz von Medien so allgegenwärtig und die Frequenz der Nutzung so hoch. Digitale Medien sind aus dem Alltag unserer Kinder nicht mehr wegzudenken – egal wie wir das finden.

Uns muss klar sein, dass unsere Kinder sich mit der Nutzung von digitalen Medien nicht nur Gefahren aussetzen, sondern dadurch auch viele wichtige Entwicklungsaufgaben bewältigen und Bedürfnisse befriedigen. So ist das Internet ein beliebter Treffpunkt sowie die Quelle von vielen Trends, die Jugendliche gern ausprobieren, um mit ihrer Identität zu spielen und Zugehörigkeit zu bestimmten Gruppen auszudrücken. Unsere Kinder kommunizieren und organisieren sich über den Gebrauch von Apps wie WhatsApp und Snapchat. Sie trainieren ihre Skills, lernen Fremdsprachen, üben erfolgreich Mathe mit Lehrer Schmidt, bilden sich politisch fort und entdecken bequem von zu Hause die Welt. Und manchmal erschaffen sie sich eben auch ihre eigene digitale Welt, in die sie flüchten können, wenn es ihnen in der echten zu viel wird. Ab und an ist das auch völlig okay. Bedenklich wird es erst, wenn die Art der Bewältigung zur einzigen Lösung oder einem völlig selbstverständlichen Automatismus geworden ist.

Unsere Kinder wachsen nicht in einem luftleeren Raum auf. Sie sind Teil einer Gemeinschaft – und das Gemeinschaftsleben findet heute zu einem immensen Teil online statt. Finde ich das gut? Nö. Kann ich das ändern, ohne meinem Kind zu schaden? Nö. Unsere Kinder völlig auszugrenzen, ist keine Option. Ihnen die Teilhabe an digitalen Medien zu verwehren, bedeutet, sie zu isolieren, und das stellt ein ebenso großes Entwicklungsrisiko dar wie eine übermäßige Nutzung.

Ich möchte dennoch betonen, dass WLAN kein Bedürfnis ist, sondern eine Strategie, um andere Bedürfnisse zu befriedigen. Soziale Interaktion und Teilhabe, politische Bildung und Vernetzung, persönliche Verwirklichung und gelebte Identität, Selbstregulation, Ablösung, Safe Place – all das, und noch mehr, bedeutet der Zugang zu Medien für unsere Kinder. Deshalb fragen sie in der Ferienwohnung oder im Restaurant auch als Erstes nach dem WLAN-Passwort. Manchmal steckt hinter dieser Frage der Wunsch nach Austausch, Zugehörigkeit und Selbstgefühl – manchmal aber auch nur Langeweile.

Daher müssen wir uns als Eltern gut überlegen und uns gegebenenfalls auch dazu beraten lassen, welchen Umgang mit Medien wir zu Hause etablieren wollen. Dieser Umgang beginnt bei uns selbst. Wir dürfen unser eigenes Medienverhalten ebenso reflektieren wie unsere grundsätzliche Haltung dazu. Erst dann setzen wir uns mit unseren Kindern zusammen und finden gemeinsame Ideen und Regelungen.

Einige Eltern sagen: »Wenn es nun aber sowieso bald darauf hinausläuft, dass unsere Kinder volljährig sind und machen können, was sie wollen. Macht es dann überhaupt Sinn, ihren Zugang zu Smartphone, Tablet und Konsolen jetzt noch zu begrenzen? Können wir uns den Stress nicht vielleicht sparen?« Ich kann das nicht pauschal verneinen oder bejahen. In erster

Linie geht es mir darum, Zeit zu gewinnen, bis ihre Gehirne weiterentwickelt und weniger anfällig für strukturelle Veränderungen sind. Und natürlich brauchen, die meisten Jugendlichen uns, um gesunde Gewohnheiten im Umgang mit Digitalität zu erlernen. Wenn wir ehrlich sind, können das ja selbst viele Erwachsene nicht. Es ist also sicher nicht nur eine Frage des Alters. Andererseits sind wir ja auch bei anderen suchtgefährdeten Substanzen und Aktivitäten der Meinung, dass Jugendliche vor ihnen geschützt werden sollten: Alkohol, Zigaretten, Drogen, Spielsucht etc.

Ich erlebe Eltern, die die Notwendigkeit einer Begrenzung ausschließlich am schulischen Leistungsstand ihrer Kinder messen. Solange die Noten okay sind, gäbe es keinen Grund einzuschreiten. Ich halte das für gefährlich. Der schulische Erfolg darf nicht das einzige Kriterium sein. Der Ansatz ist nachvollziehbar, denn eine *Spielstörung* wird laut WHO durch eine zunehmende Priorität des Spielens gegenüber anderen Aktivitäten definiert. Schule als einzige Aktivität ist viel zu kurz gedacht. Wir müssen auch darauf schauen, wie es um die soziale Eingebundenheit, Sozialverhalten, Empathiefähigkeit, Lebensfreude, Regulationsfähigkeit und das allgemeine emotionale Befinden steht. Einige Jugendliche müssen sich kaum anstrengen und sind gut in der Schule. Andere hätten die schlechten Zensuren vielleicht auch ohne ihr Smartphone. Wieder andere sind sehr leistungsorientiert und schaffen es, sich zum Lernen von ihren digitalen Freuden loszueisen, haben aber keinerlei andere Interessen mehr. Wie bereits erwähnt, geht es nicht nur darum, Sucht zu verhindern, noch weniger geht es darum, Sucht nur zu verhindern, damit die Schule nicht leidet. Das Kind darf nicht leiden. Und für dessen Gesundheit brauchen wir mehr als die bloße Abwesenheit einer Sucht.

Ob eine Begrenzung tatsächlich notwendig ist, das ist von Teenie zu Teenie also sehr unterschiedlich. Nicht jedes Kind muss zeitlich oder inhaltlich begrenzt werden, aber ich bin sicher: Jedes Kind sollte begleitet werden. Denn egal, ob der Zugang völlig frei oder begrenzt ist, unsere Kinder sind über die digitalen Medien vielen fragwürdigen Inhalten ausgesetzt: Fake News, Hate Speech, Werbung, Manipulation, realen Kriegsbildern, Schönheitsidealen, Gewaltverherrlichung, Pornografie, extremistischen Botschaften, Datenlecks, korrumpierenden Algorithmen, sexualisiertem Content, gefährlichen Menschen, Cybermobbing und vielem mehr.

Die sozialen Medien haben darüber hinaus nicht nur den perfekt gläsernen Nutzer erschaffen, sondern machen diesen auch zum Spielball der Algorithmen, und unsere Kinder, mit ihren unreifen Gehirnen, sind besonders anfällig dafür. Die Idee eines sozialen Netzwerkes ist nicht falsch, sie ist sogar gut. Die Frage ist aber, ob das soziale Netzwerk einen Algorithmus haben sollte, der den Nutzer alle anderen Bedürfnisse vergessen lässt. Die Meta-Macher betonen zwar selbst, dass sie eine maximale Nutzungsdauer von einer Stunde täglich empfehlen, programmieren ihre Algorithmen aber absichtlich so, dass wir länger hängen bleiben.

MEDIENKOMPETENZ VERSUS MEDIENMÜNDIGKEIT

Schulen fangen heute immer früher an, digitale Medien zur Wissensvermittlung einzusetzen. Medienkompetenz ist zu einem neuen, sehr wichtigen Lernziel geworden. Da gehe ich mit.

Ich finde allerdings, dass wir der Medienmündigkeit wesentlich mehr Aufmerksamkeit schenken müssten als der Medienkompetenz. Um die technische Befähigung unserer Kinder mache ich mir keine Sorge. Um den verantwortungsvollen Umgang mit dieser Technik schon. Wir müssen unseren Kindern zeigen, wie man die Sicherheit von Seiten, Menschen und Quellen prüft und wie man sich im Internet vor persönlichen Angriffen und Manipulation schützt.

Einen Fehler sollten wir dazu unbedingt vermeiden: die Inhalte, die unsere Kinder konsumieren, und die Spiele, die sie spielen, als sinnlosen Quatsch abzutun. Für sie ist es kein Quatsch. Für sie sind es bedeutsame Lebensinhalte, an denen sie uns allerdings nicht mehr teilhaben lassen werden, wenn wir diese abwerten oder verspotten. Wir müssen uns offen und interessiert zeigen und vielleicht auch mal eins der Spiele mitspielen, die wir so verteufeln. Denn unsere Kinder werden uns als Berater nicht ernst nehmen, wenn wir ganz offensichtlich gar nicht wissen, wovon wir reden.

Bildschirmzeitvereinbarungen

Die meisten Kinder wissen sehr wohl, dass sie eigentlich zu viel Zeit am Bildschirm verbringen. Sie dafür ständig zu kritisieren oder gar als süchtig zu bezeichnen, ist absolut kontraproduktiv – schon allein, weil wir an die Jacke denken müssen, die Menschen sich tatsächlich gewillt sind, anzuziehen, wenn sie ihnen ständig hingehalten wird. Aber es spricht nichts dagegen, Kinder darüber zu informieren, warum zu viel Zeit am Bildschirm gefährlich sein kann. Zum Beispiel bei einer Pizza auf der Couch oder bei einem Spaziergang im Freien. Dieses Gespräch darf einfühlsam, aber klar sein: »Ich möchte, dass wir alle unsere Bildschirmzeit im Auge behalten, und wollte dich fragen, welche Ideen du hast, damit uns das gelingt.«

Doch woran sollen wir uns da orientieren? Was ist realistisch? Und was ist gesund? Der französische Psychologe Serge Tisseron entwickelte die 3–6–9–12-Regel, die sich am Alter der Kinder orientiert und ein hilfreicher Kompass für Eltern sein kann: Kein Fernsehen unter drei, kein Zocken unter sechs, kein Internet unter neun und keine sozialen Netzwerke vor zwölf. Dummerweise endet diese Regel mit der Pubertät und sagt nichts über ein gesundes Zeitlimit aus.

Die meisten Studien zeigen, dass Kinder ab einer Bildschirmzeit von mehr als drei Stunden täglich höheren Risiken für die meisten oben aufgelisteten Gefahren ausgesetzt sind. Daher empfehlen einige Experten und Krankenkassen folgende Faustregel: Die Bildschirmzeit pro Woche sollte dem Alter des Kindes entsprechen. Heißt: Wer dreizehn ist, sollte auch nur dreizehn Stunden Bildschirmzeit haben. Wer siebzehn ist, kann dementsprechend siebzehn Stunden spielen, chatten und swipen. Ich weiß, dass das ziemlich ambitioniert klingt, vor allem weil die meisten Kinder ja längst mehr Bildschirmzeit (bis zu viermal so viel) gewohnt sind und sich darüber mit ihren Freunden treffen und austauschen. Telefonieren hat für mich zum Beispiel nichts mit Bildschirmzeit zu tun. Auch halte ich nichts von universellen Regeln für einzigartige Kinder.

Allerdings finde ich diese Faustregel hilfreich, um einfach mal zu checken, in welcher Dimension wir uns ungefähr bewegen sollten. Denn das hilft mir, den erforderlichen Mut und die nötige Entschlossenheit aufzubringen, um mich mit meinen Kindern auseinanderzusetzen und gegebenenfalls zu reiben. Auch an dieser Stelle möchte ich noch einmal dazu ermutigen, Konflikte nicht zu vermeiden, weil man Angst davor hat, den Zorn seines Kindes auf sich zu ziehen. Das gehört zum Elternjob dazu. Vor allem in der Pubertät. Entscheidend ist, wie wir das tun. Unsere Kinder müssen unbedingt mitgestalten dürfen.

Auf welche maximale Nutzungsdauer können wir uns einigen? Welche Begrenzungen bei welcher App sind für dich denkbar? Was ist dir wichtig, was weniger wichtig? Und was brauchst du von uns, damit du dich gut regulieren kannst?

Jugendliche können das! Sie sind meiner Erfahrung nach offen für unsere Führung, sofern wir ihnen dabei nicht ihre Selbstwirksamkeit, Meinung oder Würde nehmen.

Bildschirmfreie Zeiten

Das Gehirn unserer Kinder braucht Ruhezeiten, um zu regenerieren und zu verarbeiten. Genau genommen braucht das jedes Gehirn.

Wir legen unsere Telefone daher am Abend *alle* auf eine zentrale Ladestation, sodass sie nachts nicht im selben Raum sind und den Schlaf stören. Um nicht schon völlig überreizt in den Tag zu starten, bleiben Smartphones und Konsolen vor dem Frühstück ungenutzt. Auch am Abend achten wir auf eine bildschirmfreie Zeit vor dem Schlafengehen. Das alles klappt nicht immer, aber meistens, und hat unser Miteinander deutlich verschönert. Wenn wir essen oder gemeinsam einen Film gucken, sind Smartphones tabu, und wenn jemand etwas an seinem Telefon zu erledigen hat, dann zieht er sich dafür zurück, statt geistig abwesend zwischen allen anderen zu sitzen. Auf dem Klo lesen wir Zeitschriften oder zählen Fliesen (107 im kleinen Bad), statt das Handy mitzunehmen. Ausnahmen bestätigen natürlich auch hier die Regel, aber es ist uns grundsätzlich sehr wichtig, eine klare Grenze zwischen Online- und Offline-Zeiten und -Räumen zu ziehen, damit sie nicht verwischen und wir als Familie achtsam, aber vor allem bewusst getrennt in beiden Welten unterwegs sein können.

Auch regelmäßiges Digital Detox kann zu einem bewussteren Umgang beitragen. Denn dadurch werden Automatismen unterbrochen und völlig neue Erfahrungen ermöglicht. Als mein Sohn dreizehn Jahre alt war und sein Handykonsum auffällig zunahm, fragte ich ihn interessiert und wertungsfrei, ob er glaube, dass er noch ohne könne. Er bejahte das nicht nur, sondern wollte es sich auch selbst beweisen. Er schlug uns eine Wette vor: Wenn er es schafft, während des gesamten Urlaubs sein Handy nicht zu benutzen, dann hätte er einen (angemessenen) Wunsch frei. Wir haben diesem Deal ohne zu zögern zugestimmt und noch die Rahmenbedingungen des Wunsches geklärt. Natürlich kann man diese Entscheidung aus pädagogischen Gründen kritisieren: Ist das nicht manipulativ von beiden Seiten? Ist das nicht zu extrinsisch motiviert? Ist das nicht auch »wenn … dann«?

Vielleicht. Diese moralischen Bedenken mögen gerechtfertigt sein – doch wir sahen vor allem das Potenzial dieses Experimentes.

Unser Sohn machte es sich einfach. Kurz vor unserer Abreise entschied er, sein Handy nicht mit in den dreiwöchigen Campingurlaub zu nehmen. Wozu das Handy mitnehmen, wenn man es doch gar nicht benutzen will? Damit hatte er sich selbst überlistet und im Grunde schon an Tag eins gewonnen. Wie ich heute weiß, war das genau richtig. Denn die Forschung hat gezeigt, dass allein die pure Anwesenheit des eigenen Smartphones in der Nähe schon Auswirkungen auf die Performance des Gehirns haben kann. Scheinbar wird ein Teil der Nervenzellen ständig dafür gebraucht, um den Impuls zu verhindern, nach dem Handy zu greifen. (Ein Handy im Ranzen, nach dem man während des Unterrichts nicht greifen darf, dürfte bei einigen Kindern ähnliche Kapazitäten binden.)

Wie unser Sohn heute selbst sagt, fielen ihm die ersten zwei Tage schwer. Besonders die Autofahrten waren ohne Handy verdammt lang. Doch plötzlich war ein Hörspiel wieder Unterhaltung genug. Er bekam ein Gefühl dafür, wie oft er im Alltag zum Handy greift, weil er plötzlich buchstäblich ins Leere griff. Doch schon am dritten Tag verschwand die innere Unruhe, sagt er. Er fühlte sich weniger getrieben, war entspannter und emotional stabiler. Er fühlte sich frisch im Kopf und hatte wieder besseren Zugang zu seiner Kreativität. Denn in den meisten Jugendlichen steckt irgendwo noch ein verspieltes Kind, das hinter einem Display eingesperrt ist. Ich muss dazu sagen, dass unsere Kinder immer Abenteurer waren. Im Urlaub gehörten sie noch nie zu den Kindern, die man nur zu den Mahlzeiten oder einigen Ausflügen sah, weil sie sich mit ihrem Handy oder ihrer Konsole verschanzt hatten. Aber je älter sie wurden, desto mehr konkurrierte das Handy mit den echten Abenteuern. Doch in diesem ersten handyfreien Urlaub griff mein Sohn nach dem Aufwachen nicht zum Handy, sondern schlich sich aus dem Camper, um sich zu mir zu gesellen, während alle anderen noch schliefen. Wir saßen gemeinsam am Strand, bauten eine Stadt aus Sand, gingen baden, fingen Kaulquappen, sammelten Strandgut und viele Marmeladenglasmomente. Er hackte Holz, machte Feuer, röstete Brot und servierte uns zum Mittag Bruschetta. Wir hatten tolle Gespräche, und er lernte viele Dinge aus Situationen, die sich mit Smartphone vermutlich nicht ergeben hätten. Viele dieser Momente hätte es natürlich auch ohne das Experiment gegeben, denn er hätte ja nicht die ganze Zeit am Handy gehangen. Aber die Erfahrung, dass es einen Unterschied in seinem Leben macht und dass er die Fähigkeit besitzt, zu verzichten, wenn er will, die hätte ihm gefehlt.

Seit diesem Urlaub macht er das jeden Sommer so: Er nimmt sein Handy nicht mehr mit zum Campen. Er verzichtet (freiwillig) auf sein digitales Ich, um sich selbst zu begegnen. In diesem Jahr brauchen wir wohl aber eine flexible Lösung – denn er hat jetzt eine Freundin und möchte natürlich mit ihr in Kontakt bleiben.

Das, was wir im Selbstversuch meines Sohnes erlebt haben, bestätigt auch das Schülerprojekt einer norddeutschen Schule aus dem Jahre 2016: Die achte Klasse eines Gymnasiums unterzog sich im Rahmen des Sozialkundeunterrichts einem Selbstversuch und verbannte für eine Woche digitale Medien aus ihrem Alltag. Unter der Aufsicht des damaligen Lehrers und heutigen Mitarbeiters des Bildungsministeriums Gerd Müller, gingen die Schüler*innen der Frage auf die Spur, ob das Leben noch einen Sinn hat, wenn sie nicht überall auf alle Apps zugreifen können. Dabei machten die Jugendlichen ganz besondere Erfahrungen – mit sich, ihren Familien und ihren Freunden.

»Es war schon ein komisches Gefühl. Ich habe die ganze Zeit gedacht, dass ich es verloren oder irgendwo vergessen habe. Die Absprachen mit meinen Eltern, um abgeholt zu werden, weil ich außerhalb wohne, liefen schwieriger, haben aber funktioniert. Ich war aber genervt und habe mich andauernd gefragt, warum ich das eigentlich mache. Ja und dann, dann habe ich mich mehr auf schulische Sachen konzentriert. Ich habe grundsätzlich gemerkt, dass ich mich wieder auf andere Sachen mehr konzentriert habe. Ich habe auch mehr zu Hause erzählt, und irgendwie hat alles letztlich besser geklappt, als ich erwartet habe.«

»Ich konnte mich entspannen und hatte nicht ständig den Drang, auf mein Handy zu schauen. Ich war erleichtert, dass es nicht ständig zwitscherte, piepte und brummte. Auch der Druck, immer antworten zu müssen, war weg. Ich war viel kreativer. Ich war mit meiner Katze spazieren, habe Masken gebastelt und war sogar joggen. Der Verlust meiner abendlichen Computerspielroutine hat dafür gesorgt, dass ich früher schlafen gegangen bin.«

»Anfangs hatte ich so meine Zweifel, weil es schwer war. Vor allem, weil Freunde und Familie es weiter benutzten. Mit der Zeit wurde es jedoch immer leichter. Wenn ich mit Freunden verabredet war und nicht wusste, ob sie kommen, war das komisch. Auch wenn ich gedacht habe, dass ich es nicht schaffen würde, habe ich doch und auch einiges für mich mitgenommen. Es war eine wichtige Erfahrung für mich, die ich wohl nie vergessen werde.«

Natürlich hat auch der Lehrer Gerd mitgemacht und sein Handy eine Woche abgelegt: »Zu Beginn war die Langeweile sehr groß, weil wir noch gar nicht so recht wussten, wie wir unsere neu gewonnene Zeit hätten nutzen können. Das war auch gleich die erste Erkenntnis – mehr Zeit beziehungsweise Freizeit. Wir haben sehr deutlich gemerkt, wie oft und wie lange wir eigentlich in der Vergangenheit am Handy verbracht haben. Die anfängliche Anstrengung, mit der Langeweile zurechtzukommen, ist sehr schnell den Ideen zum Opfer gefallen, was man in der Zeit alles anstellen könnte. Das hat jeder ganz für sich allein gemacht, und die unterschiedlichsten Varianten der Freizeitgestaltung sind dabei herausgekommen. Wir haben in der Klasse herausgehört, dass viele mehr draußen gewesen sind, mehr mit ihrer Familie unternommen haben oder mit den Geschwistern gespielt beziehungsweise sie mal wieder geärgert haben.« (Gerd grinst.)

Erstaunlicherweise erzählte er mir auch noch, wie am Ende des Experimentes die Langeweile kollektiv ganz plötzlich wieder auf das Anfangsniveau anstieg – vermutlich wohlwissend, dass man am nächsten Tag sein Handy wiederhaben würde. Die Kreativität wurde wieder faul. »Aber irgendwie hat genau diese Langeweile uns dann auch noch einen Tag darüber nachdenken lassen, dass uns die Zeit eigentlich gut gefallen hat und dass wir uns einiges bewahren möchten. Viele Schüler*innen haben sich nach dem Experiment eigenständig Regeln im Umgang mit ihrem Smartphone überlegt.«

Laut Gerd Müller ging es weder ihm noch den Schüler*innen darum, zu zeigen, dass man digitale Medien nicht braucht. Viel mehr ging es darum, zu veranschaulichen, wie fremdgesteuert und unbewusst die meisten Menschen mit ihnen umgehen. Gerd sagte: »Aus meiner Sicht hat jede/r Teilnehmer*in dieses Experiments schon gewonnen, wenn er sich der Aufgabe nur einen Tag stellt. Die Erkenntnis hat er nämlich schon am ersten Tag – ob er sie dann auch noch mit einem Mehrwert versieht, ist von jedem Einzelnen abhängig. Ich war sehr beeindruckt, wie diszipliniert der Großteil der Klasse sich der Herausforderung stellte – zum Beispiel hatte eine Schülerin Geburtstag und konnte ihre Glückwünsche nicht über das Telefon entgegennehmen, und ein Schüler hat sich in dieser Woche komplett isoliert, weil er zu weit außerhalb wohnt und hat dann tatsächlich Tom Waits für sich entdeckt, als er Kassetten abgespielt hat.« Dass der Umgang mit Medien aber nicht nur ein Kinder-, sondern eben ein Familienthema ist, bestätigten die Aussagen vieler Schüler*innen, die an diesem Experiment teilnahmen: Ihre Eltern, so sagten sie, hätten aufgrund ihres Jobs gar nicht mitmachen können – und andere wollten es auch nicht. Einigen Eltern fiel es sehr schwer, ein längeres Gespräch mit ihren Kindern zu führen.

Und was ist aus diesem Experiment geblieben?

»Ich habe mir vorgenommen, mein Handy am Tag für ein paar Stunden wegzulassen.«

»Für die Zukunft könnte ich mir vorstellen, mein Handy nicht immer dabeizuhaben, wenn ich mit meinen Eltern unterwegs bin.«

»Ich hab mir für die Zukunft vorgenommen, nicht mehr so viel am Handy zu hängen und früher ins Bett zu gehen.«

»Ich finde, es ist wichtig, mal Abstand von all dem zu nehmen und unabhängiger vom Handy zu sein.«

»Ich möchte in Zukunft darauf achten, dass mein Handy nicht mehr zu meinem ›digitalen Ich‹ wird.«

»Das Experiment war schon gut, weil einem gar nicht bewusst ist, wie abhängig man sich wirklich gemacht hatte.«

Dank Gerd und seiner Klasse habe ich richtig Lust bekommen, dieses Experiment selbst einmal zu wagen – eine Woche medienfrei als Familie. Mal schauen, was das mit uns macht.

Kürzlich las ich bei einer Erziehungsinfluencerin[26] den Satz: Sie würde alles wieder genauso machen, nur die Sache mit den Medien nicht. Sie habe sich von den Argumenten der »Unerzogen-Szene« überzeugen lassen, Kindern sehr früh freien Zugang zu digitalen Medien zu gewähren – doch wozu das geführt hat, zeigte sich, laut ihrer Aussage, erst nach einer Woche ohne Tablet: »Wir hören jetzt enorme Mengen Hörbücher. Wenn es Filmabend gibt, schauen wir zusammen und haben Spaß – und hinterher reden wir drüber. Das Tablet hat keinen Pullfaktor mehr – auf einmal sind Ausflüge und das Loskommen leicht. Plötzlich gibt es freies Spiel statt Spiele in der App. Auf einmal öffnen sich neue Wege, von denen wir bisher gar nicht gewusst haben, dass sie von den digitalen Medien versperrt waren.«

Inhalte prüfen und besprechen

Wir müssen unsere Kinder einerseits über die Gefahren im Umgang mit Medien aufklären, dürfen aber gleichzeitig nicht zu den totalen Miesepetern werden – denn sonst wird der Gebrauch von Medien für unsere Teenies womöglich zum Mittel der Wahl, um sich von uns abzugrenzen. Wir können uns mit ihnen online Videos ansehen, mit ihnen Fifa zocken und ihnen sogar helfen, ein Instagram-Profil zu erstellen. Wir dürfen gemeinsam mit ihnen digitalen Spaß haben. Aber wir müssen ab und an auch die Spaßbremse sein und sie für die Risiken sensibilisieren. Hier sind ein paar Ideen dazu:

Digitale Aufenthaltsorte kennen und prüfen Das ist laut gesetzlicher Fürsorgeverpflichtung sogar unsere elterliche Pflicht. Wir sollten wissen, welche Seiten unsere Kinder regelmäßig besuchen und zu welchem Zweck. Was wird dort angeboten? Wer ist noch dort unterwegs? Gibt es fragwürdige Werbeeinblendungen, sexualisierte Inhalte oder Ähnliches?

Altersgerechte Software, Apps und Spiele nutzen Was mich wirklich besorgt, ist die Selbstverständlichkeit und Naivität, mit der einige Eltern ihren Kindern freien Zugang gewähren – und damit meine ich nicht nur das Zeit-, sondern das Alterslimit. Bei allem, was unsere Kinder nutzen, sollten wir die Altersfreigabeempfehlungen der USK im Blick haben und nur altersgerechte Angebote freischalten – oder solche, die wir unseren Kindern tatsächlich ohne Bedenken zutrauen. Insbesondere bei Filmen sind die Altersfreigaben leider sehr großsprüngig: null, sechs, zwölf, sechzehn und achtzehn. Hier liegt es meiner Meinung durchaus im Ermessen der Eltern, mit den Bereichen dazwischen eigenverantwortlich umzugehen.

Eigene Benutzeroberfläche für Teenies anlegen Für die Sicherheit unserer Kinder kann es sinnvoll sein, für sie eine eigene Benutzeroberfläche auf dem Computer beziehungsweise für Anwendungen auf dem Smartphone einzurichten. Auf diese Weise können wir Accounts alters- und bedarfsgerecht anpassen.

Downloads und Käufe autorisieren Wir haben uns zu Hause darauf geeinigt, dass Apps nur gemeinsam runtergeladen werden, damit unsere Kinder sich nicht völlig zumüllen. Wer das anders handhaben möchte, sollte aber zumindest regelmäßig erfragen, welche Apps sich aktuell auf dem Handy des Kindes befinden. Daraus kann man auch ein Family Event machen: Kommt, wir schmeißen jeder mal drei Apps runter.

Filter für Suchmaschinen aktivieren Suchmaschinen wissen nicht, wie alt der Nutzer ist, der sie bedient. Es sei denn, man sagt es ihnen. Darum muss man Kinder aktiv vor unsicheren Inhalten, wie nicht jugendfreie Bilder, Videos und Webseiten, schützen. Bei den meisten Online-Suchmaschinen kann man dazu verschiedene Filterfunktionen aktivieren. So erhalten Kinder keine anstößigen Ergebnisse. Alternativ gibt es auch spezielle Suchmaschinen für Kinder.

Über Persönlichkeitsrechte und Datenschutz aufklären Unsere Kinder müssen lernen, wie sie mit ihren Daten im Internet umgehen sollten. *Welche Informationen sind okay? Womit könnte ich mir selbst schaden? Wodurch verletze ich fremde Rechte im Netz? Darf ich Fotos von anderen Freunden einfach weiterleiten oder posten? Sollte bei Snapchat wirklich jeder sehen können, wo ich mich gerade aufhalte? Hat es Nachteile, seinen Namen freizugeben?* Diese Art der Sensibilität beginnt damit, dass wir unsere

Kinder um ihr Einverständnis bitten, wenn wir Fotos oder Informationen von ihnen veröffentlichen – und sei es nur im WhatsApp-Status für die Familie.

Auf dem Weg zur Medienmündigkeit dürfen wir als Eltern auch die Schulen und andere Freizeit- und Bildungseinrichtungen noch viel mehr in die Pflicht nehmen, denn Medienbildung ist keine Privatsache. Sollte es zumindest nicht sein. Aber auch hier gibt es auf sozial-politischer Ebene viel zu wenige gute und fest etablierte Projekte, womit wir wieder bei der fehlenden gesellschaftlichen Rahmung und Unterstützung des Erwachsenwerdens wären.

Alternativen anbieten

An all diesen Erfahrungsberichten können wir sehen, dass attraktive Alternativen es leichter machen, sich vom Bildschirm zu lösen. Denn es geht bei der Nutzung der Handys ja nicht nur darum, die Langeweile zu vertreiben, sondern auch die Einsamkeit. Es reicht also nicht, nur zu sagen: »Mach doch mal was Vernünftiges. Immer hängst du nur an diesem Teil. Das wächst doch fest an dir.« (Ja, ja, und Cola macht schwarze Füße.) Wir dürfen unseren Kindern stattdessen helfen, Alternativen zu finden. Vielleicht sind das gemeinsame Aktivitäten mit uns oder mit Freunden. Wie wir im Interview mit Florian Kehrmann gleich lesen werden, ist Vereinssport hier eine tolle Möglichkeit, um die Bildschirmzeit zu reduzieren oder zumindest zu kompensieren. Menschen brauchen etwas, wofür sie brennen. Unsere Kinder sind in der Pubertät ja oft auch deswegen so anfällig für die mediale Dauerbeschallung, weil sie aus ihren alten Aktivitäten rausgewachsen sind und nicht wissen, wie sie das entstandene Loch stopfen sollen. Lego spielen fetzt nicht mehr. Oder nur noch sehr selten. Es ist also wichtig, dass wir unseren Kindern altersgerechte Angebote machen und ihre Umgebung entwicklungsgerecht gestalten.

Es gibt übrigens auch einige Spiele, die einen ähnlichen Charakter haben wie Videospiele, aber analog gespielt werden: zum Beispiel Andor, Anno 1800, Projekt L, Unlock oder Magic. Und wenn wir das Gefühl haben, dass sich unsere Tochter fast nur noch online mit ihren Girls trifft und lieber Schmink-Tutorials guckt oder dreht, statt das Haus zu verlassen, dann können wir ihr anbieten, eine epische Pyjamaparty für die Mädelsgang zu schmeißen, oder alle in einen Escape Room einladen.

Wir können natürlich auch gemeinsam mit unseren Kindern Instagram-Rezepte ausprobieren oder TikTok-Tänze einstudieren – es geht ja nicht darum, alles zu verteufeln, was aus dem Internet kommt. Hauptsache, wir geben sie nicht einfach auf oder kapitulieren. Unsere Kinder werden es uns (jetzt oder eben später) danken, dass wir ihnen immer und immer wieder dabei geholfen haben, eine Brücke zu bauen, von der digitalen in die echte Welt. Und selbst, wenn sie es nicht tun – denn unsere Kinder sind uns nichts schuldig, auch nicht das gute Gefühle, alles richtig gemacht zu haben –, werden wir tief in unserem Innersten wissen, dass es das Richtige war.

Diese Brücke müssen wir übrigens nicht allein bauen. Die echte Welt steckt voller Abenteuer, die kein Videospiel und kein soziales Netz ersetzen können. Zusammen lachen, bis man weint oder einpullert. Gemeinsam eine Höhle im Wald bauen und als geheimen Treffpunkt nutzen. Als Team ein Handballspiel gewinnen – oder verlieren, ganz egal. Das sind Freuden und Erfahrungen, die unsere Kinder nie vergessen werden – was man online erlebt hat, hat man zu 80 Prozent vermutlich schon am nächsten Tag vergessen, die Folgen bleiben allerdings länger.

Interview mit Florian Kehrmann

Flo, du bist seit vielen Jahren Handball-Trainer beim TBV Lemgo und hast schon allein aus beruflichen Gründen unglaublich viel Zeit mit Jugendlichen verbracht – darüber hinaus bist du auch Vater von zwei Kindern, die gerade mitten in der Pubertät stecken. Folglich hast du einen guten Einblick in die Themen und Bedürfnisse von jugendlichen Menschen. Wie verstehst du deine Rolle als Trainer? Siehst du dich auch als Mentor und Bezugsperson?

Gerade am Anfang meiner Trainerkarriere war das schon eine Art Doppelrolle. Dann ist man natürlich nicht nur der Trainer, der versucht, ihnen die sportlichen Dinge zu vermitteln, sondern es passiert auch noch eine Art Erziehung. Ich habe immer versucht, den Jungs auch ein paar Dinge an die Hand zu geben, die vielleicht nicht nur im Sport wichtig sind, sondern im Leben. Ich habe das selber auch so erlebt. Als Jugendlicher wurde ich unter Bob Hanning trainiert, der schon eine prägende Figur für mich war – eben weil er viel Wert darauf gelegt hat, nicht nur den Sport zu betrachten, sondern die Menschen dahinter.

Ich lege auch Wert darauf, grundlegende Lebenskompetenzen, wie pünktlich zu sein, zu vermitteln. Ich möchte, dass die Jungs wissen, wie man sich strukturiert und seinen Tag plant, damit alles reinpasst: Schule, Sport und all die Dinge, die so anstehen. Wenn ich mit Jugendlichen spreche, ist mir immer besonders wichtig, dass sie den Sport nicht als Belastung sehen, sondern als Spaß. Und Leidenschaft. Dazu ist aber eine gute Struktur nötig. Sie sollen sich wohlfühlen und freuen, wenn sie zum Training gehen. Ich versuche, viele meiner eigenen Erfahrungen weiterzugeben. Ich bin aber auch die Art von Trainer (und Vater), die versucht, keine Wege vorzuzeichnen, sondern Wege zu eröffnen – indem ich Angebote mache. Ich werde nie sagen, du musst das und das trainieren und das und das machen. Im Sport, aber auch im Leben muss viel von innen herauskommen, sonst wird es nicht funktionieren.

Das klingt, als wäre dir auch eine gewisse Gegenseitigkeit im Umgang mit Jugendlichen wichtig. Wie schaffst du es denn, das richtige Maß zwischen Folgen und Führen zu finden?

Ich habe da keine Blaupause, weil jeder Spieler, jeder Jugendliche anders tickt. Einige brauchen sehr klare Anweisungen, andere müssen erst mal selbst den Sinn von etwas erkennen, bevor sie es machen. Die wollen wissen, ey Trainer, wozu mache ich das überhaupt? Und andere sind zufrieden, wenn sie die Aufgaben erfüllen, die man ihnen gibt.

Ich glaube, insgesamt geht es bei den Jugendlichen auch darum, ihnen immer wieder Dinge anzubieten, sodass sie selbst feststellen können, dass es funktioniert. So, dass sie selbst einen Erfolg damit haben. Dadurch lernen sie dann, nicht nur in mein Urteil zu vertrauen, sondern auch in ihr Können. Man kann Jugendlichen natürlich ganz viel sagen, man kann auch die tollsten Trainingspläne haben und die weisesten Weisheiten erzählen – nichts davon ersetzt eigene Erfahrungen oder Erfolge.

Und natürlich bin ich als Trainer in einer Führungsposition, aber ganz ohne gegenseitiges Führen und Folgen geht es einfach nicht. Weder als Trainer noch als Elternteil kann man ja immer alles allein entscheiden. Man muss auch mal den Jüngeren folgen, selbst wenn man vielleicht nicht total davon überzeugt ist. Ohne Vertrauen geht es nicht.

Eine Frage, mit der sich das Buch immer wieder beschäftigt, ist die Frage nach den Herausforderungen, die die Pubertät heute mit sich bringt. Das sind ja durchaus andere als bei uns damals. Wel-

che Herausforderungen beobachtest du in der Generation unserer Kinder?

Das, was ich mit Sorge beobachte, ist, dass alles so oft in Extremen ist. Es gibt immer noch die Kinder beziehungsweise Jugendlichen, die sich voll und ganz einer Sache, wie dem Handball, verschreiben, alles dafür geben und trotzdem nebenher noch die Schule schaffen. Aber es gibt auch immer mehr Jugendliche - und das sehe ich sehr kritisch -, die sich nur noch den sozialen Medien, Computerspielen oder Online-Games verschrieben haben. Einige Kinder gleiten regelrecht ab, und ihre Eltern finden keinen Zugang mehr. Ich habe das Gefühl, die Gesellschaft drängt dazu, alles in Extremen zu tun - und wenn es das Nichtstun ist. Dinge werden exzessiv gemacht, aber nicht unbedingt ausdauernd.

Ich glaube manchmal, dass es an den richtigen Vorbildern fehlt, beziehungsweise dass es zu wenige davon gibt. Und manchmal sind es auch nur Kleinigkeiten, die einen Unterschied machen können. Als Beispiel: Wenn die Eltern abends beim Abendessen am Tisch mit dem Handy sitzen, können sie ihrem Sohn nicht verbieten, den ganzen Tag am Handy zu hängen. Die Welt unserer Kinder ist größer, als unsere es damals war, und ich glaube, ohne gewisse Regeln sind sie verloren.

Gleichzeitig muss man als Eltern natürlich offen sein für neue Dinge und die Interessen der Jugend, ohne zu dramatisieren. Ich kann mich noch gut an meine Jugendzeit erinnern, ich habe manchmal auch drei, vier Stunden am Tag Fernsehen geguckt, wenn ich am Wochenende müde und kaputt war vom Handball. Da hat auch keiner gesagt, oh, jetzt bist du fernsehkrank. Und wenn mein Sohn am Wochenende mal zwei, drei Stunden mit seinen Jungs zocken möchte, dann ist das auch völlig in Ordnung. Das gehört zu der Welt, in der unsere Kinder leben, also müssen wir es akzeptieren. Aber bei vielen läuft es eben aus dem Ruder, und das wiederum sollte man vielleicht nicht einfach akzeptieren.

Was sind deiner Erfahrung nach die Folgen, wenn wir als Eltern da nicht regulierend eingreifen?

Es gibt einfach ein Überangebot an Informationen und Reizen. Und das führt dazu, dass die wichtigen Sachen untergehen. Ich finde, Jugendliche nehmen viele Dinge oft gar nicht mehr wahr. Auch meine Spieler nicht. Wenn ich zum Beispiel mal einen Trainingsplan rausschicke und da mal was anderes reinschreibe, dann bekommen gerade die jüngeren Spieler das einfach nicht mit. Wie auch? Die bekommen Tausende von Mails und Nachrichten und TikTok- oder Instagram-Videos jeden Tag – das kann man gar nicht alles wahrnehmen beziehungsweise verarbeiten. Also ich bin mir sicher, meine Tochter kann mir nicht erzählen, was sie heute auf TikTok alles gesehen hat.

Und das ist, glaube ich, die Gefahr, die ich bei meinen jungen Spielern sehe: Sie verlieren die Fähigkeit, die wichtigen Dinge rauszufiltern. Und dann wird natürlich auch nicht reflektiert, was man im Leben vielleicht wirklich erreichen oder haben möchte. Man ist die ganze Zeit abgelenkt.

Wie können wir als Bezugspersonen da eine Unterstützung sein?

Vorleben und inspirieren! Das funktioniert viel besser als Verbote. Ich versuche meinen Kindern eine Struktur zu geben, auch im Umgang mit Medien, und ich versuche, ihnen Inhalte anzubieten, die wertvoll sind.

Auch als Trainer arbeite ich statt mit Verboten mit Rahmenbedingungen. Natürlich geht es mir auch um Pünktlichkeit und gegenseitigen Respekt – vor allem geht es mir aber darum, dass die

Spieler lernen, Sachen selber zu gestalten. Sie planen ihr Kabinenfest und erstellen auch die Strafenkataloge selbst. Ich bin nicht der, der sagt, wenn ihr zu spät kommt, müsst ihr das und das bezahlen. Ich setze lieber auf Selbstwirksamkeit und Selbstgestaltung, allerdings innerhalb eines Rahmens, den ich vorgebe.

Du betonst ja auch immer wieder, dass du versuchst, die Spieler ganz individuell in ihrer Entwicklung zu begleiten, und du schaust auch, zu wem welche Rolle im Team passt. Worauf achtest du, wenn du das machst? Und wie machst du das?

Ja, mir liegt manchmal das Wohl des Spielers mehr am Herzen als das meines Arbeitgebers. Manchmal verlassen Spieler den Verein, die wir viele Jahre ausgebildet und in die wir investiert haben. Für uns als Verein ist das eigentlich echt doof – aber für diese Spieler ist es der richtige Weg!

Ich habe auch gerade einen Spieler, den ich schon seit der B-Jugend begleitet und mit aufgebaut habe, und der hat jetzt ein Angebot von einem Top-Verein bekommen. Und ich habe nur gesagt, wir brauchen nicht zu kämpfen, wir brauchen nichts zu regeln, der soll da hingehen.

Und so ist es ja auch als Eltern: Wir bauen junge Menschen auf, damit sie ihren Weg gehen können. Wir halten sie nicht fest.

Und so muss auch jeder Spieler seine Rolle im Team selbst finden. Aber ich schaue schon, dass diese Spieler ins Team passen. Wir brauchen ja keine dreizehn Alpha-Tiere. Es ist schwer, das immer vorher zu kategorisieren, aber ich versuche, wenn wir Spieler scouten und verpflichten, nicht nur zu gucken, wie die Handball spielen. Ich brauche mindestens zwei persönliche Gespräche mit den Spielern, bevor wir ihnen wirklich Angebote machen. Ich möchte wissen, wie sie ticken, was sie neben dem Handball gemacht haben, in welchen Lebenssituationen sie sind. Und dann hole ich mir oft Informationen von ihrem Umfeld, wo sie vorher waren, um einschätzen zu können, in welche Rolle sie reinwachsen können. Aber man muss auch offen bleiben für die Rolle, die sie dann am Ende tatsächlich wählen – da geht's den Trainern wie den Eltern. Jedes Kind, jeder Jugendlicher hat seine Stärken! Wir müssen ihnen helfen, diese zu erkennen.

Du hast ja im Grunde genau das zu deinem Beruf gemacht. Mannschaftssport war eigentlich schon immer Teil deines Lebens. Was kann denn deiner Meinung nach Mannschaftssport für Jugendliche tun? Und würdest du sagen, dass es ein Zu-spät gibt, um damit anzufangen?

Ich finde, für Kinder ist das Schönste, was es gibt, Mannschaftssport zu machen. Mir fehlt das richtig, denn als Trainer bist du immer ein bisschen außen vor. Deswegen spiele ich immer noch Fußball in einem Altherrenverein. Ich hab dadurch immer noch dieses Mannschaftsgefühl. Und ich glaube, für Kinder ist das ganz wichtig. Das kann ganz viel Halt geben. Meine Kinder spielen auch beide Handball, und da beobachte ich das auch so. Da sind Kinder dabei, denen es gar nicht darum geht, sportlich das Beste aus sich rauszukitzeln, sondern denen geht es um das Zusammensein. Um die Struktur, die gemeinsamen Erlebnisse und den Teamgeist. Viele Kinder finden in so einer Mannschaft eine Art zweite Familie. Und das ist immer toll, besonders aber, wenn die erste sich nicht für sie interessiert.

Ob es irgendwann zu spät ist, um anzufangen? Ich glaube nicht. Ich glaube, je früher Kinder in Verbindung mit Mannschaftssport kommen, desto natürlicher und normaler wird das für sie sein. Das heißt aber nicht, dass sie nicht auch später davon profitieren. Ich glaube, dass jedes Kind, egal in welchem Alter, da noch Zugang finden kann. Da bin ich mir sogar sehr, sehr sicher.

Einen neuen Spieler gut zu integrieren ist ja auch Aufgabe des Trainers. Und es hängt natürlich auch davon ab, wie die Eltern das fördern. Für Eltern kann der Mannschaftssport der Kinder übrigens auch ein tolles Netzwerk sein. Ich habe den Eindruck, dass solche Elterngemeinschaften immer seltener werden. Auch Eltern haben immer mehr mit sich selbst zu tun, bekommen etliche Nachrichten am Tag, sind abgelenkt und flüchten sich viel in die virtuelle Welt.

Eine Frage, die viele Eltern beschäftigt, ist, wie man Kinder zu etwas motiviert. Egal ob Schule, Hausarbeit oder Training. Wie machst du das? Was ist dein Trick?

Meine Spieler motiviere ich viel über Wettkampf. Man macht den Sport ja auch, um sich zu vergleichen und dann auch Erfolge zu erzielen. Der Wettkampfgedanke ist allerdings ein wenig in Verruf geraten. In den Schulen wird immer wieder darüber diskutiert, ob man kompetitive Jugendspiele im Sportunterricht überhaupt noch machen sollte. Das halte ich für völligen Schwachsinn. Für Sportler ist Wettkampf einfach sehr motivierend.

Ich bin aber auch ein großer Freund der intrinsischen Motivation und bin niemand, der Prämien auslobt. Überhaupt nicht. Es muss von innen kommen. Und das schafft man am besten mit Erfolgen. Spieler, und Jugendliche im Allgemeinen, brauchen regelmäßige Erfolgserlebnisse, um sich zu motivieren. Aber das fehlt ihnen heute überall. In der Schule bekommen sie schlechte Noten, zu Hause werden sie auch oft unter- oder überfordert.

Wenn ein Kind mit einer Drei nach Hause kommt, entscheidet ja nicht die Note an sich, ob es ein Erfolg ist oder nicht - sondern der Kontext. Vielleicht war diese Drei für dieses Kind ein Riesenerfolg. Dann dürfen wir das auch als solchen zelebrieren und nicht erst bei einer Eins oder Zwei. Wir müssen auch nicht erst fragen, was die anderen so hatten. Das ist eben die Kehrseite des Wettbewerbsgedankens. Im Sport macht er aber Sinn. Es geht darum, Kindern zu helfen, den eigenen Willen zu entdecken. Sie müssen die Dinge selbst wollen. Und unsere Anerkennung ihrer Erfolge hilft dabei sehr. Aber dazu müssen wir auch herausfinden, was unsere Kinder als Anerkennung empfinden und was sie glücklich macht.

Flo, wir sind am Ende unseres Interviews angekommen – es sei denn, es gibt da noch etwas, das du den Leser*innen mitgeben möchtest. Möchtest du?

Wahrscheinlich habe ich es ja auch schon hunderttausendmal angedeutet in den Antworten, aber ich würde es gern noch einmal ganz deutlich sagen: Das Wichtigste ist meiner Meinung nach, den Jugendlichen die Dinge vorzuleben, die man sich für sie wünscht. Und gleichzeitig muss man offen bleiben für Neues, was man selbst eben nicht lebt.

Ich behaupte von mir, dass ich das ganz gut hinbekomme, und trotzdem ertappe ich mich manchmal dabei, mich zu fragen: Boah, bist du jetzt gerade ein blöder Vater? Vermutlich muss man sich davon ein bisschen frei machen. Man kann neue Wege ja nur beschreiten, wenn man keine zu große Angst vor Fehlern hat. Und dann glaube ich ganz fest daran, dass Kinder viele Dinge einfach selber erfahren müssen. Man kann ihnen helfen. Man kann sie unterstützen. Man muss sie vor ein paar Dingen schützen. Da bin ich mir mittlerweile ziemlich sicher. Und gleichzeitig müssen wir einfach vertrauen. Um es in Handballsprache auszudrücken: Man kann sie trainieren – aber man kann nicht für sie spielen.

Ist dieses Kapitel damit abgeschlossen? Nein.

LET'S TALK ABOUT SEX, TEENIE

Unsere Kinder werden zwar immer *unsere Kinder* bleiben, aber sie bleiben ganz sicher nicht für immer klein. Wenn du dieses Buch liest, dann ahnst du das vermutlich bereits. Aber selbst wenn sie einem längst eindeutig über den Kopf gewachsen sind, kann es schwerfallen, zu realisieren, dass sie nun langsam, aber sicher ein Sexleben entwickeln – oder längst haben. Dieses Sexleben beginnen sie zunächst mit sich selbst. Sie entdecken und erforschen ihren Körper und all die Gefühle und Dinge, zu denen er nun fähig ist.

Ich habe es im ersten Teil des Buches bereits erwähnt, möchte aber an dieser Stelle noch einmal daran erinnern, dass die körperlichen Veränderungen für unsere Kinder ein großes Abenteuer sind. Einige Jugendliche wollen dieses Abenteuer mit uns teilen und lassen uns auch teilhaben. Bei anderen bildet sich neben dem körperlichen Intimbereich auch ein emotionaler. Einige Kinder sind stolz auf ihr erstes Schamhaar und würden es am liebsten am Schwarzen Brett aushängen, andere schämen sich selbst vor uns Eltern dafür, und wieder andere wissen nicht, wie sie es finden sollen. Der Abschied von der Kindheit wird (für alle) sichtbar. Ab hier gibt es kein Zurück. Und das kann beängstigend sein, für Teenies und Eltern gleichermaßen.

Die sexuelle Reife, die unsere Kinder während der Pubertät erreichen, ist sozusagen die verkörperte Ablösung von uns. Wie vieles andere auch, kann diese früher oder später sein. Daher fragen mich viele Eltern in meiner Praxis auch nach der Norm. Mit Normen ist es allerdings so eine Sache, wie wir wissen. Für einige ist der Durchschnitt die Norm, für andere das Spektrum, aus dem sich ein Durchschnitt ergibt, und in einem Elternprogramm, das ich zum Thema Pubertät kennenlernte, heißt es sogar: »Normal ist, was zwischen zwei Menschen ähnlicher Reife mit beidseitiger Zustimmung praktiziert wird.«

Nun. Na ja. Also ich weiß nicht?! Vielleicht liegt es an meinem Therapeutinnenkopf, meiner zu blühenden Fantasie oder meiner Muttervernunft, aber etwas in mir sagt, dass es so einfach nicht ist. Zumindest nicht unter Teenies. Was bedeutet denn ähnliche Reife? Reife ist schließlich nicht Alter. Hier besteht schon rein rechtlich ein Unterschied. Und wie sieht Zustimmung eigentlich aus? Ist es auch noch normal, wenn dabei aus Versehen ein Kind entsteht oder eine Geschlechtskrankheit verteilt wird? Und warum endet der Normalitätsbegriff ganz automatisch, sobald mehr als zwei Menschen einvernehmlich beteiligt sind? Fragen über Fragen, die an dieser Stelle gewiss nicht alle beantwortet werden müssen. Was ich an dieser Normalitätsdefinition aber dennoch sehr schätze (und weshalb ich sie hier überhaupt erwähne), ist, dass sie uns sagt, dass es nicht unsere Vorstellungen oder Erwartungen sind, die etwas normal machen, sondern dass potenziell alle Erfahrungen und Aktivitäten der Normalität entspringen – sofern dabei ein paar Prämissen gewahrt werden.

Aus Erfahrung weiß ich allerdings, dass es Eltern hilft, Vergleichswerte zu haben. Denn im Gegensatz zu früher fehlen uns heute allgemeingültige Erziehungsrichtlinien, die so etwas wie einen kollektiven Konsens bilden. Wir sind frei, es so zu machen, wie wir wollen. Das ist großartig und genau richtig einerseits. Andererseits verspüren Eltern aber auch eine große Unsicherheit und Orientierungslosigkeit. Das Thema Sexualität ist weniger tabuisiert, steckt aber immer noch voller Mythen. Einer davon ist, dass Jugendliche immer früher sexuell aktiv werden. Aber stimmt das überhaupt?

Werfen wir doch mal einen Blick auf die Statistiken zum Thema Jugendsexualität: Laut einer BZgA-Studie[27] aus dem

Jahre 2020 sind Jugendliche später sexuell aktiv als noch vor zehn Jahren. So gaben deutlich weniger Mädchen und Jungen im Alter zwischen vierzehn und sechzehn Jahren an, bereits sexuelle Erfahrungen gemacht zu haben. Während sexuelle Aktivitäten unter den Vierzehnjährigen insgesamt mit durchschnittlich 4 Prozent noch die Ausnahme sind, hat im Alter von siebzehn Jahren jedoch schon mehr als die Hälfte der Jugendlichen Geschlechtsverkehrerfahrung. Hier gibt es allerdings Unterschiede in Geschlecht und Nationalität: Junge Frauen deutscher Herkunft haben im Alter von siebzehn Jahren im Durchschnitt zu knapp 70 Prozent ihr erstes Mal erlebt. Bei gleichaltrigen Mädchen mit ausländischen Wurzeln sind es 37 Prozent. Unter den siebzehnjährigen Jungen sind es 64 beziehungsweise 59 Prozent. Mädchen haben oft einen kleinen bis mittleren Entwicklungsvorsprung und dementsprechend auch früher ihr erstes Mal. Im Jahre 2006 veröffentlichte Statista eine Befragung, laut derer Mädchen ihr erstes Mal im Durchschnitt mit 15,5 Jahren haben und Jungs mit 16,4.[28] Das führt bei Jungs manchmal ebenso zu Selbstzweifeln wie zu Unmut gegenüber den gleichaltrigen Mädchen, die nichts von ihnen wissen wollen. Das verwächst sich alles wieder, sollte aber einfühlsam begleitet werden, falls es mal Thema zu Hause wird.

Die meisten Jugendlichen verbinden Sexualität mit Liebe, was bedeutet, dass die ersten sexuellen Erfahrungen meistens im Rahmen einer ersten festen Beziehung gesammelt werden. Viele Eltern fragen sich: Muss ich über diese Erfahrung Bescheid wissen? Wie viel kann und muss ich mich hier involvieren? Eine gute Frage!

Die Sache mit dem Sex und unseren Kindern ist die: Sex ist etwas, wofür unsere Kinder uns ganz sicher nicht brauchen und woran wir niemals teilhaben werden. Eltern und Sex – das wissen wir doch alle aus eigener Erfahrung –, das passt irgendwie nicht zusammen.

Der Wunsch unserer Teenies nach eigenen, von uns nicht einsehbaren Erfahrungen kann daher mit der elterlichen Vorstellung kollidieren, sie müssten im Rahmen ihrer erzieherischen Verantwortung Informations- und Kontrollansprüche geltend machen. Jugendliche wollen aber manchmal überhaupt nicht mit ihren Eltern über Sex reden. Und meiner Meinung nach gibt es wenig andere Themen, bei denen Einverständnis einen so großen Symbolcharakter hat wie bei einem Gespräch über Sex. Bedeutet: Wir können unsere Kinder mit so einem Gespräch nicht einfach überfallen. Mehr als bei allen anderen Themen müssen wir hier abklopfen, womit sie sich noch wohlfühlen. Und mehr als bei allen anderen Themen müssen wir darauf achten, nicht über ihre Grenzen zu gehen. Wie ich schon sagte: Symbolcharakter.

Gleichzeitig finde ich tatsächlich, dass wir eine gewisse Informations- und Kontrollpflicht haben. Was nicht bedeutet, dass wir unsere Kinder zwingen können, uns Bericht zu erstatten. Aber es bedeutet, dass wir uns regelmäßig in angemessener Weise darum bemühen, mit ihnen ins Gespräch zu kommen. Auch über Sex-Themen.

Viele Eltern denken, dass ihre Kinder heute wesentlich früher und besser aufgeklärt sind, als sie es in ihrem Alter waren. Vermutlich stimmt das schon, allerdings dürfen wir das nicht einfach voraussetzen. Und wir dürfen auch nicht denken, dass das Internet diesen Job längst für uns erledigt hat. Natürlich werden Jugendliche sich heute im Internet genauso über Sex informieren wie wir damals in der *Bravo*. Sie werden Podcasts hören und vielleicht auch Pornos gucken. Und sie werden sich mit Freunden unterhalten. Wir können uns aber keinesfalls darauf verlassen, dass sie aus diesen Quellen alle wichtigen Informationen bekommen, die sie brauchen. Und vielleicht geht es bei einem Gespräch mit uns manchmal auch viel mehr um emotionale Aufklärung als um physische Fakten.

Wie ich schon erwähnte, haben wir zu Hause einen recht offenen Umgang mit Sexualität. Unsere Kinder können uns alles fragen, was sie möchten, was nicht bedeutet, dass wir ihnen alle Fragen zu unserem eigenen Sexleben beantworten. Wir möchten zumindest die Generationsgrenze und unsere Privatsphäre wahren. Aber es ist uns wichtig, das Thema Sexualität zu normalisieren und zu enttabuisieren. Und wir versuchen, eine reale Vorstellung von Sex zu vermitteln, die gewiss im Kontrast zu dem steht, was unsere Teenies in Pornos zu sehen bekommen.

Spätestens wenn wir merken, dass unsere Kinder nun einen festen Freund oder eine feste Freundin haben, können wir ganz offen nachfragen: *Fühlst du dich ausreichend über das Thema Sexualität informiert? Ist es überhaupt schon ein Thema? Fühlst du dich bereit und vorbereitet? Und was brauchst du von uns, um dich vorbereitet zu fühlen?*

Eine Befragung von Zwölf- bis Sechzehnjährigen kam zum Ergebnis, dass Jugendliche ihre Eltern am wahrscheinlichsten als Bezugs- und Ansprechperson wählen, wenn diese nicht auf die strikte Einhaltung irgendwelcher beliebiger Normen pochen (das macht MAN nicht), keine Konformität erwarten (aber Emma hat auch noch keine Schamhaare), keine allzu konservative Weltanschauung haben (Sex erst nach dem drölfzigsten Date oder mit 27), auf Zwang als Erziehungsmittel verzichten (Wenn du diesen kurzen Rock anziehst, mein Junge, enterben wir dich!) und in Konflikten eher argumentativ als strafend reagieren. Zudem wählten vor allem die Jugendlichen ihre Eltern als Gesprächspartner aus, die in ihrer Freizeit regelmäßig gemeinsam etwas mit ihnen unternahmen.

Hier verbindet sich also Beziehungspflege mit Freiheitsgewährung und argumentativer Beeinflussung zu einem Klima von Offenheit und Vertrauen. Die Kinder, die ihre Eltern jedoch als sehr streng, strafend und borniert erlebten, wählten sie auch beim Thema Sexualität nicht als Vertrauensperson aus. Wen wundert's?

Meine Erfahrung ist, dass Kinder ihre Eltern auch bei diesem Thema als Menschen erleben wollen. Oft hören sie uns umso lieber zu, je persönlicher das ist, was wir ihnen zu sagen haben. Ich könnte meine Töchter natürlich ganz sachlich darüber aufklären, dass sie gut auf sich aufpassen sollen und unbedingt »Nein« sagen müssen, wenn sie etwas nicht wollen. Und ich hoffe von Herzen, dass sie es verinnerlichen würden. Ich könnte ihnen – sobald sie ein entsprechendes Alter erreicht haben – aber auch meine eigene Geschichte erzählen. Die Geschichte von einem Mädchen, das sich im Ferienlager nicht traute, »Nein« zu sagen, als der Betreuer ihr zu nah kam. Denn erfahrungsgemäß funktioniert sexuelle Aufklärung gut über Storytelling. Und selbstverständlich müssen das nicht nur Schreckgeschichten sein. Statt seinen Kindern einen Vortrag zu halten, kann man bei fast allen relevanten Themen auf eigene Geschichten, Erfahrungen und Ängste zurückgreifen. *Wie war der eigene erste Kuss? Was hätte anders sein müssen, damit es nicht an einen Zungenboxkampf erinnert? Woran hat man selbst gemerkt, dass man bereit für mehr war? Welche Ängste hatte man? Was war hilfreich?*

Natürlich reden Jugendliche lieber mit ihren Freund*innen darüber. Nur sollten wir nicht von vornherein so selbstverständlich davon ausgehen, dass wir ihnen nicht mal ein Gespräch anbieten. Denn letztlich sind sich unsere Kinder durchaus bewusst, dass wir ihnen und ihren Freund*innen gegenüber einen Erfahrungsvorsprung haben. Auf dem Gebiet der Liebe hat sich weniger verändert, als wir vielleicht denken. Und auch das erste Mal eines Menschen ist heute noch genauso eine aufregende Sache wie früher. Was ich zu sagen versuche, ist, dass die Sexgespräche, die wir mit unseren Kindern führen werden, keinen reinen Informationscharakter haben müssen. Es darf persönlich sein, solange sich beide Seiten damit wohlfühlen.

Dennoch sind wir vielleicht nicht immer Ansprechpartner*in Nummer eins. Als Nummer zwei, drei oder zwölf kommt uns dennoch eine wichtige Funktion zu: Wir sind die, die die unattraktiven Lücken füllen. Wir sind die, die über ungewollte Schwangerschaften und Geschlechtskrankheiten sprechen, und nicht unbedingt über die besten Masturbationstechniken oder die geografische Lage des G-Punktes. Auf der imaginären Eltern-Checkliste machen sich folgende Themen recht gut:

- körperliche Veränderungen
- Voraussetzungen für Sex
- Medieneinfluss und Pornografie
- Einverständnis, Grenzen und offene Kommunikation
- Selbstwert- und Körpergefühl
- Homosexualität, Heterosexualität und Bi-Sexualität
- Respekt für Vielfalt
- Sexmythen
- sexuelle Gesundheit und Safer Sex

Laut einer Erhebung der Techniker Krankenkasse aus dem Jahre 2020 nimmt jedes dritte Mädchen zwischen vierzehn und neunzehn Jahren die Pille. Auch ich habe, soweit ich mich erinnern kann, bereits mit sechzehn Jahren angefangen, die Pille zu nehmen. Damals war das relativ normal, denn die Pille galt nicht nur als unbedenkliches und sicheres Verhütungsmittel, sie schaffte auch Abhilfe bei Akne. Heute habe ich schon allein aufgrund meines Berufes ein sehr ambivalentes Verhältnis zu hormonellen Verhütungsmitteln. Die Vorteile sind sicher nicht von der Hand zu weisen, die Nebenwirkungen aber auch nicht.

61 Prozent der Frauen und Männer stimmen heute der Aussage zu, dass Verhütung mit Hormonen »negative Auswirkungen auf Körper und Seele« hat – im Jahr 2018 stimmten dem lediglich 48 Prozent zu. 15 Prozent der verhütenden Frauen begründen die Wahl ihres Verhütungsmittels mit einer generellen Ablehnung gegenüber hormoneller Verhütung. Vor zwölf Jahren war es noch 1 Prozent. Doch warum haben wir unsere Meinung so sehr geändert? Nun, wir wissen heute, dass die in der Pille enthaltenen Ovulationshemmer (z. B. Gestagene) nicht nur Begleiterscheinungen wie Müdigkeit, Reizbarkeit und Nervosität bedingen können, sondern auch das Depressionsrisiko erhöhen. Frauen, die während ihrer Pubertät regelmäßig die Anti-Baby-Pille eingenommen haben, können als Erwachsene deutlich leichter an Depressionen erkranken. Eine neue Studie im *Journal of Child Psychology and Psychiatry* zeigt, dass ihr Depressionsrisiko zwischen 1,7- und 3-mal so hoch ist.[29] Das Risiko liegt aber nicht nur in der Zukunft: Die Unterdrückung des Androgenspiegels durch die Ovulationshemmer macht sich bei manchen Frauen in Form eines Stimmungstiefs bemerkbar – das ist vor allem in der Pubertät kritisch zu bewerten, da die Stimmung hier ja ohnehin schon gedrückt ist.

Trotz ihrer Popularität ist nicht viel darüber bekannt, wie hormonelle Empfängnisverhütung das Gehirn und Verhalten von Teenagern beeinflusst. Die neue Studie gibt jetzt Hinweise, dass sie alles andere als harmlos sind und weisen auf Veränderungen in Gehirnentwicklung und Nierenfunktion hin.

Die Frage nach dem richtigen Verhütungsmittel für unsere Kinder ist leider nicht leicht und schon gar nicht pauschal zu beantworten. In jedem Fall sollten wir aber mit ihnen gemeinsam auf die Suche nach der Antwort gehen. Und das darf für fast alle Fragen rund um das Thema Sexualität gelten. Es geht nicht um elterliche Überlegenheit oder Allwissenheit, sondern darum, auch beim Thema Sexualität eine unterstützende und offene Beziehung zu unseren Kindern aufzubauen. So, dass wir ihnen helfen können, sichere Entscheidungen zu treffen und ein gesundes Verständnis von Sexualität zu entwickeln. Im Zweifel sollten wir außerdem bereit sein, Fachleute wie Ärzte, Psychologen oder Sexualberater einzubeziehen. Fangen wir doch gleich heute damit an und sagen Hallo zu der Sexpertin Birte.

Interview mit Birte Fulde

Liebe Birte, du bist Sexpertin, Marketing-Chefin bei Orion und selbst Mutter – daher freue ich mich sehr auf deine Perspektive! Ehrlich gesagt würde ich mir wünschen, dass wir die Leser*innen mit deiner Begeisterung für das Thema Sexualität und Aufklärung anstecken können – obgleich ich schon hier einmal versichern möchte: Eine gewisse elterliche Unbeholfenheit oder Orientierungslosigkeit ist sehr nachvollziehbar, oder?

Absolut! Dabei ist es gar nicht wichtig, dass wir immer zu jeder Zeit die richtige Antwort wissen – falls uns etwas unangenehm ist oder wir in dem Moment nicht genügend wissen, dann kann man auch sagen, dass man sich informieren möchte und einen Tag später dazu etwas sagt. Wie in vielen anderen Fällen auch, sind wir Eltern in der Verantwortung, in den zwölf Jahren VOR der Pubertät die Grundlagen für ein offenes Zuhause zu legen.

Unsere Kinder haben heute so viele Möglichkeiten, sich mit dem Thema Sexualität auseinanderzusetzen, dass sie eigentlich völlig überflutet und überfordert sein müssten. Wie können wir Eltern hier als Leuchtturm dienen, ohne unsere Kinder zu bedrängen oder in Verlegenheit zu bringen? Worin siehst du unsere Aufgabe als Eltern, wenn es um sexuelle Aufklärung geht? Welche Informationslücken sollten wir füllen, welche Mythen aufklären? Für die Sache mit den Bienchen und Blümchen kommen wir in der Pubertät meist zu spät, und die Frage ist ja auch, ob eine rein biologische Aufklärung überhaupt das ist, was unsere Kinder von uns brauchen. Was denkst du darüber?

Ich gebe dir absolut recht, unsere Kinder müssen heutzutage schon sehr früh selbst Verantwortung für »Informationen« übernehmen. Sei es bei der Beurteilung, ob etwas eine Fake News ist, oder auch bei der Verbreitung von zum Teil kriminellen Informationen. Und so verhält es sich auch bei der Aufklärung: Auch da müssen sie manchmal in kürzester Zeit entscheiden, ob es sich um einen Mythos oder um eine Wahrheit handelt. Wie bei allen anderen Themen auch, ist es wichtig, dass die Jugendlichen der Quelle vertrauen und diese glaubwürdig ist. Das heißt für uns Eltern, dass wir schon sehr viel früher als in der Pubertät den Kindern immer wieder signalisieren: Du kannst zu uns kommen, wir nehmen dich und deine Anliegen ernst. Uns ist es nicht unangenehm, mit dir auch über Tabuthemen zu sprechen, trotzdem respektieren wir deine Privatsphäre.

Wir alle kennen vermutlich die typische Filmszene: Teenie lernt Mädchen oder Jungen kennen, Eltern erkennen, dass es Zeit für dieses eine Gespräch ist, sie setzen sich ungefragt ans Bett ihrer Kinder und fangen an herumzudrucksen, während ihre Kinder beschämt die Augen verdrehen. Ich war daher schon darauf eingestellt, dass das auch bei uns eines Tages so ablaufen würde. Ein notwendiges Übel eben. Meine Erfahrung war dann aber eine ganze andere: Meine Kinder waren sehr offen und sehr interessiert an unserer Sexpertise. Daraus habe ich gelernt: Das Bild vom verklemmten, peinlich berührten Eltern-Kind-Gespräch über Sexualität ist auch nur ein Mythos. Zumindest ist es möglich, diese Gespräche mit Begeisterung und Offenheit zu führen, ohne Scham und Schande. Aber wie stellen Eltern das am besten an? Woran erkennen wir, dass unsere Kinder bereit und interessiert sind? Worauf sollten wir achten? Wie sollte der Rahmen aussehen? Und wo sind vielleicht auch Grenzen gesetzt, die wir respektieren müssen?

Ja, es kann für beide Seiten total bereichernd sein, und man kann dadurch sogar eine engere Bindung bekommen – leider kann es auch anders verlaufen, und die Teenies machen dicht. Sicherlich können wir einiges dafür tun, dass unsere Kinder offen mit Sexualität umgehen und uns in diesem Bereich auch als kompetente Ansprechpartner*innen wahrnehmen, trotzdem hat dies auch sehr viel mit den Persönlichkeiten zu tun. Um schon mal gleich den Druck von den Schultern der Eltern zu nehmen, bei denen die Kinder nicht mit einem »Hurra« auf die Aufklärungsversuche der Erwachsenen reagieren.

Die Krux liegt ja darin, dass uns in etlichen Ratgebern beigebracht wird, dass wir Kinder hauptsächlich dadurch erziehen, dass wir mit gutem Beispiel vorangehen. Jetzt findet ja auch der elterliche Sex nicht vor den Augen der Kinder statt, und auch das Gespräch über die erotischen Kinks wird in den wenigsten Fällen am Abendbrottisch geführt. Trotzdem spüren Kinder ja, wie wir miteinander umgehen und auch wie wir Themen in einer Familie erörtern.

Lasst uns auch in diesem Bereich den Jugendlichen mehr Verantwortung geben und einfach fragen: Was kann ich tun, damit du in diesem Bereich mehr Sicherheit und Wissen erlangst - ich könnte ein Buch kaufen, und wenn du möchtest, kannst du da mal reinschauen. Es gibt aber auch gute Instagram/TikTok/Youtube/Internetseiten, die viele Dinge erklären.

Wir stehen dir auch jederzeit zur Verfügung, um Fragen zu beantworten. Natürlich wird es auch Teenies geben, die dann sagen, dass sie nichts von dem möchten, und das ist okay, aber es ist genauso in Ordnung, dass man als Elternteil gerne ein paar Sachen (Stichwort Verhütung, Respekt, Nein-Sagen, Pornos etc.) den Kindern mitgeben möchte. Und auch das kann man mitteilen: Das ist okay, dass du mit mir zu diesem Zeitpunkt nicht darüber reden möchtest. Es gibt ein paar Sachen, die ich dir mitgeben möchte. Ist es okay, wenn ich sie dir jetzt sage? Du musst auch nichts dazu sagen. Falls es jetzt nicht der richtige Zeitpunkt ist, dann bitte ich dich, dass wir in nächster Zeit einen geeigneten Zeitpunkt finden. Diese Themen sind mir sehr wichtig.

Kürzlich las ich in einem pädagogischen Trainingsprogramm für Eltern von Teenagern wortwörtlich folgende Worte, und ich war ein wenig schockiert über diese rückständige und verantwortungsdiffundierende Stigmatisierung: »Jedes Mädchen muss im Gebrauch von Kondomen geschult werden und sollte immer ein Kondom bei sich haben, wenn die Möglichkeit eines Sexualkontaktes besteht. Denn Jungen denken, wenn sie sexuell erregt sind, fast nie an die Verwendung eines Kondoms.« Sollte die sexuelle Aufklärung und

Verantwortlichkeit für Verhütung wirklich so unterschiedlich und geschlechtsabhängig sein?

Auf gar keinen Fall!! Verhütung betrifft beide Seiten – und dabei spreche ich nicht nur von Kondomen. Auch welche negativen Folgen zum Beispiel die Pille haben kann, sollte mit beiden Geschlechtern besprochen werden. Die Sache mit den Kondomen ist ja noch mal eine ganz andere: Überall herrscht das Vorurteil, dass man dadurch nichts spürt oder dass es das Liebesspiel unromantisch unterbricht. Damit dieser Mythos endlich aus der Welt geschafft wird, hilft Aufklärung. Zum Beispiel habe ich meinen Kindern eine sehr große Auswahl an verschiedenen Kondomen gegeben und ihnen gesagt, dass diese zur freien Verfügung stünden – in den meisten Fällen sorgt die Neugierde schon dafür, dass sie sich diese näher anschauen. Meinem Sohn habe ich auch noch die Info mitgegeben, dass er auch außerhalb des Geschlechtsverkehrs die Kondome nutzen kann, zum Beispiel bei der Masturbation.

Und bei welchen Themen kann es vielleicht doch sehr sinnvoll und wichtig sein, die Aufklärung auf das Geschlecht abzustimmen? Gibt es Bereiche, wo du sagen würdest, hier dürfen mir Mädchen und Jungen noch mal gesondert sensibilisieren – ohne zu stigmatisieren?

Meiner Meinung nach sollten beide Geschlechter über alles Bescheid wissen. Zum einen, um Mythen und Vorurteile abzubauen, aber auch um alle Möglichkeiten offenzulassen. Allerdings würde ich den Geschlechtern die Themen unterschiedlich intensiv nahebringen. Wie gesagt sollten Jungen ein natürlicher und selbstverständlicher Umgang mit Kondomen beigebracht werden. Mehr Augenmerk auf die Lust würde ich bei Mädchen legen, da diese bei der Verantwortung für die eigene Lust und ein positives Körpergefühl etwas hinterherhinken – siehe Orgasm Gap. Während 95 Prozent der Männer in der Beziehung immer zum Orgasmus kommen, sind es in Heterobeziehungen bei Frauen nur 65 Prozent. Wir als Eltern können Kinder – insbesondere Mädchen – darin bestärken, dass Lust gut ist und dass man auch üben darf, wie man zur Lust kommt.

Sexualität wird heute (zum Glück) offener gelebt und auch besprochen. Egal ob es um die sexuelle Orientierung, Masturbation oder Geschlechtsidentität geht. In meinen Therapien habe ich es aber auch schon erlebt, dass Teenager von all diesen Optionen und Möglichkeiten sehr verwirrt oder verunsichert waren. Wie können wir Eltern unsere Kinder hier unterstützen?

Wir alle kennen dieses Gefühl der Überforderung, wenn das Angebot zu groß ist. Als einfaches Beispiel kennen wir es eventuell, wenn uns bei einem Restaurantbesuch die Auswahl auf der Karte an die Grenzen bringt und man Angst hat, dass man sich »falsch« entscheidet. Auch wenn der Vergleich etwas hinkt, so helfen uns die gleichen Tricks sowohl im Restaurant wie auch in unserer Sexualität: sich die Zeit nehmen, die man braucht, um sich zu entscheiden; nicht von anderen unter Druck setzen lassen; in sich reinhorchen, was man möchte, und wissen, dass man keine Entscheidung für immer treffen muss. Oftmals helfen diese Vergleiche nicht nur uns Erwachsenen, um Situationen besser zu begreifen, auch für Teenager kann dieses Bild sinnvoll sein.

Auch wenn sich unsere Kinder in der Pubertät von uns ablösen, so bleiben wir doch in einer Vorbildfunktion. Würdest du sagen, dass wir allein durch unser Sein als Role Model etwas zu einer gesunden sexuellen Entwicklung unserer Kinder beitragen können –

oder sollte man das strickt »trennen« und Kindern keinen Einblick in die eigene Sexualität gewähren?

Unsere Vorbildfunktion beginnt auch im sexuellen Bereich schon viel früher als erst in der Teenagerzeit. Alles natürlich altersangemessen. Wie wir als Eltern miteinander umgehen und auch Zärtlichkeiten austauschen, wie wir zu unserem eigenen Körper stehen, wie wir auf intime Fragen reagieren, speichern die Kinder schon vorher ab. Dabei muss man die eigene Sexualität den Teenagern nicht aufdrängen, aber aufkommende Fragen sollte man ehrlich beantworten. Dabei darf man auch immer nach mehr Zeit fragen à la: »Dies ist eine interessante Frage, aber ich würde gerne darüber noch mal nachdenken. Darf ich dir morgen dazu eine Antwort geben?«

Hab vielen Dank, Birte! Haben wir noch etwas vergessen, was du Eltern unbedingt mitgeben wollen würdest?

Ja! Falls jetzt vielleicht einige Eltern Zweifel haben, weil ihre Kinder nicht zu ihnen mit ihren Fragen gekommen sind, möchte ich ihnen sagen: Auch Teenager haben die freie Wahl, wen sie sich als vertraute »Aufklärungsperson« aussuchen. Und manchmal sind wir Eltern eben nicht die erste Wahl. Das sagt nichts über unsere Beziehung zu ihnen aus.

SCHULE IST VIELES, ABER BESTIMMT NICHT ALLES

Als Therapeutin sind meine Berührungspunkte mit dem Thema Schule leider sehr problemindiziert. Meist habe ich mit Kindern zu tun, die Schwierigkeiten in der Schule (und in Folge mit ihren Eltern) haben – was durchaus dazu geführt haben kann, dass mein Blick gefärbt ist. Als Mutter sind meine Erfahrungen ambivalenter Natur. Ich kann also nicht leugnen, dass ich unser Schulsystem als defizitär betrachte. Ich möchte allerdings nicht denselben Fehler wie eben dieses Schulsystem machen und mich nur an seinen Schwachstellen aufhängen. Also beginnen wir doch mit etwas Positivem:

Ganz allgemein lässt sich nämlich sagen, dass die Idee von Schule unseren Kindern eine Fülle von positiven Erfahrungen und Möglichkeiten zur persönlichen, akademischen und sozialen Entwicklung bieten *kann*. Ich denke, alle Eltern hoffen, dass der Schulbesuch ihrer Kinder dazu beitragen wird, dass diese sich zu selbstbewussten, kompetenten und verantwortungsbewussten Erwachsenen entwickeln. Die Schule soll unsere Kinder besser machen. Klüger. Erfolgreicher. Stärker.

Und ich möchte das keinesfalls völlig infrage stellen, sehe aber genau in dieser Art des Denkens die größte Schwachstelle unseres Schulsystems. Es betrachtet Kinder als defizitäre Wesen, die nicht sind, sondern werden sollen.

Um zu verdeutlichen, wie ich das meine, teile ich an dieser Stelle einen Brief an das Schulsystem, den ich vor einigen Monaten geschrieben habe und der online so oft von verzweifelten Eltern und Pädagogen geteilt und kommentiert wurde, dass es im Grunde nur traurig ist.

Liebes Schulsystem,

ich bin Mutter von drei Schulkindern. Und ich bin wütend! Es nicht so, dass ich grundsätzlich etwas gegen Dich habe. Ich glaube an die Idee eines Begegnungsortes, an dem Kinder lernen und wachsen können. Ich glaube an Bildung. Aber weißt Du: Bildung ist mehr als Wissen.

Du entscheidest, wann Kinder welche Fähigkeiten entwickeln müssen, dabei sagt die Wissenschaft ganz klar, dass Kinder sich unterschiedlich (schnell) entwickeln.

Du sagst, Kinder sollen stillsitzen. Dabei wissen wir heute, dass Kinder sich bewegen müssen, um begreifen zu können. Du erwartest, dass Kinder sich 45 Minuten am Stück konzentrieren – vier- bis achtmal hintereinander weg –, dabei ist die Konzentrationsdauer eines Kindes sein Alter mal zwei.

Du vermittelst Wissen völlig isoliert, dabei ist die größte Herausforderung kommender Generationen die Komplexität dieser Welt. Du steckst große und kleine Menschen in ein Korsett. Und in Schubladen.

Aber das ist gar nicht mein Hauptproblem. Hast du eine Ahnung, wie viel Zeit ich damit verbringe, die Scherben aufzusammeln, die du hinterlässt? Du gibst Kindern das Gefühl, mehr Schwächen als Stärken zu haben – und manchmal brichst du sie sogar.

Ist dir überhaupt bewusst, was Kinder, Eltern und Lehrkräfte deinetwegen durchmachen? Wie kann es sein, dass du es völlig normal findest, dass Kinder nicht gern zur Schule gehen, wo sie doch 31 bis 44 Stunden pro Woche dort verbringen. Wie können wir die Ursache dafür, dass Kinder Angst vor dir haben und nachts vor lauter Sorge oder Druck nicht schlafen können, nur bei ihnen, ihren Lehrern oder ihren Familien suchen – statt bei dir? Wieso bist du nicht schockiert darüber? Wieso ist dir das nicht peinlich? Und wie kannst du weiterhin so tun, als wäre all das ein privates und kein sozialpolitisches, gesellschaftliches Problem?

Du bist im internationalen Vergleich nicht nur

besonders ungerecht und unsozial, du bist auch furchtbar unflexibel. Und unbeliebt. Doch während ich das so schreibe, weicht meine Wut einer Art Bedauern.

Zumindest möchte ich daran glauben, dass auch du im Grunde nur das Beste für unsere Kinder willst. Aber wäre es dann nicht an der Zeit, auch das Beste für sie zu tun?

Hoffnungsvolle Grüße
Romy Winter

Natürlich ist Schule wichtig – wir vergessen nur manchmal, dass es beim Schulbesuch nicht allein darum geht, möglichst gute Noten zu bekommen. Sie sind das am einfachsten messbare Outcome, daher machen wir manchmal den Fehler, Schule genau darauf zu reduzieren. Aber Noten sind nur ein kleiner Teil dessen, was nach all den Jahren bleibt. Dieser Ort, an dem sie den Großteil ihrer Zeit verbringen, ist für unsere Kinder noch aus vielen anderen Gründen unglaublich prägend – im Guten wie im Schlechten.

Konzentrieren wir uns aber zunächst auf die positive Bedeutung von Schule:

- Bildung und Wissenserwerb: Die Schule bietet unseren Kindern die Möglichkeit, Wissen und Fähigkeiten zu erwerben, die ihnen helfen, sich intellektuell zu entwickeln und ihre Zukunftschancen zu verbessern.
- Soziale Interaktion und Freundschaften: In der Schule lernen Kinder nicht nur von ihren Lehrer*innen, sondern auch voneinander. Sie entwickeln soziale Fähigkeiten, lernen, in Gruppen zu arbeiten, und knüpfen Freundschaften, die ein Leben lang halten können.

- Förderung von Talenten und Interessen: Durch den bunten Mix an schulischen Aktivitäten wie Sport, Kunst, Musik und AGs können Jugendliche ihre Talente und Interessen entdecken und weiterentwickeln.
- Aufbau von Selbstvertrauen und Selbstwertgefühl: Erfolge in der Schule, sei es in akademischen Leistungen, in den AGs oder im sozialen Bereich, können das Selbstvertrauen und das Selbstwertgefühl unserer Kinder stärken.

Die Schule kann unseren Kindern enorm viel bieten. Auch vieles, was wir ihnen nicht bieten können. Es steht wohl außer Frage, dass hierzulande viel Wert auf eine gute Bildung gelegt wird, und das können wir durchaus als Privileg betrachten. Doch wie gut ist unser Bildungssystem wirklich?

Die gute Nachricht ist: Laut der Sinus-Studie aus dem Jahre 2020[30] ist die Schule für die meisten Jugendlichen *kein* Ort, den sie lieber meiden würden. Schließlich ist sie nicht nur eine Wissensschmiede, sondern auch ein Begegnungsort. Sie finden dort Freunde und Mentor*innen. Sie können sich in einem (theoretisch) elternfreien Wirkungsbereich selbst erfahren und verwirklichen. Sie lernen und wachsen hier.

Die weniger gute Nachricht ist: Ein Wohlfühlort ist die Schule laut der Befragung trotzdem nicht. Sie ist lediglich »okay«.

Muss sie denn mehr als »okay« sein, werden sich jetzt vielleicht einige Leser*innen fragen. Ich finde schon!

»Er soll nicht gerne hingehen, er soll da was lernen!«, hörte ich kürzlich einen Vater sagen. Dieses »alte« Denken steckt uns ziemlich tief in den Knochen. Wir gehen noch immer dem Irrglauben auf den Leim, dass Arbeit keinen Spaß machen könne, solle oder dürfe. Es wirkt so, als ob Erfolg nur gilt, wenn man sich für ihn übermenschlich anstrengen oder, besser noch, dafür leiden musste. Dieses Denken ist nicht nur tradiert, sondern psychologisch betrachtet auch einfach Unfug.

Wir wissen heute, dass der Wohlfühlfaktor entscheidenden Einfluss auf den Lernerfolg hat. Viele Studien belegen, dass Kinder mit hohen sozial-emotionalen Kompetenzen auch bessere Schulleistungen zeigen und dass Lernkonzepte, die darauf aufbauen, nachhaltiger sind. Beim sozial-emotionalen Lernen wird der Fokus auf die zwischenmenschliche Beziehung gelegt. Das umfasst Prozesse wie Fürsorge entwickeln, Selbst- und Fremdwahrnehmung schulen, Impulskontrolle lernen, gemeinsam Entscheidungen treffen und konstruktive, individuelle Lösungen finden. Dabei geht es nicht nur um den Lernerfolg. Es geht um den Prozess des Lernens und um die Freiheit, zu sein, wer man ist.

Das war im Kontext Schule nicht immer so. Unser Schulsystem wurde in einer Zeit geprägt, in der es hauptsächlich darum ging, als Nation mit Bildung Humankapital zu schöpfen. Es ging weniger um das Wohl des Einzelnen als darum, eine weitere Generation heranzuzüchten, die den wirtschaftlichen Wohlstand erhält. Wissensvermittlung wurde zum Wettbewerb, das persönliche Ansehen war von Leistung und Erfolg abhängig. Viele Menschen meiner Generation, noch mehr aber der Generation meiner Eltern, sagen dann oft: »So war das eben. Und so kann es ruhig bleiben. Es hat uns schließlich auch nicht geschadet.«

Der Beweis dafür, dass das nicht stimmt, sitzt täglich in meiner Praxis. Jeden Tag schaue ich in die Gesichter wundervoller Menschen und sehe Selbstzweifel, Zerstreutheit, Unsicherheit, Bindungsangst, Zerrissenheit und Überforderung. Einer der Gründe dafür ist zweifelsohne der Optimierungswahn unserer digitalisierten, schnelllebigen Leistungsgesellschaft. Und dieser Leistungsdruck beginnt oft bereits schon in der Grundschule.

In der Pubertät wächst er dann auf ein Maximum an, schließlich geht es nun um etwas – das spätere Leben nämlich.

Ängste, Depressionen, Essstörungen und andere Arten psychischer Erkrankungen nehmen immer mehr zu. Und das liegt nicht allein daran, dass sie heute öfter diagnostiziert werden. Es sind schlichtweg mehr Menschen betroffen. Und das in allen Altersklassen. Fast jeder kennt in seinem Umfeld mindestens einen Menschen, der mit einem Burn-out, einer Depression, einer Angst- oder Essstörung zu kämpfen hat oder hatte. Auch – wenn nicht sogar vor allem – die vermeintlich erfolgreichen Menschen. Wir müssen also auch Erfolg neu denken lernen, wenn wir unsere Kinder optimal durch ihre Schulzeit begleiten und auf ihr Leben vorbereiten wollen.

Deshalb frage ich meine Kinder nach einem Schultag auch nicht, ob sie heute Noten bekommen haben. Ich frage sie, ob sie heute etwas Neues über sich oder die Welt gelernt haben und ob sie ein (Erfolgs-)Erlebnis hatten, von dem sie erzählen wollen. Manchmal hat die Antwort etwas mit ihren Zensuren zu tun. Oft aber auch nicht.

Wann ist ein Mensch erfolgreich?

Heute zeigt sich dank vieler Studien, dass es im Leben vielmehr auf die Soft Skills eines Menschen ankommt als auf seine Hard Facts. Ob ein Mensch später beruflich erfolgreich und sozial gut integriert ist, wird nämlich nicht über seine Mathenote vorhergesagt, sondern über psychosoziale Faktoren wie Motivation und Wohlbefinden. Das ist der Grund, warum sich die Wissenschaft heute massiv diesen sogenannten weichen Bildungszielen zuwendet, die häufig unter dem Begriff *21st Century Skills* zusammengefasst werden.

Ich will unser Schulsystem mit seinem alten Denken nicht völlig deklassieren. Es hat uns ohne jeden Zweifel als Gesellschaft weit gebracht. Doch nach dem technischen Fortschritt, den wir in den letzten Jahrzehnten dank unseres Humankapitals erreicht haben, brauchen wir nun einen menschlichen Fortschritt. Wir brauchen ein wirklich humanistisches, zeitgemäßes Bildungsverständnis. Eines, das die Entwicklung zu einer autonomen, individuellen Persönlichkeit unterstützt, Erfolg neu denkt und Fische nicht danach beurteilt, wie gut sie auf Bäume klettern können.

Wenn Eltern ihren Kindern schulischen Druck machen, dann tun sie das aus zwei Gründen:

1. Sie wollen ihren Kindern den bestmöglichen Start ins Leben ermöglichen. Und dazu gehört klassischerweise ein (guter) Schulabschluss.
2. Geht es ihnen auch um ihren eigenen Status und ihr Ansehen als Elternteil. Was sollen die Leute von uns denken, wenn unsere Kinder die Schule vernachlässigen oder sogar schmeißen?

Wir wollen also glücklich sein. Und noch mehr als das wollen wir, dass unsere Kinder (später) glücklich sind. Ich glaube allerdings, dass wir hier einen Denkfehler haben: Wir setzen Erfolg mit Glück gleich. Denn wer erfolgreich ist, ist glücklich. Oder nicht?

Nun, die Psychologie weiß heute, es ist andersrum. Vielmehr ist erfolgreich, wer glücklich ist. Glückliche Menschen schneiden in der Schule und an der Uni besser ab. Sie bekommen leichter attraktivere Jobs. Sie werden aufgrund ihrer positiveren Ausstrahlung und ihrer sozialen Kompetenz eher befördert. Sie sind bessere Manager. Und ihre Arbeitszufriedenheit ist um einiges höher. Das Beste kommt aber erst noch: Auch wenn Glück die Erfolgschancen steigert, so steigert Erfolg nicht zwangsweise das Glück. Denn das Glück, das auf Erfolge baut, ist von kurzer Dauer. Zumindest braucht es immer wieder neue Erfolge. Vielleicht ist das auch der Grund, warum es entgegen unserer Erwartung gar nicht die prestigeträchtigen Jobs sind, die uns zu glücklichen Menschen machen. Zu diesem Schluss kommt jedenfalls die *Langzeitstudie Good Work Project* des Harvard-Psychologie-Professors Howard Gardner, die unter anderem untersucht hat, welchen Berufen die Menschen nachgehen, die laut eigener Angabe am glücklichsten sind.[31]

Was wäre dein Tipp? Ärzte? Anwälte? Ingenieure? Bänker? Oder Psychologen, weil die wissen müssten, wie es geht? Irrtum. Auf Platz eins liegen tatsächlich Floristen und Gärtner, gefolgt von Kosmetiker*innen und Friseur*innen. Auf Platz drei liegen Klempner und Installateure, wobei sich feststellen ließ, dass die Zufriedenheit in handwerklichen Berufen generell recht hoch war. Auf Platz vier der Harvard-Studie lagen Menschen, die im Bereich Marketing und PR arbeiten. Platz fünf belegen Wissenschaftler und Forscher. Um als Arbeitnehmer glücklich zu sein, braucht es laut den Studien die drei E: Exzellenz (kompetentes und effektives Arbeiten), Ethik (positive Auswirkungen auf andere) sowie Engagement (die Arbeit muss Freude machen, darf aber herausfordern). Kontakt mit Menschen, Kreativität und Sinnhaftigkeit scheinen also viel bedeutsamer zu sein als Gehalt und Status. Aber wussten wir das nicht eigentlich längst?

Wir müssen uns also aufrichtig fragen: Wollen wir, dass unsere Kinder erfolgreich sind? Oder wollen wir, dass sie glücklich sind? Denn das ist nicht dasselbe. Und wofür wir uns entscheiden, macht einen Unterschied in unserer Einstellung zu

Schule und Co. Das soll keinesfalls bedeuten, dass es uns von nun an egal sein sollte, welchen Schulabschluss unsere Kinder machen – oder ob sie überhaupt einen Abschluss machen –, aber wir sollten diesen Schulabschluss nicht über ihr psychisches Wohl und ihre Berufung stellen. Der Anspruch an die Schulen unserer Kinder sollte sein, dass man beides haben kann.

Ein erster Schritt in diese Richtung ist, dass Kinder gern zur Schule gehen, sich dort sicher und angenommen fühlen und positive Erfahrungen sammeln können. Denn dann fühlen sie sich nicht nur als Mensch von Wert, sie lernen auch den Unterrichtsstoff besser. Das Ziel von Schule muss sein, dass Kinder dort positive, selbstwertdienliche Erfahrungen machen und merken: »Ich kann was.« Sie sollen sich wohlfühlen, denn wer sich unwohl fühlt oder Angst hat, lernt nicht gut – oder stört.

Leider erwartet man von Jugendlichen, die ja schon so lange Teil des Schulsystems sind, dass sie mit gutem Vorbild vorangehen. Sie sollten schließlich längst wissen, wie der Hase beziehungsweise die Schule läuft. Dabei brauchen gerade die Jugendlichen aufgrund des großen Entwicklungsschubes ein besonders individuelles und nachsichtiges Treatment. Viele Lehrer*innen würden ihnen dieses auch sehr gern zukommen lassen – doch leider sind dafür die Klassen zu groß und die Lehrpläne zu eng.

Was ist unsere Aufgabe?

Natürlich haben nicht alle Kinder während der Pubertät Probleme in der Schule. Auch hier gilt, dass es zwar eine vulnerable Zeit ist, die Mehrheit der Jugendlichen aber ohne Spätfolgen gut durch sie hindurchkommt. Ein Leistungsknick, etwa in der siebten bis neunten Klasse, ist meistens nicht der Anfang vom Ende, sondern lediglich ein pubertäres Symptom, weil unsere Kinder einfach anderes im Kopf haben und manchmal zum Schutz ihres Selbstwertes eine gewisse Distanz zur Schule aufbauen. Einerseits heißt das für uns, schlechte Noten nicht zu dramatisieren und den Schuldruck nicht noch zusätzlich zu erhöhen; andererseits ist es unsere Fürsorgepflicht, genau hinzuschauen, was hinter den schlechten Noten oder Verhaltensauffälligkeiten steckt. Nur so können wir entwicklungsbedingte und harmlose Leistungsschwächen von ernsthaften Schulproblemen unterscheiden.

An dieser Stelle sei darauf hingewiesen, dass Probleme in der Schule nicht wie ein Gewitter über uns kommen. Manchmal sind sie leise und unscheinbar und kommen in Erscheinung von Bauch- oder Kopfschmerzen daher. Insbesondere Mädchen zeigen oft sehr angepasstes Verhalten, sodass man aufgrund der fehlenden Anzeichen manchmal fälschlicherweise denkt, es sei alles in Ordnung. Sie leiden still, ziehen sich zurück, träumen und trödeln mehr. Jungen zeigen ihre Probleme zwar in der Regel deutlicher, was aber nicht bedeutet, dass sie auch die Hilfe bekommen, die sie bräuchten. Das Schulsystem produziert »haufenweise Verlierer«, heißt es in einem *Spiegel*-Artikel[32] – und die meisten sind männlich. Eine neue Studie des Aktionsrates Bildung bestätigt, dass der Grund dafür ist, dass Jungen sowohl im Kindergarten als auch in der Schule massiv benachteiligt werden. Die Gründe dafür sind gewiss komplex, einer von ihnen wird aber sein, dass unser Schulsystem eindeutig weiblich dominiert ist und viele Pädagoginnen Schwierigkeiten im Umgang mit den männlichen Energien haben. Auf 603 500 weibliche Lehrkräfte kamen im Jahr 2023 nur 216 800 männliche.

Der Bildungserfolg eines Kindes ist leider nach wie vor stark abhängig von der sozialen Herkunft und dem Geschlecht. Denn gerade in der Pubertät kann es große Entwicklungsunterschiede zwischen Mädchen und Jungen geben – die schulischen Anforderungen sind aber dieselben. Bildung ist nicht immer gerecht. Und obwohl ich die Idee von Schule grundsätzlich für einen großen Segen halte, müssen wir uns der Risiken, denen unsere Kinder dort ausgesetzt sind, bewusst sein. Nur so können wir unsere Kinder bestmöglich begleiten. Was schlussendlich das Beste ist, ist leider nicht eindeutig. Wir werden es gemeinsam mit unseren Kindern herausfinden und dabei vielleicht in Kauf nehmen müssen, dass es nicht deckungsgleich mit dem ist, was wir uns für unsere Kinder vorgestellt haben.

Auch wir haben mit unseren drei sehr unterschiedlichen Kindern schon viele Höhen und Tiefen erlebt – und viel daraus gelernt. Manchmal fühlte es sich an, als würden wir ohnmächtig auf eine Katastrophe zusteuern. Oft hat sich dann später herausgestellt, dass es diese Krise brauchte, um vorwärtszukommen. Eine Klasse zu wiederholen, kann sich wie ein Rückschritt anfühlen, dann aber zu einem Fortschritt werden. Ein Schulwechsel kann sich anfühlen, als würde man feige vor etwas weglaufen, sich aber dann als eine Veränderung herausstellen, auf die man mutig zugelaufen ist. Manchmal war das schnelle Gespräch mit der Lehrerin die Rettung, manchmal verkomplizierte es alles. Als Eltern neigen wir gelegentlich zum helicoptern. Wir springen schnell und unreflektiert für unsere Kinder in die Bresche. Gleichzeitig finde ich, dass wir das manchmal auch müssen, wenn wir unsere Kinder schützen und unterstützen wollen. Mein großer Wunsch wäre ein Zusammenrücken, denn ich verstehe das Dreieck Eltern, Schule und Kinder als Erziehungsgemeinschaft und nicht als drei Fronten.

In den letzten Jahren habe ich sowohl als Mutter als auch als Familientherapeutin eine weitere wichtige Sache gelernt: Die

Schule ist den Ärger, den wir um sie machen, oft nicht wert. Im Gegenteil, je mehr das Thema Schule zu Hause zum Reizthema wird, umso weniger Bock haben Kinder auf sie. Denn sie wird dadurch negativ konnotiert. Manchmal haben Eltern mit all ihren Bemühungen sogar zur Aufrechterhaltung der Probleme beigetragen – natürlich ohne es zu wollen. Wir sollten uns für die Schule interessieren. Wir sollten mit unseren Kindern im Austausch sein und ihnen unsere Unterstützung anbieten. Und manchmal sollten wir ihnen ganz sicher auch helfen, sich zu strukturieren, zu motivieren und zu disziplinieren. Wir dürfen sie fordern und fördern! Aber wir sollten ihnen nicht das Gefühl geben, dass unsere Liebe mit ihren schulischen Leistungen korreliert. Familie sollte doch der Ort sein, wo Druck von den Schultern *genommen* wird. Ich möchte sogar so weit gehen zu sagen: Bindung ist wichtiger als Bildung. Denn Bildung lässt sich nachholen. Heute leichter denn je!

Aber hinter jedem Schulproblem steckt oft eine reale seelische Not. Eine, die wir Eltern nicht verschlimmern, sondern begleiten sollten. Schlimm genug, dass wir manchmal gezwungen sind, uns zwischen einer guten Beziehung und guter Bildung zu entscheiden. Denn eigentlich sollte es nicht der Optimal-, sondern der Normalfall sein, dass Eltern und Kinder beides haben können.

Als meine jüngste Tochter eingeschult wurde, sagte ihre Lehrerin auf dem Elternabend einen wichtigen Satz zu uns: »Seien Sie zu Hause bitte Eltern. Lehrer haben wir hier genug.« Und damit wären wir wieder beim Thema Loslassen beziehungsweise Freigeben. Denn auch beim Thema Schule müssen wir früher oder später die Stützräder abnehmen, damit unsere Kinder die Erfahrung machen dürfen, *selbst*wirksam und kompetent zu sein. Dennoch weiß ich aus privater und beruflicher Erfahrung:

Jedes Kind ist anders. Darum macht es auch wenig Sinn, einheitliche Erwartungen zu haben. Einige Kinder hat man einfach bis zum Abschluss auf dem Schoß. Andere wollen schon in der ersten Klasse alles allein machen.

Die Verantwortung an unsere Kinder zu übergeben, kann bedeuten, dass wir dabei zusehen, wie sie Fehler machen. Fehler, von denen wir glauben, dass sie sich damit ihr Leben verbauen. Doch so leicht, wie wir fürchten, lässt sich ein Leben nicht verbauen. Vielleicht machen sie Umwege. Vielleicht verirren sie sich manchmal. Aber Umwege erweitern die Ortskenntnis. Und manchmal muss man sich erst verirren, um zu merken, wo man hinwill. Ich will nicht sagen: »Hands up – ist doch egal, wenn unsere Kinder alle die Schule schmeißen.« Keinesfalls. Aber ich will sagen: Unser Weg ist nicht der einzige Weg. Wir erzählen unseren Kindern, dass sie alles werden können, vergessen aber manchmal, sie zu fragen, was sie werden wollen.

Laut der 6. Steirischen Jugendstudie[33] sagen neun von zehn Jugendlichen, dass sie selbst es sind, die größtenteils bis vollständig dazu beitragen, im Leben eigene Ziele zu erreichen. Wir müssen sie vielleicht »einfach« nur machen lassen. Denn dass unsere Kinder nicht den von uns für sie ausgewählten Zielen nachgehen, bedeutet nicht, dass sie keine haben.

Als ich fünfzehn Jahre alt war, steckte ich tief in einer schulischen Krise. Ich hatte wegen eines Umzuges die Schule gewechselt und fühlte mich dort eigentlich total wohl. Doch ich hatte große Schwierigkeiten mit meinem Klassenlehrer Herrn Löffel und sackte in allen Fächern, die ich mit ihm hatte, schlagartig ab. Ich würde gern sagen, dass ich trotzdem viel bei ihm gelernt habe, aber rein inhaltlich erinnere ich mich eigentlich nur noch an die Geschichte vom Pflaster, das er mal in seiner Bockwurst gefunden hat. Bleibenden Eindruck hat er trotzdem hinterlassen: Selbst heute, 25 Jahre später, sehe ich ihn noch vor mir, höre seine mahnende Stimme und fühle die Zweifel. Er signalisierte mir immer wieder, dass ich nicht gut genug für diese Schule und das Abitur sei. Und mit der Zeit begann ich es selbst zu glauben. Eines Tages griff ich zum Hörer und organisierte eigenmächtig meinen Schulwechsel auf die Realschule. Danach teilte ich meinen Eltern diese Entscheidung mit und bat sie, mich zu unterstützen. Ich komme aus einer Akademikerfamilie und wusste, dass sich meine Eltern und Großeltern einen anderen Weg für mich wünschten. Trotzdem ließen sie mich meinen (Um-)Weg gehen. Erst heute, als Mutter eines fünfzehnjährigen Sohnes, dessen Schullaufbahn bisher auch nicht gradlinig verlief, verstehe ich, welch großen Vertrauensvorschuss meine Eltern mir damals gegeben haben – und wie schwer es ihnen gefallen sein muss, ihre Vorstellungen loszulassen. Aber sie vertrauten mir. Also tat ich es auch. Zwei Jahre später hielt ich einen überdurchschnittlich guten Realschulabschluss in den Händen und war entschlossen, mehr zu wollen – und mehr zu können. Ich machte ein ziemlich gutes Abitur. Und legte ein noch besseres Studium hin. Herr Löffel hatte unrecht. Aber dafür hat er ja bereits ein Pflaster bekommen. Und ich? Ich bin im Frieden damit, denn ich würde rückwirkend nichts anders machen wollen.

Zum Glück gibt es unglaublich viele tolle Lehrer*innen und immer mehr Bildungsaktivisten, die keine Angst davor haben, auf die Defizite des Bildungssystems aufmerksam zu machen – denn nur so kann Schule zu einem noch besseren Ort für unsere Kinder werden. Ich freue mich, dass wir einen von ihnen in diesem Buch dabeihaben.

Interview mit Bob Blume

Lieber Bob, was ich von dir in den Medien sehe, lässt vermuten, dass Bildung für dich zurzeit vor allem ein politisches Thema ist. du hast das Thema aus ungewöhnlich vielen Ecken und Rollen betrachtet: Als Lehrer, als Autor, als Blogger und Speaker, als rebellischer Bildungsaktivist und als Vater. Mit welchem Grundgefühl schaust du gerade auf das Thema Schule beziehungsweise die Bildung unserer Jugend? Und können wir die Worte Bildung und Schule derzeit überhaupt synonym verwenden?

Ich schaue sehr ambivalent auf das Thema. Das heißt, dass ich auf der einen Seite nicht müde werden möchte, immer und immer wieder darauf hinzuweisen, was wir besser machen könnten – und müssen. Aber ich möchte auch keine selbsterfüllende Prophezeiung daraus machen, in der sowieso alles nicht mehr zu retten ist. Mein Grundgefühl ist also immer eines des kritischen Idealismus. Es gibt viel zu tun, und genau deshalb sollten wir nicht verzagen. Die Frage nach Bildung und Schule ist außergewöhnlich gut, denn: Nein, Bildung und Schule sind nicht synonym. Im Gegenteil: Sie entfernen sich voneinander, weil die weltweite Vernetzung neben all dem Hass auch die unfassbar nützliche Seite hat, zu jeder Zeit lernen zu können. Von denjenigen, die man sich selbst aussucht. Das ist ja einer der Gründe, warum Schule eine Kehrtwende hin machen müsste zu einer Bildung, die näher am 21. als am 20. Jahrhundert ist.

Wo du gerade die unterschiedlichen Jahrhunderte ansprichst: Streit um die Schule ist ein wahrer Evergreen zwischen Teenagern und ihren Eltern – was sind deiner Erfahrung nach die Gründe, warum es hier schon seit so vielen Generationen immer wieder clasht?

Ich bin kein Soziologe, aber einer der Gründe ist, dass jede Generation annimmt, dass das, was sie in ihrer eigenen Generation erlebt hat, »Normalität« darstellt. Deshalb ist zum Beispiel im Rückblick immer das Jahrzehnt zwischen sechzehn und sechsundzwanzig das, wo die »wahre Musik« gespielt wurde. Und das behaupten sogar Kinder der Neunziger. In dieser Zeit erlebt man seine ersten tiefgreifenden Emotionen, versucht, sie kognitiv zu verarbeiten, und das alles ist so intensiv, dass es sich im Rückblick wie »das echte Leben« anfühlt. Das ist es aber nicht. Oder: Nicht allein. Denn auch danach, mit allen technischen, gesellschaftlichen, politischen und sozialen Veränderungen, findet das echte Leben statt. Deshalb ist es auch geboten, erst zu beobachten und nicht erst zu bewerten. Denn viele Konflikte entstehen genau aus jener Bewertung, die das Eigene als richtig und das Nachkommende als falsch brandmarkt.

Viele Eltern denken, dass ihre Kinder nur verstehen müssten, wie wichtig Schule ist – dann würden sie sich mehr anstrengen, und die Schwierigkeiten verschwinden. Aber ist Schule wirklich so? Ist Schule überhaupt eine private Erziehungsfrage beziehungsweise ein Eltern-Kind-Ding? Welche Faktoren vergessen wir dabei vielleicht?

Es geht nicht nur um ein Verstehen, quasi um die erleuchtende Erkenntnis. Ja, die ist auch wichtig und genau deshalb sagen viele Jugendliche, wenn sie die Pubertät hinter sich haben, dass sie jetzt verstehen, dass sie sich mehr hätten anstrengen müssen. Es ist eine Frage der Reife, nur: Wir Erwachsenen verstehen auch sehr viel. Handeln wir deshalb danach? Eher nein, sonst würde keiner mehr Auto fahren, fliegen oder Fleisch essen. Nicht als Bewertung, sondern als objektive Feststellung, dass wir dadurch den Planeten retten können. Ich denke, die sogenannte

Erziehungspartnerschaft zwischen Schule und Eltern sollte sich dadurch auszeichnen, die richtigen Prioritäten in der Beurteilung zu setzen. Sich mehr auf das Lernen konzentrieren als auf das, was rauskommt. Man kann viel lernen aus etwas, das einem schwerfällt. Mehr auf die Entwicklung als auf die Note schauen. Mehr auf die Anstrengung als auf die (vermeintliche) Intelligenz. Vieles, was in der Schule inhaltlich gelernt wird, wird wieder vergessen. Die Lust oder Unlust am Lernen bleibt ein Leben lang.

Wer hat denn hier überhaupt welchen Einfluss und welche Aufgabe? Was können Eltern tun? Was sollten Lehrer tun? Was die Teenager? Und wo hört der Spielraum all dieser Menschen vielleicht auch auf, weil der bildungspolitische Rahmen der eigentliche Weak-Point ist?

Einiges habe ich ja schon angesprochen. Aber was mir wichtig ist: Auch wenn es zahllose Dinge gibt, die man am »System Schule« ändern könnte: Das System sind wir alle. Das heißt, dass man aufpassen sollte, sich nicht in eine Opferhaltung zu begeben und zu resignieren. Es gibt immer Möglichkeiten, die richtigen Schritte zu gehen: mit zugewandtem Austausch (auch gegenüber Lehrkräften), mit Ideen und Vorschlägen, mit einer Haltung der Prioritätensetzung wie zuvor beschrieben.

Ich habe einen Freund, der ebenfalls Lehrer ist und irgendwann meinen Sohn unterrichtete. Als mein Sohn in der achten Klasse war und es Schwierigkeiten in anderen Fächern gab, rief er mich an und sagte etwas, was einerseits sehr tröstend, andererseits sehr ernüchternd war: »Eigentlich sollte man die achte Klasse (+/- ein Jahr) aus dem Lehrplan streichen – oder den Lehrplan revolutionieren. Die meisten Kinder sind zu dieser Zeit mit so essenziellen Themen ihrer Identitätsentwicklung beschäftigt, dass für Algebra und die Topografie Afrikas einfach keine Kapazität ist.« Wie siehst du das, Bob? Ist in dieser pubertären Entwicklungsphase Platz für Schule? Oder sollte die Frage vielleicht besser lauten: Ist in unserem Schulsystem Platz für die Entwicklung unserer Teenager?

Gute Frage. Zunächst einmal verstehe ich das sehr gut und ja, Schule sollte sich mehr an den Bedürfnissen ausrichten. Aber gerade in Bezug auf ein Fach wie Geschichte zucke ich zusammen: Wenn das an der Stelle wegfallen würde, dann hätten wir Löcher, die wir nach der Schule nicht mehr stopfen können. Geschichte, als Beispiel, ist wie eine Geheimwaffe gegen Populismus. Unsere Aufgabe sollte vielmehr sein, Inhalte auf eine Art und Weise zugänglich zu machen, die die jungen Leute mitnimmt, immer die Relevanz im Blick hat und auch mal ein Auge zudrückt, wenn die Pubertät mal besonders kickt. Es bleibt ein Aushandlungsprozess.

In all deinen Jahren als Lehrer hast du viele Eltern und Kinder begleitet, so viele Gesichter, so viele Geschichten. Einige dieser Geschichten waren bewegend, andere überraschend, viele gewiss sehr stereotypisch, und wieder andere hast du durch deine Arbeit vermutlich sogar mit- oder umgeschrieben. Gibt es eine Art Fazit oder ein besonderes Learning aus all diesen Geschichten? Was hältst du resümierend für das Beste, was wir Eltern für unsere Kinder in Sachen Schule und Bildung tun können?

Das Fazit ist: Jede Lehrkraft kann den Unterschied machen. Ich habe erst vor einigen Wochen eine Mail von einem ehemaligen Schüler bekommen. Es war die zweite. In der ersten bedankte er sich für das, was er lernen konnte, und sagte, ich hätte einen besonderen Anteil daran gehabt. In der zweiten teilte er mir mit, dass er nun ein kleines Unternehmen führe. Und bedankte sich ein weiteres Mal. Ich weiß nicht, ob es stimmt, dass der Einfluss so groß war, aber allein, dass der Schüler es so wahrnahm, ist ein unglaublich schönes Gefühl. Ich bewahre mir solche Mails in einem Ordner auf, um mich daran zu erinnern, worauf es ankommt: den Menschen zu sehen. Und das ist es, was Schule viel mehr tun sollte, den Menschen sehen. »Jeder ist jemand«, sagte der Theaterpädagoge George Tabori. Das ist es! Nicht als Floskel, sondern als Handlungsweisung. Wenn wir ein kleines bisschen relaxter werden würden und auf die Stärken achten, anstatt immer mehr Druck auszuüben, dann wären wir schon ein kleines bisschen weiter.

Gibt es etwas, worüber wir noch nicht gesprochen haben, was du Eltern aber noch gerne mitgeben würdest?

Eltern zu sein ist der erfüllendste, anstrengendste und sinnvollste Job, den es gibt. Das ist beim Lehrberuf ähnlich. Es ist wichtig, immer wieder mal in die Distanz zu uns selbst zu gehen, zu reflektieren, aber auch stolz darauf zu sein, was wir tun, damit unsere Kinder bereit sind für diese komplizierte, aber doch alles in allem wundervolle Welt. Es lohnt sich.

KAPITEL 5
EIN KAPITEL NUR FÜR DICH

Instagram, 2023.

Sie hat mich überrollt. Hart. Ohne Vorwarnung. Ohne Vorbereitungszeit. Und ohne ein Taschentuch im Mantel. Wie aus dem Nichts stand sie vor mir: die Melancholie vergangener Tage. Und ich bin ihr direkt in die Arme gelaufen. Mitten im Supermarkt. Irgendwo zwischen Gurken und Maracujas.

Eigentlich war ich in Eile. Und in Gedanken. Bei all den Dingen, die ich heute nicht vergessen wollte. Doch ich wurde ausgebremst. Wortwörtlich. Von einer anderen Mama. Und plötzlich vergaß ich doch. Und zwar die Zeit.

Diese andere Mama schob einen Kinderwagen mit einem Neugeborenen vor sich her. Sie hatte einen kleinen Jungen mit flauschigen blonden Haaren an der Hand und scheinbar alle Zeit der Welt. Genau wie ich. Vor genau zehn Jahren. An genau diesem Ort. Mit genau diesem Blick. Ich war sie. Und in dem Moment, in dem ich mich selbst in ihr erkannte, war alles wieder da. Alles wieder nah.

So schön. So echt. Aber auch so schmerzhaft. Denn obwohl ich weiß, dass mir niemand meine Erinnerungen nehmen kann, weiß ich eben auch, dass Zeit, die vergeht, nicht wiederkommt.

Nie wieder wird eine so kleine Hand nach meiner greifen. Nie wieder werde ich einem schlafenden Baby liebevoll über den Rücken streicheln, während es sich im Tragetuch an mich schmiegt.

Nie wieder werde ich so weiches Haar berühren. Oder ein Kind in den Schlaf stillen. Nie wieder werden holprige kleine Schritte sich in meine Arme fallen lassen. Nie wieder Dinos. Nie wieder Mondbär. Nie wieder dieser eine Spielplatz um die Ecke unserer alten Wohnung. Nie wieder Jesche statt Schnecke oder Poschen statt Pommes. Und nie wieder werde ich so mühelos lieben oder geliebt werden.

Vielleicht fühle ich es morgen anders. Wenn ich mich wieder daran erinnere, dass die Jahre zwar kurz, aber die Tage manchmal unerträglich lang waren. Denn ich weiß natürlich noch, dass es nicht nur und nicht immer schön war, eine Kleinkindmama zu sein. Doch heute siegt die Sehnsucht nach vergangenen Tagen. Und der Neid auf mein altes Ich, das noch alles vor sich hat, was für mich schon längst nur noch eine Erinnerung an ein anderes Leben ist …

Als ich 2009 zum ersten Mal Mutter wurde, hatte ich keine Ahnung, was auf mich zukommen würde. Natürlich hatte ich eine grobe Vorstellung. Ideen. Pläne. Träume. Erwartungen. Aber Ahnung hatte ich keine. Ich ahnte nicht einmal annähernd, wie viel man gleichzeitig sein muss und gleichzeitig fühlen kann. Noch heute bin ich unglaublich oft völlig zerrissen. Und am meisten kämpfe ich dabei innerlich mit der Zeit. Meine Mutterschaft spielte sich eigentlich von Anfang an in einem Spannungsfeld zwischen Zeit anhalten, Zeit zurückdrehen und Zeit vorspulen ab. Oft war es so schön, dass ich die Momente einfrieren wollte. Unzählige Male dachte ich: DAS ist das perfekte Alter. So kann es bleiben. Und trotzdem sehnte ich mich an schwierigen Tagen oder in schwierigen Zeiten manchmal in eine andere Zeit meiner Mutterschaft zurück. Oder ich wünschte mich in eine Zukunft, in der alles einfacher sein und ich wieder durchschlafen würde. Heute wehre ich mich nicht mehr dagegen. Ich lebe, so gut ich kann, im Hier und Jetzt. Und gelegentlich unternehme ich ein paar Reisen in die Vergangenheit und in die Zukunft.

Ich freue mich auf diese Zukunft, aber ich habe auch Respekt vor ihr. Denn als Eltern eines Teenagers sind wir längst am Wendepunkt angekommen. Der Großteil der intensiven gemeinsamen Zeit mit unseren Kindern liegt bereits hinter uns. Wir werden schließlich nicht ewig mit ihnen zusammenleben. Jedenfalls die meisten von uns nicht.

Derzeit liegt das Durchschnittsalter, mit dem Kinder hierzulande das Nest verlassen, bei 23,8 Jahren. Ich selbst bin bereits mit zwanzig Jahren ausgezogen, weshalb ich mich immer wieder bei dem Gedanken ertappe, dass mein Sohn in weniger als fünf Jahren ausgezogen sein wird. Wie viele Jahre es schlussendlich sind, die uns noch bleiben, weiß niemand genau. Aber einer Sache können wir uns gewiss sein: der Endlichkeit dieser Zeit.

Gestern beobachtete ich meinen Sohn, wie er in der Küche stand und sich ganz allein Nudeln kochte, während er (sehr sanftmütig) mit seiner Freundin telefonierte. Und mir wurde einmal mehr bewusst, wie groß er geworden ist. Nicht nur physisch.

Mir wurde aber auch bewusst, dass er sich nicht für immer Nudeln in unserer Küche kochen wird. Es mag sich nicht jeden Tag so anfühlen, doch die Zeit, die wir mit unseren Kindern haben, ist ein Geschenk. Und erst der Fakt, dass diese Zeit begrenzt ist, verleiht ihr ihren besonderen Wert.

Wir wissen nicht, wie oft sie nachts noch an unserem Bett stehen und unter die Decke schlüpfen wollen. Wir wissen nicht, wie oft sie noch mit uns in den Urlaub fahren möchten. Wir wissen nicht, wie oft sie uns aus der Dusche noch »Ich brauche ein Handtuch!« zurufen werden.

Es wird für alles ein letztes Mal geben. Haare bürsten. Nägel schneiden. Eine Geschichte vorlesen. Bei Liebeskummer trösten.

Die Schuhe bezahlen. Mit der Lehrerin sprechen. Das Zimmer aufräumen. Händchen halten. Das Hausaufgabenheft suchen. Eine Vier unterschreiben. Einen Kinderfilm gucken. Ungeniert voreinander nackt sein. Ungeniert voreinander weinen. Einen Kummer-Kakao mit Marshmallows machen. Sowie tausend Dinge mehr. Sie werden eines Tages nach ihrem letzten neuen Kuscheltier fragen und an einem anderen Tag nach ihrem ersten Kondomen. Und möglicherweise liegen dazwischen nur Stunden.

Die Pubertät ist nicht nur für unsere Kinder eine wichtige Entwicklungsphase, sondern auch für uns. Auch wir Eltern brauchen diese Zeit zwischen ihrer Kindheit und ihrem Erwachsensein, um uns zu lösen. Und um uns neu zu erfinden. Eine Teenager-Mama zu sein, ist etwas anderes, als eine Kleinkind-Mama zu sein.

Auch wir müssen unsere Elternschaft neu denken lernen. Wir müssen uns fragen, was für eine Mutter oder was für ein Vater wir sein wollen und, vor allem, für wen. Wir müssen lernen, unsere Kinder als die zu lieben, die sie sind, statt nur das Bild, das wir von ihnen haben. Wir müssen weiterhin voll da und mit ganzem Herzen dabei sein, aber gleichzeitig immer mehr in den Hintergrund treten. Wir müssen sie freigeben. Und vertrauen.

Ich möchte nicht verleugnen, dass das wehtun kann. Das Gefühl, an Bedeutung für den Menschen zu verlieren, der einem selbst die Welt bedeutet, schmerzt. Auch für uns Eltern ist die Pubertät eine selbstwertkritische Phase. Vor allem wenn die Elternschaft unsere Kompetenzinsel oder unser Lebensinhalt war. Plötzlich werden wir weniger gebraucht. Sind weniger wichtig. Fühlen uns weniger wertvoll. Der Kopf weiß zwar, dass das Quatsch ist. Doch das Herz hat eine Leere zu füllen. Unsere Kinder sind nicht die Einzigen, die während der Pubertät straucheln. Auch für uns Eltern kann sie zur Identitätskrise werden.

Ich glaube, eine der (für mich) bedeutendsten Erkenntnisse, die ich während des Schreibens dieses Buches hatte, war die, dass Eltern und Kinder während der Pubertät zwar an völlig unterschiedlichen Punkten, aber dennoch vor denselben essenziellen Fragen stehen:

Wer bin ich (für andere)?
Wo ist mein Platz in dieser Welt beziehungsweise Familie?

Darum ist es wichtig, dass wir nicht nur unseren Kindern aus den alten, zu klein gewordenen Kleidern helfen, sondern auch uns selbst. Wir brauchen ein neues Verständnis von Elternschaft. Eine neue Elternidentität. Eine, die mehr kongenial und weniger symbiotisch ist. Es ist okay, von nun an weniger zu geben. Solange es genug vom Richtigen ist. So zumindest verstehe ich Bedürfnisorientierung in der Pubertät. Und wie wir wissen, geht es dabei nicht nur um die Bedürfnisse unserer Kinder, sondern auch um unsere. Und die Pubertät ist eine wunderbare Zeit, um den eigenen Bedürfnissen und Interessen wieder mehr Raum zu geben. Wir geben nicht nur unsere Kinder frei, sondern auch uns.

Mit dem neuen Rollenverständnis entstehen neue Räume. Und mit der Verantwortung, die wir unseren Kindern für sich selbst übergeben, und mit der Unabhängigkeit, die wir ihnen zugestehen, bekommen auch wir ein Stück Freiheit zurück. Doch damit unsere Kinder sich gut lösen können, brauchen sie die Gewissheit, dass wir diese Freiheit zu nutzen wissen. Denn Kinder, die das Gefühl haben, dass *wir sie* brauchen, fühlen sich verpflichtet, uns zu brauchen.

- Braucht mein Kind wirklich mich? Oder bin ich es, die das Kind braucht?
- Wer bin ich, wenn ich nicht Mutter/Vater bin?
- Wofür möchte ich meine neue, alte Freiheit nutzen?
- Was steht auf meiner Lebens-Bucket-List?
- Wie wird es für uns als Paar sein, wieder mehr Zeit zu haben?
- Wie möchten wir diese Zeit nutzen?
- Worauf schauen wir mit Vorfreude? Worauf voller Sorge?

Es ist an der Zeit, uns diese Fragen zu stellen – und ehrlich auf sie zu antworten, auch wenn uns die Antwort vielleicht nicht gefällt oder »ich weiß es nicht« lautet. Es ist okay, nicht sofort auf alles eine Antwort zu wissen. Das gilt nicht nur unseren Kindern gegenüber. Wenn ich keine Antwort habe oder für eine Entscheidung noch Zeit brauche, dann lasse ich mich weder von meinen Kindern noch von mir selbst oder sonst jemandem unter Druck setzen, sondern sage: Ich möchte erst darüber nachdenken. Wir brauchen Geduld.

OM. ODER AUCH: CHILL MA, WILMA

Von der elterlichen Geduld kann man gar nicht genug vorrätig haben. Denn die eventuelle Sinnsuche ist bei Weitem nicht unser einziges »Problem«. Die Pubertät unserer Kinder könnte uns nicht nur in eine Identitäts-, sondern auch in eine Energiekrise stürzen. Es ist nämlich durchaus anstrengend, einen Teenager zu begleiten.

Und ich finde, das darf man so sagen. Ich sage ja nicht, dass Teenager anstrengend *sind*. Aber wir brauchen auch nicht so tun, als würden wir absolut und total über den Dingen stehen und als könnte uns nichts aus der Bahn werfen. Teenager können einen, genau wie kleine Kinder in ihrer Autonomiephase, völlig in den Wahnsinn treiben. Mit ihren Stimmungsschwankungen, ihrer Unlust, ihrem Aufbegehren, ihren Selbstzweifeln, ihrer Unordnung, ihrem Risikoverhalten, ihren Wutausbrüchen, ihrem Weltschmerz, ihrer Unzuverlässigkeit, ihrem Hedonismus, ihrem Medienkonsum, ihren verbalen Entgleisungen, ihren Nägeln im Waschbecken, ihrer Reizbarkeit, ihrer Selbstüberschätzung, ihren ambivalenten Bedürfnissen und der Gleichzeitigkeit all dieser Dinge. Natürlich ist es unser Job, all das auszuhalten und zu begleiten, aber leicht ist es nicht. Es ist anspruchsvoll und kostet eine Menge Energie.

Die Zeiten, wo ein Babylächeln uns all die Anstrengungen vergessen ließ, sind längst vorbei. Und wenn wir ganz ehrlich sind, gab es die eigentlich nie. Obgleich das eine wunderschöne Vorstellung ist, so ist sie doch etwas zu glorifiziert. Die Pubertät hingegen wird nie glorifiziert. Das Gegenteil scheint der Fall zu sein. Sie wird katastrophisiert. Niemand tut mehr so, als wäre ein Zahnspangenlächeln die beste Entlohnung ever. Vielmehr erntet man mitleidige Blicke dafür, dass man ein Kind in der Pubertät hat. Damit ist allerdings auch niemandem geholfen.

Wie gesagt: Es ist eine herausfordernde und anspruchsvolle Zeit. Das steht außer Frage. Doch es ist wie mit den meisten »Krisen«. Wir können die Situation vielleicht nicht ändern, aber wir können wählen, wie wir mit ihr umgehen. Nicht die Pubertät selbst ist das Problem. Sondern unser Bild von ihr. Und ich hoffe inständig, dass dieses Buch dazu beitragen wird, dieses Bild zu verändern.

Wenn wir gut und entspannt durch die Pubertät kommen wollen, ist das Erste, was wir für unser Om und unsere Kinder aktiv tun können, sie nicht mehr zu dramatisieren. Wir sollten die Risiken sicherlich nicht unterschätzen, aber ebenso wenig überschätzen. Wie wäre es, wenn wir die Pubertät stattdessen als eine weitere entwicklungsbedingte, mehr oder weniger gewöhnliche Autonomiephase unserer Kinder betrachten? Dann könnten wir uns nämlich daran erinnern, dass wir eine Menge Erfahrung im Umgang mit solchen Phasen haben, und würden uns wesentlich handlungssicherer fühlen. Sie ist das Finale. Das große Autonomiefeuerwerk. Grell und laut. Es zischt und knallt. Aber gleichzeitig ist es wunderschön. Und herrlich bunt.

Die Pubertät mag eine krisenhafte und vulnerablere Zeit sein, aber wenn wir ihr den Beigeschmack der Katastrophe nehmen, wird sie zu einer großen Chance. Beziehung statt Erziehung ist zutreffender denn je! Aber allein unsere Einstellung zu verändern, wird vielleicht nicht reichen. Es braucht mehr:

Selbstreflexion Was tue ich hier gerade und wofür? Was gehört zu mir? Was gehört zu meinem Kind? Nach welchen Werten und Überzeugungen handle ich? Und sind das wirklich meine? Warum fühle ich mich gerade ohnmächtig oder wütend? Welchen *meiner* Knöpfe drückt mein Kind hier?

Akzeptanz des Wandels Die Veränderung annehmen! Wer dagegen ankämpft, verliert wertvolle Energie. Es führt kein Weg zurück. Aber viele nach vorn. Und never forget: Es ist alles nur eine Phase.

Offene Kommunikation Das bedeutet, ehrlich und authentisch zu sein. Zu uns selbst und natürlich auch zu unseren Kindern und unserem Partner oder unserer Partnerin.

Selbstfürsorge Aus einem leeren Brunnen kann man nicht schöpfen. Das hat für mich zwei Ebenen – eine oberflächliche und eine tiefe. Ich darf Sorge dafür tragen, dass meine Akkus ausreichend geladen sind. Und ich darf meine eigenen Prägungen anschauen. Gegebenenfalls auch mit therapeutischer Unterstützung.

Selbstverantwortung Ich bin verantwortlich für meine Bedürfnisse, meine Gefühle, meine Grenzen und die Nutzung meiner Ressourcen. Niemand sonst. Wenn ich mich gegenüber den Emotionen meines Kindes nicht abgrenzen kann, extrem mitleide oder mich dadurch angegriffen fühle, muss ich der Selbstfürsorge mehr Aufmerksamkeit schenken. Wir dürfen unsere Kinder nicht für unseren eigenen Struggle verantwortlich machen, auch wenn die Pubertät wie ein Brennglas für die eigenen Themen sein kann.

Selbstregulation Ab und zu wütend auf sein Kind zu sein, ist völlig normal. Sein eigenes Kind mal auf den Mond schießen, rausschmeißen, anschreien oder schütteln zu wollen ebenso. Es ist okay, so zu fühlen und so zu denken. Es ist nur nicht okay, es tatsächlich zu tun. Deshalb brauchen wir wenigstens eine gewisse Grundkompetenz im Bereich Selbstregulation. Das sind Techniken, die unserem Nervensystem helfen, wieder in einen regulierten Zustand zu kommen. Sei es durch Yoga, Meditation, Atemübungen, somatische Übungen, Selbstumarmungen, Journaling, Sport, Musik, ätherische Öle oder ganz andere Dinge. Wir sollten Methoden üben, die es uns erlauben, Wut zu fühlen, ohne dabei die Kontrolle zu verlieren. Die Wut komplett zu unterdrücken, ist nicht die Lösung! Die Folge sind innere Spannungen und Verkrampfungen sowie die Anhäufung negativer Gefühle gegenüber unseren Kindern. Selbstregulation bedeutet also nicht, nicht zu fühlen. Es bedeutet, kontrolliert fühlen zu können.

Perspektivwechsel Wir dürfen die Zeit der Pubertät nicht nur als eine Zeit voller Krisen, Ablehnung, Risiken und Vulnerabilitäten begreifen. Sie ist Veränderung, das schon, es obliegt uns selbst, etwas Gutes daraus zu machen. Dazu müssen wir verstehen, was in der Pubertät in unseren Kindern vor sich geht, ohne sie darauf zu reduzieren. Denn wie Bob so schön zitierte: »Jeder ist jemand.« Und vor allem ist jeder Mensch mehr als die Summe der Annahmen und Vorurteile über ihn. Der Wolf ist nur deshalb böse, weil jemand das so beschlossen hat. Mit Jugendlichen ist es ganz ähnlich.

Unterstützung Wir sind nicht allein und müssen uns auch nicht allein verantwortlich fühlen. Unsere Kinder haben sich selbst, sie haben Großeltern, Freunde, Trainer*innen, Familienmitglieder, Lehrer*innen, Therapeut*innen, Vorbilder und Haustiere.

Abgrenzung Wir müssen es schaffen, uns vom Leben unserer Kinder abzugrenzen. Natürlich nicht völlig, aber in einem angemessenen Maß. Das beginnt damit, ein eigenes Leben zu haben, und geht damit weiter, sich nicht für alles verantwortlich zu fühlen und nicht alles beeinflussen zu wollen, was im Leben unserer Kinder passiert. Wir müssen und wir dürfen nicht jede pubertäre Achterbahnfahrt mitmachen. Ihre Gefühle sind nicht unsere Gefühle. Obgleich sich ein »Mitleiden« nicht immer vermeiden lässt. Aber wir müssen uns selbst die Erlaubnis geben, glücklich sein zu dürfen. Sogar dann, wenn unsere Kinder es nicht sind. Denn gerade dann brauchen sie uns und unsere Kraft. Sie brauchen die beste Version von uns. Die, die ausstrahlt: Alles wird gut!

Genau das bestätigt auch eine Jugendstudie des SOS-Kinderdorfes, in der eine der Jugendlichen im Interview klar sagte: »Wenn ich gestresst bin, sind meine Eltern mit mir gestresst. Das macht die Sache nicht besser, sondern stresst mich zusätzlich.«[34]

Erziehung ist Beispiel und Liebe, wie Friedrich Fröbel einst sagte. Beispiel. Und Liebe. Nicht Selbstaufgabe! Wenn wir unseren Kindern beibringen wollen, ihr Leben zu leben, müssen wir ihnen zeigen, wie wir unseres leben. Würde dieses Leben allerdings in einer völligen Abhängigkeit von unseren Kindern stattfinden, wären die Gefühlswelten völlig symbiotisch, dann wäre die Last für unsere Kinder einfach viel zu groß. Denn sie wären dann nicht nur für ihr eigenes Glück verantwortlich, sondern auch noch für das unsere.

Die emotionale Abgrenzung ist außerdem wichtig, damit wir nicht ständig wütend auf unsere Kinder sind, nur weil sie unsere Erwartungen nicht erfüllen. Denn das würde unsere Beziehung zu ihnen total zerstören. Kinder sind kein Instrument zur Selbstverwirklichung. Das sollten sie zumindest nicht sein.

HURRA, SIE WACHSEN!

Gestern noch ging nichts ohne uns, und nun sind wir plötzlich überflüssig. Zwar ist weder das eine noch das andere wahr – dennoch kann es sich in etwa so anfühlen, wenn unsere Kinder flügge werden.

Mein Image als unfehlbare Heldin ist schon lange versaut, und ich muss mich wohl daran gewöhnen, für meine Kinder manchmal »cringe« zu sein. Sie betrachten mein Verhalten kritischer als früher. »Bitte tanz nicht wieder in Unterwäsche durchs Haus, wenn meine Freunde kommen«, »Kannst du meinen Kumpel bitte nicht immer Till nennen – er heißt Tim« oder »Kannst du das nächste Mal bitte die Lieder von AnnenMayKantereit nicht laut mitsingen, wenn Mara da ist, okay?« Nachdem wir jahrelang versucht haben, unseren Kindern »gutes Benehmen« beizubringen, tun sie nun dasselbe mit uns. Welch Ironie. Aber immerhin sagen sie Bitte.

Wir mögen unseren Kindern vielleicht manchmal peinlich sein, aber wir machen dennoch einen guten Job. Und die meisten Jugendlichen sehen das ganz ähnlich. Weniger als ein Viertel der jungen Menschen, die 2019 in der Shell-Jugendstudie befragt wurden, würden ihre Kinder anders oder ganz anders erziehen, als sie selbst von ihren Eltern erzogen wurden. Daraus lässt sich schließen, dass die meisten Jugendlichen mit der elterlichen Erziehung ziemlich zufrieden sind.

Und auch, wenn unsere Kinder uns das vielleicht nicht immer zeigen, sind sie uns für unsere Bemühungen dankbar. In meiner Mini-Umfrage habe ich knapp dreißig Jugendliche befragt, wofür sie ihren Eltern dankbar sind, und die Antworten möchte ich gern mit euch teilen:

Niemand antwortete mit Spielzeug, Taschengeld oder Bildschirmzeit. Stattdessen sind unsere jugendlichen Kinder uns dafür dankbar, dass wir immer für sie da sind. Sie sind dankbar dafür, dass wir immer ein offenes Ohr für sie haben, ihnen zuhören und mit Rat und Tat zur Seite stehen. Sie sind dankbar für unser Interesse, unsere Geduld und unsere Fürsorge – auch wenn die manchmal nervt. Und auch, wenn sie bei unseren Entscheidungen nicht immer Hurra rufen, sind sie dankbar für unsere Erziehung und unsere Entscheidungen, die sie im Nachhinein nämlich oft richtig finden. Sie sind dankbar für die Freiheit, die sie bekommen, die Verantwortung, die wir ihnen übertragen, und das Vertrauen, das wir ihnen schenken. Und auch wenn es pathetisch klingt, sagten tatsächlich fast alle Jugendlichen: Ich bin meinen Eltern dankbar für ihre Liebe. Und mein Leben.

Auch ich bin meinen Kindern unendlich dankbar. Sie haben mir mehr über Familie beigebracht, als die Wissenschaft es jemals könnte. Wir glauben immer, wir sind die, die Kindern etwas beibringen müssen. Dabei ist es oft genau andersrum. Wer lacht mehr? Wer spielt mehr? Wer ist intuitiver? Wer ist freier? Wer ist reinherziger? Wer ist ehrlicher? Wer ist glücklicher? Es sind unsere Kinder. Ihnen habe ich unzählige Aha-Momente zu verdanken.

Meine Tochter hat vor einer Weile das Lettern für sich entdeckt. Sie liebt es, zarte Aquarellmotive mit starken Botschaften zu kombinieren. Vor einigen Tagen gestaltete sie ein neues Kunstwerk für unsere Wand. Darauf stand: »Wenn du aufgeben willst, erinnere dich daran, warum du angefangen hast.« Und irgendwie hat mich dieser Spruch an meine Elternschaft erinnert. Nicht, dass aufgeben jemals eine Option gewesen wäre – aber es ließ mich daran zurückdenken, welch stilles Versprechen ich all meinen Kindern bei ihrer Geburt gegeben habe: *Für immer. Und dich.*

Also mache ich mich bereit, für sie da zu sein, so gut ich kann. Denn die nächsten Jahre werden ganz bestimmt abenteuerlich für uns alle. Aber insbesondere für unsere Teenies:

Sie werden …

- Schule doof finden
- ihr Zimmer verwüsten
- sich dabei (dort) finden
- sich unabhängig fühlen
- in ihrem Freundeskreis Erfahrungen machen, die wir ihnen nicht ermöglichen wollen oder können
- ein (digitales) Ich entwickeln
- lieben und leiden
- sich vor Aufgaben drücken
- Verantwortung übernehmen
- Interesse an ihrer Sexualität bekommen
- nicht darüber reden
- oder ganz viel
- sich mit ihrer Kleidung ausdrücken
- bei Ikea ein Kuscheltier haben wollen und am nächsten Tag Kondome kaufen
- komische Sachen essen
- spät einschlafen
- spät aufstehen
- ein Kompliment und Lob hören wollen

- in Ruhe gelassen werden wollen
- glauben, dass sie alles können
- glauben, dass sie nichts können
- furchtbare Musik hören
- unsere Musik furchtbar finden
- sich zu früh oder zu stark schminken
- sich selbst trotzdem schön finden
- sich selbst trotzdem nicht schön finden
- mit fragwürdigen Meinungen spielen
- nach unserem Rat fragen
- unseren Rat ignorieren
- masturbieren
- launisch sein
- Grenzen übertreten
- zu spät nach Hause kommen
- uns anlügen
- sich wünschen, wieder Kind zu sein
- sich wünschen, schon erwachsen zu sein
- Pornos gucken
- mit Verboten experimentieren
- uns den Spiegel vorhalten
- sich mit Gleichaltrigen in der realen und virtuellen Welt vernetzen
- falsche Entscheidungen treffen
- richtige Entscheidungen treffen
- sich für ihre Geschwister und Eltern schämen
- stolz auf ihre Geschwister und Eltern sein
- eine eigene Sprache benutzen
- uns mit unserem Alter konfrontieren
- eigene Ziele verfolgen
- keine Ziele verfolgen

- irrationale Ängste haben
- großen Weltschmerz empfinden
- sich im Ton vergreifen
- plötzlich ein anderes Verhältnis zu Nacktheit haben
- weniger gern zu Oma und Opa fahren
- ihre Freunde und andere Vorbilder imitieren
- sich von allen unverstanden fühlen
- wütend sein, ohne zu wissen, warum
- plötzlich nochmal im Elternbett schlafen wollen
- sich dafür selbst cringe finden
- sechs Stunden am Stück am Handy hängen
- uns für unsere Verbote und Entscheidungen hassen
- uns für unsere Verbote und Entscheidungen lieben
- ihre eigene Existenz infrage stellen
- sich unserer Liebe gewiss sein – immer!

Es besteht kein Zweifel: Im Inneren unserer Kinder geht es wild zu. Und sehr widersprüchlich. Zudem ist jede Pubertät, jeder Teenie einzigartig. Aber zwei Dinge sind universell: ihre Sehnsucht nach sich selbst und ihr Wunsch nach unserer Liebe. Ihre größte Entwicklungsaufgabe besteht darin, sich selbst zu finden, ohne uns auf dieser Reise zu verlieren.

Auch mich beschäftigt als Mutter derzeit vor allem die Frage, wie ich es schaffe, präsent und involviert zu bleiben und mich gleichzeitig immer mehr zu lösen. Es ist ein schmaler Grat zwischen da sein und nicht da sein. In der Theorie klingt es ganz leicht, in der Praxis ist es das nicht immer. Aber ich vertraue darauf, dass wir als Familie *gemeinsam* in die Antwort hineinleben werden, wenn wir uns diese Frage nur oft genug stellen.

Wir müssen Vertrauen haben: Darin, dass wir unseren Kindern alles mitgegeben haben, was sie brauchen. Und darin, dass sie das Beste daraus machen werden – für sich. Und ganz ehrlich: Ich kann es kaum erwarten, zu erleben, was das sein wird.

Ich sehe diese großen Kinder an, und mein Herz platzt schon jetzt vor Stolz. Nicht weil ich glaube, dass sie besser geraten sind als andere Kinder. Sondern einfach, weil sie *sind.* In jedem Jugendlichen steckt eine faszinierende Persönlichkeit, die es sich lohnt kennenzulernen. Lasst uns unsere Kinder genießen. Lasst uns ihre Entwicklung feiern. Und lasst uns laut rufen: Hurra, sie wachsen! Genau wie wir.

DANKSAGUNG

Ganz besonderer Dank gilt meiner Familie, die mich während des Schreibens dieses Buches zu jeder Zeit unterstützt und bereitwillig entbehrt hat. Danke, Hannes, dass du mir den Rücken freigehalten, mich mit deiner Geduld beschenkt und immer wieder an ein Back-up erinnert hast.

Ich danke meinen Kindern für die vielen inspirierenden Gespräche, die frischen Perspektiven und die Erlaubnis, ihre Gedanken und unsere Geschichten in diesem Buch teilen zu dürfen. Danke, Lenni, Klara und Alma – ihr seid wundervolle Menschen.

Ich danke meinen Kolleg*innen für den fruchtbaren Austausch und all meinen Interviewpartner*innen für ihre Zeit und ihre Expertise, auch wenn es aus Platzgründen nicht alle Texte ins Buch geschafft haben: Danke, Kati, danke, Desirée, danke, Mira, danke, Rebecca, danke, Gabriel, danke, Flo, danke, Birte, danke, Bob, danke, Gerd. Ich danke außerdem allen Schüler*innen des FFGs für den inspirierenden Austausch.

Ein besonderer Dank gilt meinen Eltern und Großeltern. Durch das Schreiben dieses Buches durfte ich noch einmal zurück in meine eigene Pubertät reisen und erkennen, dass ihr mich toll begleitet habt. Danke, dass ich so viele Fehler richtig machen durfte.

Und ich danke meinen Freund*innen, die mich immer wieder ermutigt und mich mit ihrer Vorfreude auf dieses Buch gepusht haben. Danke, Doreen, für deine exklusiven Podcasts in meinem Schreibexil. Danke, Almuth, dass du meine Zeilen stets ehrlich und wertschätzend lektoriert hast. Und danke, Kitty, dass du mir mit deinem Humor durch die turbulenten Zeit geholfen hast, in der dieses Buch entstanden ist. Nur für dich möchte ich an dieser Stelle sagen: »Das Tier quälen, um dann zu sagen, dass man es beruhigen möchte.«

Mein Dank gilt außerdem Charlotte, Julia und Katharina, die mich als Lektorinnen ganz großartig unterstützt haben.

ANMERKUNGEN

1 https://doi.org/10.17623/BZgA_SRH:fb_JUS9_sexu_aufklaerung_reifung, letzter Zugriff: 12.06.2024

2 www.profamilia.de/fileadmin/publikationen/6960.pdf, letzter Zugriff: 12.06.2024

3 www.oekotest.de/kosmetik-wellness/Neue-Studie-Ursachen-fuer-fruehere-Pubertaet-nachgewiesen-_600747_1.html, letzter Zugriff: 12.06.2024

4 www.bepanthen.de/sites/g/files/vrxlpx36091/files/2021-01/studienpublikation-gemeinschaftssinn.pdf, letzter Zugriff: 12.06.2024

5 Erdheim, M. (1982). *Die gesellschaftliche Produktion von Unbewusstheit: Eine Einführung in den ethnopsychoanalytischen Prozess*. Frankfurt a. M.: Suhrkamp, S. 306.

6 Krumpholz-Reichel, A. (2004), »Du hungerst dich noch zu Tode, Kind!«, Psychologie Heute, 31. Jg., Heft 7, S. 62–69.

7 Göllner, R., Roberts B. W., Damian, R. I., O., Jonkmann, K., Trautwein, U., (2016). Whose »Storm and Stress« Is it? Parent and Child Reports of Personality Development in the Transition to Early adolescence.

8 http://edoc.rki.de/176904/3041, letzter Zugriff: 12.06.2024

9 Implizite Tests sind Messverfahren, bei denen mittels computergestützter Erhebung die impliziten, also unausgesprochenen unterschwelligen, Einstellungen der Probanden erfasst werden.

10 Zimmermann, P., Iwanski A., *Bindung und Autonomie im Jugendalter*, S. 17.

11 Zartler, U. (1997), *Pubertät und ihre Bedeutung für Eltern und Kinder – ein Literaturüberblick*, Österreichisches Institut für Familienforschung, S. 20.

12 www.unserekleineapotheke.de/content/vorlesen-kann-schmerzen-bei-kindern-lindern.23.html, letzter Zugriff: 12.06.2024

13 Peters, M., (1986), *Eltern und Jugendliche: Konflikte, Konfliktbewältigung und Ablösung*. Unveröffentlichte Diss. Universität Gießen

14 National Longitudinal Study of Adolescent to Adult Health (Untersuchungszeitraum 1990 bis 2018), https://science.orf.at/stories/3218287/, letzter Zugriff 12.06.2024

15 Liedke, R., (1987): *Familiäre Sozialisation und psychosomatische Krankheit*, Berlin, Springer

16 Allen, J. P., Grande, L., Tan, J., & Loeb, E. L. (2018). Parent and Peer Predictors of Attachment Security From Adolescence To Adulthood. *Child Development,* 89 (4), 1120–1132.

17 http://idwf.de/-KmBAA, letzter Zugriff: 12.06.2024

18 Juul, J. (2012), *Pubertät – wenn erziehen nicht mehr geht*, Beltz Verlag, S. 18.

19 https://stmk.arbeiterkammer.at/beratung/bildung/lehrlinge/20220330_6_Steirische_Jugendstudie_Gesamtfassung.pdf, letzter Zugriff: 12.06.2024

20 Digitalstudie 2023 – So lange sind Jugendliche online.

21 www.dak.de/dak/unternehmen/reporte-forschung/dak-studie-mediensucht-2023-24_56536#rtf-anchor-auf-einen-blick-zentrale-ergebnisse-der-sechsten-befragungswelle, letzter Zugriff: 12.06.2024, letzter Zugriff: 12.06.2024

22 www.bu.edu/articles/2018/snapchat-dysmorphia/, letzter Zugriff: 12.06.2024, letzter Zugriff: 12.06.2024

23 www.aerztezeitung.de/Politik/Viele-Jugendliche-mit-Schlafstoerungen-231144.html#:~:text=Intensiver%20Fernseh%2D%20oder%20Videokonsum%20hat,insbesondere%20auch%20deutlich%20schlechter%20einschlafen, letzter Zugriff: 12.06.2024

24 https://caas.content.dak.de/caas/v1/media/57130/data/1e99c74f76c82194594692bcf2e2337d/dzskj-dak-mediensuchtstudie-2023-24-ergebnisbericht.pdf#page17, letzter Zugriff: 12.06.2024

25 https://blog.vitos.de/allgemein/flucht-in-die-virtuelle-welt, letzter Zugriff: 12.06.2024

26 www.instagram.com/reel/C48lNsnyY_j/?igsh=eTlqbnNhYXdhcDdl, letzter Zugriff: 12.06.2024

27 Neunte Welle der Studie »Jugendsexualität« der Bundeszentrale für gesundheitliche Aufklärung (BZgA), https://shop.bzga.de/bzga-repraesentativstudie-jugendsexualitaet-9-welle/, letzter Zugriff: 12.06.2024

28 https://de.statista.com/statistik/daten/studie/270/umfrage/erster-geschlechtsverkehr/, letzter Zugriff: 12.06.2024, letzter Zugriff: 12.06.2024

29 www.medumio.de/neue-studie-warnt-vor-der-pille-fuer-jugendliche/, letzter Zugriff: 12.06.2024, letzter Zugriff: 12.06.2024

30 SINUS-Jugendstudie 2020 – Wie ticken Jugendliche?

31 www.getabstract.com/de/zusammenfassung/good-work/4337, letzter Zugriff: 12.06.2024

32 www.spiegel.de/lebenundlernen/schule/geschlechter-studie-schulen-benachteiligen-jungen-massiv-a-612997.html, letzter Zugriff: 12.06.2024

33 https://stmk.arbeiterkammer.at/beratung/bildung/lehrlinge/20220330_6_Steirische_Jugendstudie_Gesamtfassung.pdf, letzter Zugriff: 12.06.2024

34 www.sos-kinderdorf.at/aktuelles/zwischen-zukunftsangst-und-zeitmangel/zwischen-zukunftsangst-und-zeitmangel, letzter Zugriff: 12.06.2024